Helga Bürster

in Zusammenarbeit mit
Bernd Oeljeschläger

WILDESHAUSER GEEST

LANDSCHAFT UND NATUR ENTDECKEN

CULTURCON medien

Autorin
Helga Bürster studierte Theaterwissenschaft, Literaturwissenschaft und Geschichte. Sie lebt in Dötlingen im Herzen der Wildeshauser Geest und arbeitet als Autorin und Erzählerin. Mit ihren Programmen und Lesungen ist sie auf Kleinkunstbühnen, Festivals, Vernissagen sowie in Schulen und Kindergärten unterwegs. Zu ihren Veröffentlichungen zählen zahlreiche Bücher, Hörspiele, Theaterstücke und Bühnenprogramme.

Redaktion/Bildauswahl
Bernd Oeljeschläger ist Verleger, Autor und Kulturberater in Berlin und Wildeshausen. Er studierte Volkskunde, Erwachsenenbildung und Geschichte in Bamberg und Aix-en-Provence. Zu seinen Veröffentlichungen zählen zahlreiche Bücher, Aufsätze und Beiträge zur Regionalliteratur in Niedersachsen, Berlin und Brandenburg.

Die Deutsche Nationalbibliothek verzeichnet diese Publikation in der Deutschen Nationalbibliografie; detaillierte bibliografischeDaten sind im Internet über http://dnb.d-nb.de abrufbar.

CULTURCON medien
Inhaber: Bernd Oeljeschläger
Melanchthonstraße 13, 10557 Berlin
Telefon 030/34398440, Telefax 030/34398442
www.culturcon.de

Gestaltung: Ines Maria Mühlenhoff, Berlin
Druck: Silber Druck oHG, Niestetal

ISBN 978-3-944068-16-9

Inhaltsverzeichnis

Der Naturpark Wildeshauser Geest – Kurzportrait

Der Naturpark Wildeshauser Geest ist mit einer Gesamtfläche von rund 1.500 Quadratkilometern der größte Naturpark Niedersachsens sowie einer der größten Naturparks in Deutschland. Seit 1965 ist die Wildeshauser Geest anerkanntes Erholungsgebiet, seit 1984 Naturpark. 1993 wurde der Naturpark noch einmal erweitert, so dass er heute die Delmenhorster Geest zum größten Teil mit umfasst.

Geografisch gesehen, liegt die Wildeshauser Geest im Zentrum eines ausgedehnten Geestrückens, der die norddeutsche Tiefebene von der niederländischen Grenze bis Bremerhaven durchzieht. Er ragt bis zu achtzig Meter aus Marsch und Moor heraus. Der Naturpark liegt südwestlich der Metropolregion Bremen/Oldenburg und ist über die Autobahnen 1, 27, 28 und 29 sowie mit Bahn und Bussen zu erreichen. Vor Ort stehen den Gästen zahlreiche Fahrradverleihstationen zur Verfügung. Auch Kanus zum Wasserwandern können geliehen werden, ebenso bieten Reiterhöfe Touren „hoch zu Ross“ an – oder man fährt gemütlich mit dem Kremser. Sehr beliebt sind Wandertouren. Ein gut ausgebautes und beschildertes Wegenetz lädt zur Entschleunigung ein.

Bereits Ende des 19. Jahrhunderts entdeckten Sommerfrischler die Region. Mit der Eisenbahn reisten sie aus den umliegenden Städten an, um in den ausgedehnten Waldgebieten oder am Steilufer der Hunte zu spazieren. Gerastet wurde in einem der rustikalen Landgasthöfe, von denen heute noch einige existieren. Neue und moderne Gastronomie vervollständigt die Versorgung der Gäste. Vor allem in der Spargel- und Grünkohlzeit verwöhnen Restaurants und Gasthöfe ihre Gäste mit zahlreichen Angeboten.

Bis heute ist die Wildeshauser Geest bäuerlich (und ländlich) geprägt – auch wenn sich gerade in der Landwirtschaft viel verändert hat. Schon vor fünftausend Jahren, während der Jungsteinzeit, machten die ersten sesshaften Bauern die Geest urbar. Heute ist es vor allem die moderne Landwirtschaft, die die Natur in eine Kulturlandschaft verwandelt hat. Dies ist nicht immer unproblematisch, jedoch bemüht man sich allerorts sehr, Naturschutz und Landwirtschaft in Einklang zu bringen. Immerhin ist die Hälfte des Naturparks heute Landschaftsschutzgebiet, ein Fünftel ist bewaldet und vier Prozent stehen unter Naturschutz. Zahlreiche Projekte von Naturschutzverbänden (z. B. zur Erhaltung der alten Wallhecken, die ein Refugium für bedrohte Vögel und andere Kleintiere darstellen) sind beispielhaft für die Bemühungen, einen über jahrtausende gewachsenen Kultur- und Naturraum zu erhalten.

Der Naturpark erstreckt sich über vierzehn Gemeinden im Oldenburger Land. Im Herzen des Naturparks liegt die Kreisstadt Wildeshausen. Sie ist die älteste und zugleich geschichtsträchtigste Stadt dieser Region. Aber auch jede andere Gemeinde hat ihre Besonderheiten und speziellen Reize, die in diesem Reiseführer Erwähnung finden sollen. Charakteristisch für die Region sind u. a. die Dünen und Moränen, die der Gegend ihr sanft gewelltes Profil geben, die Moorreste und Schlatts, die Heideflächen mit weidenden Schafen und die zahlreichen Wälder. Auch der Mensch hat einiges in der Geest hinterlassen, das nicht nur die Herzen historisch und archäologisch interessierter Menschen höher schlagen lässt.

Imposante Zeugen früherer Kultur(en) sind die zahlreichen Hünengräber, die die ersten Bauern aus der frühen Steinzeit in der Wildnis errichteten, nachdem sie sesshaft geworden waren. Sagen und Legenden ranken sich um diese Megalithbauwerke. Nicht ohne Grund führt die „Straße der Megalithkultur“ mitten durch die Wildeshauser Geest. Auch in späteren Epochen entstanden in der Region beeindruckende Bauwerke. Zwar sind kein Petersdom und kein Eiffelturm darunter, aber die schlichten spätromanischen Feldsteinkirchen (wie die Dötlinger St. Firminuskirche), die Ruine des gotischen Zisterzienserklosters in Hude, verschiedene Wind- und Wassermühlen, technische Baudenkmäler (wie Ziegeleien) oder die Dampfkornbranntweinbrennerei in Wildeshausen sind nicht weniger bemerkenswert. Am Besten lässt man sich von gut geschulten Gästeführern des Naturparks die Geschichte dieser Bauten erläutern.

Und dann sind da noch die Menschen: Ein wenig rau vielleicht, aber gastfreundlich, hilfsbereit und originell. Die Wildeshauser Geest scheint ein gutes Pflaster für Individualisten zu sein. Nicht nur Künstler zog und zieht es hierher. Die Region hat einige Originale hervorgebracht, von denen heute noch die eine oder andere „Schnurre" im Umlauf ist. Da ist zum Beispiel Hasenahlers aus dem Stühe, der das Wildern nicht lassen konnte. Oder der Raubgraf und

Die Wildeshauser Geest ist bis heute ländlich geprägt – auch wenn sich gerade in der Landwirtschaft viel verändert hat. Schon vor fünftausend Jahren, während der Jungsteinzeit, machten die ersten sesshaften Bauern die Geest urbar. Heute ist es vor allem die moderne Landwirtschaft, die die Natur in eine Kulturlandschaft verwandelt.

Pirat „Gerd der Schreckliche“, der in der Geest eine Fluchtburg besaß und Kaufleute ausraubte. Nicht zu vergessen Bürgermeister Lickenberg von Wildeshausen, der gegen die mächtige Kirche aufbegehrte und deshalb auf dem Schafott landete. So manche Geschichte und sehr viel Geschichtliches wartet darauf, von den Besuchern entdeckt zu werden.

Die Geest – Kind der Eiszeiten

Vor 300.000 bzw. 150.000 Jahren, schoben sich die Gletscher der Elster- und Saaleeiszeit bis weit über das heutige Küstengebiet vor. Sie führten riesige Massen von Sand, Lehm und Steinen mit sich. Diese „Mitbringsel“ waren die Basis für die Entstehung der Geest. Auf den Grundmoränen der Gletscher, die zum größten Teil aus Ton und Lehm bestanden, bildeten sich unwegsame Moore und Schlatts. Auf den lößhaltigen Böden breiteten sich schier unendliche Eichenwälder aus. Die Gletscher hatten ebenfalls große Mengen an Findlingen aus dem Norden mit sich geschleppt. Nach ihrem Abschmelzen lagen sie zuhauf in der Landschaft. Die Menschen der Jungsteinzeit nahmen sie als Werkstoff nicht nur für Werkzeuge und Gerätschaften, sondern auch für ihre steinernen Begräbnisstätten, die berühmten Hünengräber. In späteren Epochen entdeckten die Geestbewohner den Ton, der in großen Mengen im Boden lagerte. Ton wurde zum Rohstoff für die wohl erste Massenproduktion in der Geest. Im hohen Mittelalter brannten Huder Mönche daraus Ziegel, mit denen u. a. das Wildeshauser Rathaus gebaut wurde oder das prächtige Huder Zisterzienserkloster. Ziegel im Huder Klosterformat waren begehrt und wurden weit über die Grenzen der Geest hinaus gehandelt.

Zurück zur Entstehungsgeschicht der Geest: Die Gletscher der jüngsten Weichseleiszeit, die vor gut 12.000 Jahren endete, kamen zwar nur noch bis in die Gegend des heutigen Hamburg, jedoch setzten sie das berühmte Tüpfelchen aufs „i". Beim Abschmelzen der Gletscher bildeten sich die Urstromtäler der Geest, die der Landschaft bis heute ihren ganz besonderen Reiz verleihen. Die traumhaft schöne Hunteniederung ist eines dieser alten Urstromtäler. Schmelzwasser schwemmte zudem riesige Sanddünen auf. Weitere Dünen entstanden durch Sandverwehungen, so dass die Geest voll von (heute bewachsenen) Dünen ist. Die Osenberge am Lauf der Hunte bei Hatten sind ein solcher Dünenzug. Schließlich ragen die eiszeitlichen Endmoränen wie sandgewordene Wellenkämme aus der Landschaft und vervollständigen das charakteristische Aussehen der Geest.

„Geest" leitet sich von dem niederdeutschen Wort „güst" ab, was so viel bedeutet wie „trocken, wüst, unfruchtbar". Im weitesten Sinne hat die Geest tatsächlich Ähnlichkeit mit der „Wüste", denn ihr Grundstoff ist Sand, auf dem viel Heide wächst.

Die Geest – ein wüster Landstrich?

„Geest“ leitet sich von dem niederdeutschen Wort „güst“ ab, was so viel bedeutet wie „trocken, wüst, unfruchtbar“. Im weitesten Sinne hat die Geest tatsächlich Ähnlichkeit mit der „Wüste“, denn ihr Grundstoff ist Sand. Ungeheure Massen von feinem Sand brachten die Gletscher der Eiszeiten in die Region und lagerten ihn hier ab. Der Geestboden ist daher vorwiegend sandig und sehr mager, deswegen war die Geest, im Gegensatz zur Marsch, in vorindustrieller Zeit schwer zu bewirtschaften. Geestbauern waren arme Bauern. Sie beneideten ihre Nachbarn in der Marsch um ihre fetten Weiden und fürchteten den Sand. Wenn der Wind ihn auf die Felder wehte, blieb die ohnehin karge Ernte oft aus. Ein alter Vers erzählt davon: „Der Wind, der weht, der Hahn, der kräht, der Sand fängt an zu wehen. Und weht der Sand, dir auf das Land, dann brauchst du nicht zu säen. Nordwestenkind, du Heidewind, wehst uns den Sand zu Bergen. Der Wind, der weht, der Hahn, der kräht, bald liegt das Dorf in Särgen.“ (Aus: Werner Pilaski: Heide und Moor, 1952)

Der staubfeine, helle Geestsand liegt dicht unter dem Mutterboden. Man muss nicht tief graben, um auf ihn zu stoßen. Er hat sich sogar bis in die Orts- und Wegebezeichnungen hineingeschlichen. Dörfer heißen hier „Sandkrug“ und Sandhatten. Straßennamen wie „Im Sande“ oder „Sandweg“ finden sich wohl in jedem Ort der Geest. Und wenn der Sommer trocken ist und der Wind aus Nordost weht, ist die Luft diesig vom aufgewirbelten Mullsand.

Die Bauern in früheren Zeiten hätten sich kaum träumen lassen, dass ihr Land einmal fruchtbar und gewinnbringend sein könnte – und dazu noch als Erholungsgebiet ausgewiesen wird. Die Arbeit und das Leben auf der Geest waren hart und entbehrungsreich. Das änderte sich erst, als der Kunstdünger Einzug hielt. Heute wird die Geest von der Land- und Forstwirtschaft ertragreich bewirtschaftet.

Allerdings fordert dies seinen Tribut. Naturschutzverbände und Bürgerinitiativen wehren sich gegen weitere Putenmastställe, gegen „Maiswüsten", gegen eine weitere Abtorfung von Moorresten und gegen die kommerzielle Abholzung der Wälder. Der Spagat zwischen Wirtschaftlichkeit in der Landwirtschaft und Naturschutz ist und bleibt schwierig.

Typisch Geestlandschaft – Heide, Hügel, Holz

Einen herrlichen Blick über die Altmoränenlandschaft der Geest hat man im Syker Ortsteil Ristedt. Vom Hohen Berg kann man sogar bis nach Bremen schauen. Überhaupt ist die Gegend zwischen Bassum und Syke für norddeutsche Verhältnisse richtig „bergig" und ein echter Geheimtipp für Ausflügler. So typisch wie ihr welliges Profil ist auch der Waldreichtum der Wildeshauser Geest. Rund zwanzig Prozent der Region bestehen aus Wald. Das dichteste Waldvorkommen liegt im Süden der Wildeshauser Geest. Nach dem großen Orkan Quimburga im Jah-

Scheunen und Schafkoben waren in der Wildeshauser Geest früher weit verbreitet. Auf den zusammenhängenden Heideflächen der kargen Geestböden gab es zahlreiche Schafherden, weil sich die genügsamen Tiere auf den Heideflächen ernähren konnten.

Neben Heide, Wald und Flusstälern gehörte einst das Moor zu den prägenden Landschaftstypender Region. Heute sind von den ausgedehnten Hoch- und Niedermoorgebieten nur Reste erhalten. Der Großteil dieser einst so gefürchteten Landschaft ist gezähmt und trocken gelegt. Die wenigen verbliebenen und vergleichsweise winzigen Restmoore stehen größtenteils unter Naturschutz. Einige, wie das Goldenstedter oder Benthullener Moor, werden erfolgreich wiedervernässt.

re 1972, der v. a. Nadelwälder komplett zerstörte, forstete man vorwiegend Mischwald wieder auf. Wie der Wald in vergangenen Jahrhunderten aussah, kann man u. a. im Hasbruch zwischen Ganderkesee und Hude oder im Herrenholz bei Goldenstedt beobachten. Uralte, teilweise tausendjährige Eichen wachsen hier. In sogenannten Urwäldern hat die Natur das Sagen und nicht der Mensch. Hier darf der Wald wild wachsen, Bäume können ungestört alt werden. Diese Waldreservate sind kostbare Refugien für selten gewordene Baumveteranen, aber auch für bedrohte Tiere und Pflanzen.

Auch die Heide gehört zur Geest, wie die Wolle zum Schaf. Man sieht sie wieder häufiger: die Schafherden mit ihrem Schäfer oder einer Schäferin. In vergangenen Zeiten bevölkerten weitaus mehr Schafherden die Geest. Die Heidschnucke konnte als einziges Nutzvieh problemlos auf dem kargen Heideboden gehalten werden. Schafe düngten nicht nur den Boden, sie waren zudem Fleisch-,

Milch- und Wolllieferanten. Heute schickt man die Schafherden auf die Heide, um sie vor Verbuschung zu schützen, denn auch sie zählt inzwischen zu den gefährdeten Landschaftstypen.

Alte Dichter und Maler rühmen die romantische Schönheit der Heide; Naturschützer und Heimatverbände bemühen sich, sie zu erhalten. Dabei entstanden Heideflächen zuallererst dort, wo die mittelalterliche Eichelmast, der Plaggenhieb oder exzessiver Holzeinschlag den Wald verkarsten ließen. Ursprünglich bestand die Geest nämlich aus riesigen Eichenwäldern, Mooren und Bruchtälern. Je intensiver der Mensch in die Natur eingriff, desto mehr veränderte sich die Landschaft. Die Geest ist heute eine über Jahrtausende gewachsene Kulturlandschaft, in der alle Zeiten ihre Spuren hinterlassen haben. Der findige Geestbauer, der mit den widrigen Bedingungen zurechtkommen musste, fand jedoch auch Verwertung für die karge Heide: Vermischt mit Viehdung konnte man die Heideplaggen ebenfalls als Dünger benutzen – oder als äußerst widerstandsfähigen Baustoff für Dachfirste, Wälle und als Dämm- und Füllmaterial.

Neben der Heide übten auch die Flusstäler zu allen Zeiten eine besondere Anziehungskraft auf Ausflügler und Künstler aus. Viele verbrachten einige Jahre hier, um den stillen Reiz der Geest in ihren Bildern festzuhalten. Zahlreiche Gemälde haben die Hunteniederung als Motiv. Sie gehört mit ihren Steilufern und streckenweise rasanten Flussschleifen sicher zu den reizvollsten Landschaften in der Wildeshauser Geest. Aber auch Lethe, Delme oder der Huder Klosterbach fließen idyllisch durch die Landschaft, wobei die Delme leider auf weiten Strecken unterirdisch geführt wird. Das Flüsschen, von der die Stadt Delmenhorst ihren Namen hat, ist 46 Kilometer lang. Die Delme entspringt in Twistringen, fließt dann weiter über Harpstedt und (durch Rohre geleitet) unter dem Stadtgebiet von Delmenhorst hindurch, bis sie bei Bremen in die Ochtum mündet. Obwohl sie ein wenig stiefmütterlich behandelt wird, sollte man die Delme nicht außer Acht lassen. Sie fließt streckenweise durch eine überraschend abwechslungsreiche Landschaft. Bei Harpstedt zeigt sie sich von ihrer besten Seite: Wie ein quirliger Gebirgsbach schlängelt sich die Delme durch die Geest. Sie überwindet in ihrem Verlauf immerhin einen für die Region beachtlichen Höhenunterschied von fünfzig Metern.

Die Lethe ist ein fast 37 Kilometer langer Nebenfluss der Hunte. Ihr Name kommt von dem niederdeutschen „Lith“ (bewaldetes Ufer). Die Lethe entspringt im Halener Moor, sie quert das Gut Lethe und fließt dann durch Garrel, Großenkneten und Wardenburg bei Oldenburg in die Hunte. Vorher speist sie die Ahlhorner Fischteiche mit Wasser. Bei Hundsmühlen kreuzt die Lethe die Hunte. In den Jahren zwischen 1400 bis 1803 markierte der Oberlauf der Lethe die Grenze zwischen Münster und Oldenburg und war somit auch Konfessionsgrenze.

Das wohl schönste und abwechslungsreichste Flusstal ist, wie schon erwähnt, das der Hunte. Der Fluss ist mit etwa 162 Kilometern der längste in der Wildeshauser Geest. Die Hunte entspringt im Wiehengebirge. Sie durchquert den Dümmer, den sie zweiarmig wieder verlässt. Hinter Barnstorf tritt die Hunte in die Wildeshauser Geest ein und fließt weiter durch Goldenstedt, Wildeshausen und Dötlingen. Die Abschnitte bei Dötlingen und in den Osenbergen bei Hatten gelten als die landschaftlich reizvollsten. In Dötlingen fällt die Geest tief zum Hunteufer hin ab und bildet Steilufer. Das Gewässer wurde hier auf einigen Strecken in sein altes Flussbett zurückgeführt, so dass es lebhaft mäandert. In den Osenbergen ragen die Dünen am Hunteufer bis zu dreizehn Meter in die Höhe. Bei Schnee tummeln sich hier die norddeutschen „Wintersportler“. Die Hunte fließt schließlich bei Elsfleth in die Weser. Nicht nur Wanderer lieben die Flusslandschaften an Lethe und Hunte, auch Kanufahrer und Angler schätzen ihre Reize.

Neben Heide, Wald und Flusstälern gehörte einst das Moor zu den prägenden Landschaftstypen. Heute sind von den ausgedehnten Hoch- und Niedermoorgebieten nur Reste erhalten. Der Großteil dieser einst so gefürchteten Landschaft ist gezähmt und trocken gelegt. Die wenigen verbliebenen und vergleichsweise winzigen Restmoore stehen größtenteils unter Naturschutz. Einige, wie das Goldenstedter oder Benthullener Moor, werden erfolgreich wiedervernässt. Das Moor wächst allerdings nur sehr langsam wieder an. Ein Millimeter Torfablagerung braucht ein ganzes Jahr. Dennoch gelingt es hier und da, eine Ahnung von dem auferstehen zu lassen, was das Moor einst war. Ein Herbstspaziergang durch das Goldenstedter Moor ist ein unvergessliches Erlebnis – am besten bei Sonnenuntergang, wenn die Kraniche einfliegen, um ihre Schlafplätze in den Moortümpeln einzunehmen. Seltene Libellen, Schmetterlinge, Pflanzen wie der Gagelstrauch, das Wollgras oder der Sonnentau finden in den wiedervernässten Geestmoorresten ebenfalls ein letztes Refugium.

Unterwegs in der Geest – Auf Schusters Rappen

„Wandern ist Einspruch gegen das Diktat der Beschleunigung." (Roland Mischke) Frei nach diesem Motto erfreut sich das Wandern im Naturpark Wildeshauser Geest steigender Beliebtheit. Die herrliche Landschaft lädt geradezu ein, der Hektik des Alltags für eine Weile zu entfliehen. Bequem kann man hier ohne Schwierigkeiten auf gut ausgebauten und beschilderten Wegen kilometerweit wandern. Zahlreiche Gasthöfe am Wegesrand laden zu einer Rast bei Kaffee und Kuchen oder zu einem rustikalen Essen aus der regionalen Küche ein. Vom gemütlichen Sonntagsspaziergang bis hin zur mehrtägigen Thementour ist im Naturpark Wildeshauser Geest alles möglich. Da ist z. B. der Huntepadd. Auf gut vier Kilometern Länge präsentiert der Rundwanderweg bei Dötlingen so ziemlich alles, was die

Geest zu bieten hat: einen historischen Dorfkern mit alten Fachwerkhäusern, eine spätromanische Backsteinkirche, die Steilufer der Hunte, hohen Buchenwald und die Steingräber der Glaner Braut.

Ebenso beliebt und reizvoll ist eine Wanderung rund um die Ahlhorner Fischteiche mit gut vierzig ökologisch bewirtschafteten Teichen. Der Urwald Baumweg grenzt direkt daran. Oder wie wäre es mit einer schaurig-schönen Wanderung durch das Moor? Vor allem das Goldenstedter Moor bietet sich hier an. Anschließend kann man sich im Haus im Moor mit Buchweizenspezialitäten stärken. Ein echter Geheimtipp ist die Syker Geest mit ihren zahlreichen Aussichtspunkten, von denen man weit bis in die Wesermarschniederung schauen kann. Oder wie wäre es mit einer Mühlenwanderung in der Gemeinde Visbek oder Pilgern auf dem alten Jakobsweg? Diese und andere Wandervorschläge laden dazu ein, in der Geest im Schritttempo zu entschleunigen.

Unterwegs in der Geest – Mit dem Drahtesel

Radwandern ist wohl die bevorzugte Fortbewegungsart im Naturpark Wildeshauser Geest - und dies aus gutem Grund: Die Landschaft eignet sich mit ihrem leicht gewellten Profil und Abwechslungsreichtum wie kaum eine andere zum Radeln. Wer kein eigenes Fahrrad mitbringen kann oder möchte, kann sich in einer der zahlreichen Fahrradverleih-Stationen versorgen lassen. Vom E-Bike bis zum Kinderrad steht alles bereit. Ein gut tausend Kilometer langes, bequem ausgebautes und gut beschildertes Radwegenetz steht den Radtouristen zur Verfügung. Wie bei den Wanderwegen gibt es auch hier Thementouren (mit dem Hunteradweg, dem Geestradweg und der Radroute der Megalithkultur), die in Länge und Schwierigkeit variieren. Von der gemütlichen Sonntagstour mit abschließendem Kaffeetrinken in einem der zahlreichen

Cafés oder Melkhüser bis hin zur mehrtägigen Radwanderung mit Übernachtung z. B. im Heu-Hotel oder einem Gasthof ist alles möglich. Sehr reizvoll sind die „Mystischen Radtouren rund um die Steinzeit". Diese Touren führen entlang der geheimnisvollen archäologischen Sehenswürdigkeiten: den Steingräbern, Steinkisten und Hügelgräberfeldern. Aber auch Touren zu den Mooren oder Mühlen, über alte Handelswege sowie weitere Strecken sind möglich. Der Naturpark Wildeshauser Geest hält für seine Gäste übersichtliches Kartenmaterial mit Tourenvorschlägen bereit.

Unterwegs in der Geest – Mit dem Kanu

Ein besonderes Erlebnis ist das Wasserwandern auf der Hunte. Hier begegnet man garantiert keinem Auto, Hektik ist ein Fremdwort. Die Flusslandschaft

Fahrradfahren ist wohl die bevorzugte Fortbewegung im Naturpark Wildeshauser Geest – und dies aus gutem Grund: Die Landschaft eignet sich mit ihrem leicht gewellten Profil und dem Abwechslungsreichtum wie kaum eine andere zum Radeln. Wer kein eigenes Fahrrad mitbringen kann oder möchte, kann sich in einer der zahlreichen Fahrradverleih-Stationen versorgen lassen.

kann man unmittelbar erleben, z. B. bei einer Kanufahrt von Wildeshausen nach Ostrittrum. Die Strecke ist an einem Tag auch für ungeübte Kanuten gut zu schaffen. Nur Wasserplätschern und Vogelstimmen unterbrechen die Stille, abgesehen von einem kurzen Abschnitt unter der A1 hindurch. Hat man die Autobahn hinter sich gelassen, wird es endgültig ruhig. Ein Picknick am Hunteufer ist möglich, man sollte jedoch darauf achten, nichts zu hinterlassen, denn die Hunte ist Naturschutzgebiet. Geruhsam geht es dann weiter. Hier und da beleben leichte Stromschnellen den Fluss, z. B. unter den Brücken. Sie sind jedoch leicht zu meistern. Es geht vorbei an den Steilufern der Hunte, durch urige Wälder und unter alten Brücken hindurch. Wenn man Glück hat, zeigt sich ein Eisvogel. Ein Wasserwander-Lehrpfad informiert auf großformatigen Tafeln entlang des Flusslaufs über die Geschichte, die Bewirtschaftung des Flusses sowie die Tier- und Pflanzenwelt. Auch Themen wie Umweltschutz werden erläutert.

Unterwegs in der Geest – Hoch zu Ross

Der Naturpark Wildeshauser Geest liegt nicht umsonst im Herzen des Reiterlandes Niedersachsen. Die Region ist ein Eldorado für Pferdefreunde. Zahlreiche Reiterhöfe mit umfangreichen Angeboten (Reitunterricht mit Freizeit- und Sportpferden, Rundumservice für Ross und Reiter, Unterbringungs- und Übernachtungsmöglichkeiten, tierärztliche Versorgung und vieles mehr) machen Reiterferien zu einem entspannten Vergnügen. Ein abwechslungsreiches und landschaftlich schönes Reitrevier mit ausgeschilderten Reitwegen erwartet die Gäste in der Wildeshauser Geest. Ob familienfreundliche Ferien auf dem Pferdehof, Wanderreiten für Erwachsene, geführte Distanz- und Geländeritte oder ein hochwertiger Ausbildungsurlaub: Das Angebot lässt kaum einen Wunsch unerfüllt. Zusammen mit den Landkreisen Diepholz und Vechta hat der Zweckverband Wildeshauser Geest ein Reitwandernetz von insgesamt 3.000 Kilometern Länge in dem übersichtlichen Kartenwerk „Reiten im Nordwesten“ erstellt.

Es gibt noch weitere Möglichkeiten, sich in der Geest fortzubewegen, z. B. mit der historischen Eisenbahn Jan Harpstedt, mit der Moorbahn oder gemütlich auf einem Kremserwagen. Extravagant kann man sich auch mit dem Ballon in die Lüfte erheben und sich die Geest von oben anschauen - oder mit dem Liegerad aus der Froschperspektive.

Ein besonderes Erlebnis ist das Wasserwandern auf der Hunte. Hier begegnet man garantiert keinem Auto, Hektik ist ein Fremdwort. Die Flusslandschaft kann man unmittelbar erleben. Nur das Plätschern des Paddels und Vogelstimmen unterbrechen die Stille auf dem Wasser.

DURCH DAS „LAND DER RIESEN" – AUF DER STRASSE DER MEGALITHKULTUR

In der Wildeshauser Geest befinden sich zahlreiche Stein- und Hügelgräber. Die Menschen der Jungsteinzeit (ca. 4.200 - 2.200 v. Chr) und der Bronzezeit (ca. 2.200 - 800 v. Chr.) haben hier Spuren ihrer aufwändigen Bestattungsriten hinterlassen. Die Vielzahl der sogenannten Hünengräber und Hügelgräberfelder ist erstaunlich. Wegen der zahlreichen archäologischen Funde aus vorgeschichtlicher Zeit ist die Wildeshauser Geest Teil der „Straße der Megalithkultur". Diese Route ist eine 330 Kilometer lange Ferienstraße, die zu 33 spannenden archäologischen Stationen in Nordwestdeutschland führt. Die Region um Wildeshausen (mit Visbek, Großenkneten und Dötlingen) ist eines der Zentren an der Straße der Megalithkultur. Sie wird wegen der hohen Anzahl frühgeschichtlicher Denkmäler gerne auch als „Quadratmeile der Vorgeschichte" bezeichnet.

Die Steinsetzungen sind von jeher Stoff für Sagen und Legenden. Die Geschichten über ihre mutmaßlichen Erbauer sind teilweise recht abenteuerlich und handeln meist von Riesen. Diese hätten mit Findlingen Ball gespielt und sie dann liegen lassen, oder sie hätten sich nach dem Essen die Steinchen vom Schwarzbrot aus den Zähnen gepult. Die Geschichte von der versteinerten Hochzeitsgesellschaft ist die bekannteste. Sie rührt wohl daher, dass in vorchristlichen Zeiten die Steingräber als naturheilige Plätze auch Orte für Eheschließungen waren. Mittelalterliche Wissenschaftler wie der dänische Geschichtsschreiber Saxo Grammatikus schlussfolgerten, dass nur Riesen die Steingräber gebaut haben konnten. Er schrieb im 12. Jahrhundert in seiner „Historia Danica", die Steine seinen von gigantischen Lebewesen aufgestellt worden. Dieser Meinung schloss sich noch im 17. Jahrhundert der deutsch-niederländische Gelehrte Johan Picardt an. Er schrieb in seiner „Urgeschichte des Nordens": Die Steingräber „sind alle zusammen Begräbnisplätze von grausamen und barbarischen Riesen, Hünen oder Giganten, den Nachkommen von Menschen schrecklicher Gestalt, riesigen Kräften und tierischer Wildheit (...), die ursprünglich aus dem Lande Kanaan stammen." (Picardt 1660, 26f.) Lange nahm man an, dass die Bezeichnung „Hünengrab" von dem Glauben, dass Riesen die Erbauer seien, herrührte. Eine andere Erklärung ist die Ableitung vom altsächsischen Wort „Hunebed", was so viel wie „Totenstätte" bedeutet.

Heute ist das Geheimnis um die Steingräber gelüftet. Sie sind Teil der nordwesteuropäischen Megalithkultur (mega=groß,

Lithos=Stein). Sie stehen somit in einer Reihe mit den berühmten Menhiren, Steinkreisen und Steinreihen (wie z.B. den Steinen von Menec in der Bretagne oder dem berühmten Stonehenge in England). Die Megalithkultur hatte ihre Blütezeit zwischen dem zweiten und dritten vorchristlichen Jahrtausend. Sie war überwiegend in den Küstenregionen vom Mittelmeer bis nach Skandinavien verbreitet.

Rund um Wildeshausen findet man 22 mehr oder weniger gut erhaltene Steingräber, sowie acht Fragmente. Es handelt sich dabei um Ganggräber von unterschiedlicher Länge. Ihre Breite liegt zwischen zwei und drei Metern. Das Auffälligste an den Steingräbern ist der äußere Ring, der aus mächtigen Findlingen besteht. In dieser Umwallungsanlage, dem sogenannten „Hünenbett", befindet oder befand sich die überraschend kleine Grabkammer, in der die Bestattungen stattfanden. Sehr eindrücklich kann man dies bei den Kleinenkneter Steinen erkennen. Eine der Anlagen wurde in den 1930er Jahren originalgetreu wieder aufgebaut. Die Grabkammer ist begehbar. Es gibt auch Steingräber, die ausschließlich aus der Grabkammer bestehen: die sogenannten Steinkisten. Sie entstanden in der frühen Übergangsepoche zur Bronzezeit. Archäologen wissen heute, wie die Steingräber gebaut wurden. Es war in jedem Fall ein gewaltiger Kraftakt, schließlich gab es keine Maschinen, mit denen die Menschen der frühen Steinzeit die riesigen Granitblöcke bewegen konnten. Die Bauweise ist denkbar einfach und gleichzeitig genial: Aus Baumstämmen baute man Schienen, darauf legte man wiederum Stämme, die als Rollen dienten. Auf den Rollen bewegte man einen von Ochsen gezogenen Schlitten, auf dem der Stein lag. Die experimentelle Archäologie konnte beweisen, dass ein Steingrab mit ca. hundert Helfern innerhalb von vier Monaten gebaut wurde.

Die Vielzahl der Steingräber lässt vermuten, dass die Wildeshauser Geest vor ca. 5.000 Jahren dicht besiedelt war. Auf einer Karte von 1895 zur Verbreitung von Steindenkmälern im Herzogtum Oldenburg (nach Georg Sello) sind auf dem Gebiet der Wildeshauser Geest rund 150 Megalithbauten verzeichnet. 1975 waren es immerhin noch 56, also doppelt so viele wie heute. Schätzungen gehen davon aus, dass es in Niedersachsen rund 40.000 Megalithanlagen gab. Wohin verschwanden all die Steingräber?

Man muss davon ausgehen, dass schon im frühen Mittelalter, zur Zeit der Christianisierung des Nordens, viele Steingräber verloren gingen. Sie wurden von den altsächsischen Stämmen u. a. als Thingstätten (Versammlungsorte zur Rechtssprechung) sowie für kultische Zwecke weiter benutzt.

Missionare und christliche Herrscher ließen viele dieser heidnischen Kultorte zerstören, um den neuen Glauben zu etablieren. Die Steine dienten dann als Baumaterial für die Feldsteinkirchen, die im Hochmittelalter in der Region entstanden.

Aber nicht nur die frühen Christen bedienten sich bei den alten Steingräbern. Napoleon zum Beispiel benutzte die Steine zum Bau seiner Chausseen, als er Anfang des 19. Jahrhunderts den Norden besetzte. Auch im Hamburger Hafen könnte man Steine aus Megalithbauten wiederfinden – oder in den Deichen und Fundamenten alter Fachwerkhäuser. Die meisten Steingräber gingen jedoch im vergangenen Jahrhundert verloren. Sie standen der modernen Landwirtschaft, dem Straßenbau oder der Eisenbahn im Wege und wurden weggeräumt. Von der Kultur der ersten Geestbauern blieb nur ein (immer noch beeindruckender) Rest übrig.

Die Menschen der Jungsteinzeit legten den Grundstein für unsere heutige Kultur, indem sie sesshaft wurden. Der Wandel vom Nomaden zum Bauern war der revolutionäre Beginn einer neuen Menschheitsepoche, die bis heute anhält. Über Umwege kamen neue Kulturtechniken wie das Töpfern, die Nutztierhaltung, der Anbau von Getreide oder der Haus- und Brunnenbau aus dem Nahen Osten in die nordwestdeutsche Region. Die sogenannte „neolithische Revolution", der Übergang zur bäuerlichen Lebensweise, passierte hier relativ spät, was möglicherweise mit den klimatischen Verhältnissen zu hatte. Erst vor 6.000 Jahren setzte ein mildes Klima ein, das Getreideanbau und Viehzucht begünstigte.

Zur bäuerlichen Lebensweise gehörte auch der Hausbau. Die ersten Häuser in Ständerbauweise waren zwar primitiv, aber Aufbau und Funktionsweise haben sich bis heute im Typ „niederdeutsches Hallenhaus" erhalten. Die ersten Bauern betrieben einen ausgeprägten Totenkult. Jede Sippe besaß ihr eigenes Steingrab, oft sogar mehrere. Die Steingräber standen in der Nähe von Siedlungen. Über viele Generationen hinweg wurden dort die Toten beigesetzt. Da den Verstorbenen reiche Beigaben mit ins Grab gelegt wurden (Tontöpfe mit Lebensmitteln, ätherische Ölen, Werkzeug, Schmuck, Tiere), glaubten die Menschen vermutlich an ein Leben nach dem Tod. Es fällt auf, dass nur wenige Waffen bei den Grabbeigaben waren. Typisch für die Kultur der ersten Bauern sind ihre trichterartigen Tongefäße. Nach ihnen ist die sogenannte Trichterbecherkultur benannt. Die Tongefäße sind verziert mit eingeritzten geometrischen Mustern und bestechen durch ihre schlichte Schönheit.

An die Steinzeit schließt sich die Bronzezeit an (ca. 2.200 - 800 v. Chr.), die tiefgreifende Veränderungen mit sich brachte. Die Menschen der Steinzeit kannten immerhin Kupfer, das sogenannte „Gold der Steinzeit". Allerdings konnte man allenfalls Schmuck oder Kultgegenstände daraus herstellen, da das Metall sehr weich ist. In der Bronzezeit entdeckte man, dass sich aus dem Kupfer, wenn man ihm Zinn beigab, die sehr viel härtere Bronze herstellen ließ. Das neue Metall war dennoch leicht zu bearbeiten, da es ebenfalls einen niedrigen Schmelzpunkt hat. Gerätschaften, Werkzeuge und Schmuck wurden nun aus Bronze geschmiedet bzw. gegossen. Die Bronzegießer und Schmiede galten als Magier und Zauberer. Sie kamen aus dem Süden, waren meist klein und dunkel und kannten sich zudem im Bergbau aus. Kulturgeschichtliche Forschungen gehen davon aus, dass sie die Urväter märchenhafter Sagengestalten wie der Zwerge sind.

Aus Bronze konnte man Schwerter schmieden, die ersten ausschließlich als Waffe genutzten Werkzeuge. In der Bronzezeit begann die Gesellschaft, sich zu differenzieren. Es entstanden neue Handwerke und Handelszweige. Es bildete sich eine Oberschicht heraus, die dies koordinierte. Besitz musste nun verteidigt werden und dazu brauchte man Waffen. Hierzulande wurden noch bis in die Eisenzeit Werkzeuge aus Flint und Granit hergestellt, denn Bronze war wegen der mangelnden Rohstoffe teure Importware. Die norddeutschen Steinmetze entwickelten sich zu Meistern ihrer Zunft. Archäologische Funde zeigen, dass ihre Speerspitzen, Klingen und Äxte oft heute noch scharf sind und einsatzbereit wären.

Auch der Totenkult änderte sich in der Bronzezeit grundlegend. Man baute keine Steingräber mehr, sondern verbrannte die Toten und bestattete sie auf ausgedehnten Friedhöfen unter großen Hügeln. Aus dieser Zeit stammen die Hügelgräberfelder wie das Pestruper oder Hespenbuscher Gräberfeld. Am beeindruckendsten ist zweifellos das Pestruper Gräberfeld bei Wildeshausen. Mit seinen über 500 erhaltenen Grabhügeln aus der Bronze- und frühen Eisenzeit ist es eine der größten vorchristlichen Totenstätten im nordeuropäischen Raum.

MEHR INFORMATIONEN UNTER:
Zweckverband Naturpark Wildeshauser Geest
Delmenhorster Straße 6
27793 Wildeshausen
Telefon 04431/85351

www.wildegeest.de / www.steinzeitreise.de
www.hunte-natur.de / www.strassedermegalithkultur.de

Im Herzen der Wildeshauser Geest

Wildeshausen ist in vielerlei Hinsicht besonders. Die Kreisstadt ist nicht nur die älteste Stadt im Oldenburger Land, sondern auch die geschichtsträchtigste Stadt im Naturpark sowie anerkannter Luftkurort. Der schöne Ort mit etwa 20.000 Einwohnern liegt

« Rund zwei Kilometer südlich von Wildeshausen befindet sich das Pestruper Gräberfeld. Als einer der größten bronzezeitlichen Friedhöfe in Nordeuropa ist es von internationaler Bedeutung. Auf etwa 36 Hektar befinden sich mehr als 500 Grabhügel verschiedener Größe und Form. Archäologen zählen die Anlage zu den wichtigsten prähistorischen Zeugnissen der späten Bronze- und frühen Eisenzeit.

idyllisch im Huntetal, eingebettet zwischen Heideflächen, Wald und Feuchtwiesen mitten in der „Quadratmeile der Vorgeschichte“. Nicht nur Wander- und Naturfreunde kommen hier auf ihre Kosten, auch für historisch interessierte Menschen ist die alte Wittekindstadt eine wahre Fundgrube. Die Alexanderkirche, das gotische Rathaus, die alte Dampfkornbranntweinbrennerei, das Druckereimuseum und vieles mehr gibt es hier zu besichtigen.

Zahlreiche Steingräber zeugen von der frühen Besiedlung der Wildeshauser Geest. In den beeindruckenden Megalithbauten wurden zwischen 4.000 und 2.300 v. Chr. die Toten beigesetzt. Rund um Wildeshausen befinden sich 40 dieser Grabanlagen. Die Kleinenkneter Steine zählen zu den bekanntesten Steingräbern.

Schon in der Steinzeit, vor ca. 15.000 Jahren, zogen Jäger und Sammler in der Gegend den Rentieren nach. Auf der Glaner Heide, am Ufer der Aue, fanden Heimatforscher 1875/76 Überreste eines uralten Lagerplatzes. Während der Jungsteinzeit (um 4.000-3.000 v. Chr.) war die Region um Wildeshausen relativ eng besiedelt. Zahlreiche Steingräber zeugen heute noch von der frühen Besiedlung der Geest. In diesen beeindruckenden Megalithbauten setzten die ersten Geestbauern zwischen 4.000 und 2.300 v. Chr. ihre Toten bei. In einem Umkreis von 15 Kilometern befinden sich 40 Grabanlagen. Ursprünglich waren es weitaus mehr, leider wurden viele Steingräber zerstört. Rund zwei Kilometer südlich von Wildeshausen befindet sich das Pestruper Gräberfeld mit mehr als 500 bronzezeitlichen Grabhügeln. Auch hier ging einiges verloren (v. a. durch die Landwirtschaft), aber dennoch ist das Pestruper Gräberfeld immer noch das größte seiner Art im nördlichen Mitteleuropa. Kein Wunder also, dass Wildeshausen auch als „Quadratmeile der Vorgeschichte" bezeichnet wird.

Ein Wanderweg führt zu den ca. zwei Kilometer entfernt liegenden Kleinenkneter Steinen. Eine Zeitreise von der Bronzezeit in die Steinzeit lohnt hier allemal. Die Großen Steine von Kleinenkneten zählen zu den bekanntesten Megalithgräbern aus der Jungsteinzeit. Idyllisch liegen sie unter alten Eichen. Sie wurden zwischen 3.400 und 2.800 v. Chr. erbaut. Von 1934 bis 1939 wurden die Grabanlagen vom Staatlichen Museum für Naturkunde und Vorgeschichte in Oldenburg (heute Museum für Natur und Mensch) untersucht. Grab I im Nordwesten ist fast vollständig erhalten. Es wurde in seinen ursprünglichen Zustand zurückversetzt. Der Erdhügel, der die Steine bedeckte, wurde wieder aufgeschüttet. Das Hünenbett ist 50 Meter lang und sieben Meter breit. Die Grabkammer ist trapezförmig, sechs Meter lang und zwischen 1,2 und zwei Meter breit. Sie kann betreten werden. Die Anlage II wirkt auf den ersten Blick unscheinbarer als das restaurierte Hünengrab. Es handelt sich jedoch um eine kostbare Seltenheit. Das Hünenbett birgt nämlich drei Grabkammern, üblich ist nur eine einzige. Die Umfassung für die Grabkammer ist zwischen sechs und acht Meter breit. Die Umwallungssteine des Hünenbettes sind fast vollständig erhalten und stehen an ihren Originalplätzen. Bei Ausgrabungen wurden zahlreiche Keramiken (u. a. eine Lampe) gefunden. Die Funde stammen allesamt aus der Trichterbecherkultur der frühen Steinzeit. Ein drittes Steingrab ist nicht original, es wurde nachträglich in den 1930er Jahren hierher versetzt.

Kleine Stadt mit großem Mut

Im 8. Jahrhundert unserer Zeitrechnung trat Wildeshausen ins Licht der Geschichte, die für die kleine Siedlung an der Hunte überaus wechselvoll werden sollte. Sie begann mit der Familie des Sachsenherzogs

DAS PESTRUPER GRÄBERFELD UND DIE GROSSEN STEINE VON KLEINENKNETEN

Mystisch und geheimnisvoll erstreckt sich auf einer weitläufigen Heidefläche das Pestruper Gräberfeld. Im Spätsommer blüht die Ebene lila, in der übrigen Zeit herrschen Brauntöne in allen Schattierungen vor. Das Pestruper Gräberfeld ist als einer der größten bronzezeitlichen Friedhöfe im nördlichen Mitteleuropa von internationaler Bedeutung. Mehrere Wanderwege führen über das Areal. Es liegt an der Pestruper Straße, etwas außerhalb von Wildeshausen Richtung Bühren, eingebettet in Wald- und Ackerflächen. Ein Schafkoben steht am Eingang der Nekropole. Bänke laden ein, das Terrain mit seiner besonderen Atmosphäre auf sich wirken zu lassen. Zeitweise wird die Heide von einer Schafherde beweidet, um sie vor Verbuschung zu schützen. Auf ca. 36 Hektar verteilen sich mehr als 500 Grabhügel verschiedener Größe und Form. Archäologen zählen die Anlage zu den wichtigsten prähistorischen Zeugnissen aus der späten Bronze- und frühen Eisenzeit. Bisher wurde der Friedhof kaum archäologisch untersucht. Ungestört liegen die Grabhügel auf dem Geestplateau an der Hunte. Einzelfunde aus dem 19. Jahrhundert datieren zwischen 900 und 100 v. Chr. In der Nähe des Schafkobens befindet sich der sogenannte Königshügel, der größte Grabhügel mit einem Durchmesser von 30 Metern. Jedoch ist hier kein König begraben, es handelt sich vielmehr um den Verbrennungsplatz des Friedhofs. Bei Untersuchungen fand man bronzezeitliche Pflugspuren, die aller Wahrscheinlichkeit nach von kultischen Handlungen herrühren. Das Pestruper Gräberfeld steht unter Denkmalschutz.

Die Alexanderkirche ist die älteste Kirche im Oldenburger Land. Ihre Entstehung reicht bis ins 9. Jahrhundert zurück. Der mächtige Backsteinbau, der auf imposanten Granitquadern ruht, erhielt sein heutiges Aussehen im 12. und 13. Jahrhundert. Er vereinigt romanische und gotische Stilelemente. Seit der aufwändigen Restaurierung des Chorraumes erstrahlen auch die beeindruckenden Jugendstilmalereien wieder in besonderem Glanz.

Widukind, die einen Hof in der Welgenmarsch besessen haben soll (was historisch nicht eindeutig belegt ist). Nichtsdestotrotz gibt sich Wildeshausen gerne den Beinamen „Wittekindstadt". Historische Kontinuität bzw. eine Erbfolge gibt es über Waltbert, den Enkel Widukinds, der im Jahr 850 mit einem Empfehlungsschreiben von Kaiser Lothar zu einer Reise nach Rom aufbrach, um von Papst Leo eine Reliquie für die neugegründete christliche Kirche in Wildeshausen zu erbitten. Papst Leo überließ Waltbert die Gebeine des heiligen Alexander, einer der sieben Söhne der ebenfalls heiliggesprochenen Römerin Felizitas. Sie und ihre Söhne wurden der Legende nach aufgrund ihres christlichen Glaubens im Jahre 162 hingerichtet.

Schon während der Überführung der Reliquie sollen sich zahlreiche Wunder ereignet haben, die die Fuldaer Mönche Meginhard und Rudolf in der 16-seitigen translatio sancti alexandrii dokumentierten.

Am 7. Januar 851 erreichte Waltbert Wildeshausen und führte die Reliquie feierlich in die Kirche (vermutlich ein bescheidener Holzbau) ein. Vierhundert Jahre später wurde die bis heute erhaltene gotische Backsteinkirche auf den Fundamenten von Waltberts Kirche errichtet. Zudem gründete Waltbert das Alexanderstift und machte Wildeshausen zu einem viel besuchten Wallfahrtsort. Während sein Großvater Wittekind die alten germanischen Götter gegen Karl den Großen lange Jahre verteidigt hatte, machte Waltbert Wildeshausen zum Zentrum der Christianisierung im Oldenburger Land. Sogar der Bischof von Bremen blickte neidvoll auf die Pilgerströme, die ihre frommen Spenden an die Hunte brachten und nicht mehr an die Weser. Es kamen jedoch nicht nur Pilger, sondern auch Händler, denn Wigaldinghus (so lautet die älteste Bezeichnung der Stadt) lag an einer wichtigen Huntefurt direkt an der Flämischen Straße, einem der meistbefahrenen Handelswege des Nordens, der von Flandern bis zur Ostsee führte.

Trotz der Pilger- und Händlerströme sollte noch viel Wasser die Hunte hinunterfließen, bis Wildeshausen Stadt wurde. Wappen und Siegel, der eigene Zoll sowie das Recht auf Markt und Handel waren wichtige Belege für die Stadtwerdung Wildeshausens im 13. Jahrhundert. 1230 hatte Graf Heinrich von Oldenburg-Wildeshausen die Wildeshauser Burg übernommen. Er fiel wenige Jahre später in den Stedingerkriegen. Zu dieser Zeit wurde auch an der (neuen) Alexanderkirche gebaut, die ihr heutiges Aussehen im 12. und 13. Jahrhundert erhielt. 1270 starb Graf Heinrich der Bogener, der ein Neffe des Vorgenannten war. Wildeshausen fiel nun an Bremen. Dies kam dem Ort durchaus zugute, denn im August 1270 verlieh Bischof Hildeboldus von Bremen den Wildeshausern das Bremer Stadtrecht. Überdies schenkte er den Bürgern einen Bauplatz für das Rathaus. Den Platz durften sich die Wildeshauser aussuchen. Ob diese Großzügigkeit von der Legende herrührte, dass Bremen seine Existenz den Wildeshausern verdankte, lässt sich nicht mehr nachprüfen. In der Sage heißt es jedenfalls, dass Wildeshauser Fischer sich Hütten aus Bram (Binsen oder Ginster) an der Weser bauten, um hier mehrere Tage hintereinander angeln zu können. Aus dieser Fischersiedlung sei dann Bremen entstanden.

Remter, Kantorsbogen und Alexanderkirche sind die wohl beliebtesten Fotomotive von Wildeshausen. Der Remter ist das älteste Gebäude am Ort. Als Kapitelhaus wurde es um 950 erbaut und diente den Kanonikern der Alexanderkirche als Wohn- und Schlafstätte. Das Mauerwerk besteht aus Feldsteinen und ist rund einen Meter dick.

Die Wildeshauser bauten ihr Rathaus in Sichtweite zur Alexanderkirche. Bürgerliche und geistliche Macht standen sich hier gegenüber. In der Tat legten die Bürger der kleinen Huntestadt ein gesundes Selbstbewusstsein an den Tag, v. a. gegenüber den Klerikern der Alexanderkirche, die sich mit ihrer Geschäftstüchtigkeit nicht nur Freunde machten. Dies wird u. a. in einem Gesetz deutlich, das die Wildeshauser Ratsherren im 14. Jahrhundert erließen. Darin wird der Verkauf, die Verpfändung oder Schenkung von Haus, Hof und Land an das Alexanderstift untersagt. Die Unerschrockenheit

der Wildeshauser gegenüber Klerus und Obrigkeit endete jedoch in einer Katastrophe. Im Jahre 1529 verhängte der Bischof von Münster gegen die Stadt Wildeshausen die Reichsacht wegen Landfriedensbruch, was die Höchststrafe bedeutete.

Das Femegerichtsurteil von 1529

Wildeshausen war Bischof Friedrich von Münster schon lange ein Dorn im Auge. Das hatte mehrere Gründe: Die Wildeshauser lagen sich seit Jahren mit den münsteraner Nachbarn, den Ahlhornern, wegen eines Flurstücks in den Haaren. Der Streit gipfelte in einer Fehde, in dessen Verlauf die Wildeshauser, angeführt von Bürgermeister Lickenberg, mehrere Ahlhorner Bürger gefangen nahmen, verprügelten und im Burgturm einkerkerten. Ein weiterer Zankapfel war die Weigerung der Stadt, Abgaben an das Alexanderstift zu leisten. Das Fass zum Überlaufen brachte dann die Ermordung des Klerikers Nikolaus Kasselmann. Er sei den Frauen hinterher gestiegen, hieß es. Tatsächlich lockten Bürgermeister Lickenberg und weitere Ratsherren Kasselmann mit einer gefälschten Liebesbotschaft aus der Stadt. Die Strafaktion eskalierte, Kasselmann wurde ermordet.

Der Bischof von Münster tobte. Am 24. April 1529 überfielen münstersche Truppen im Morgengrauen die Stadt. Es heißt, der Amtmann habe den Soldaten des Bischofs heimlich ein Stadttor geöffnet. Die münsterschen Truppen besetzten die Stadt und verhängten die Reichsacht wegen Landfriedensbruch und Unbotmäßigkeit. Wildeshausen befindet sich somit in guter Gesellschaft mit Mainz, Rostock und Göttingen. Das Städtchen an der Hunte traf es jedoch besonders hart, denn die Reichsacht wurde in voller Härte vollzogen, was anderswo nicht der Fall war. Bürgermeister Lickenberg wurde hingerichtet, die Wildeshauser Bürger verloren ihre sämtlichen Bürgerrechte, die Stadt ihre Privilegien (Stadtrecht, Gerichtsbarkeit, Marktrecht usw.). Die Stadtmauer wurde komplett zerstört, indem man sie untergrub und die Mauern umwarf, wobei der Überlieferung nach sieben Männer verschüttet worden sein sollen. Nach dem bischöflichen Strafgericht war aus der kleinen, freiheitlichen Handelsstadt über Nacht ein unbedeutender Flecken geworden. Aus war es mit der Unabhängigkeit, dem Schutz hinter starken Stadtmauern, der Bindung an die freiheitliche Hansestadt Bremen und aus war es mit dem Handel. Kein Händler hielt sich freiwillig mit kostbaren Waren in unbefestigten Flecken auf. Selbst der Bischof

Nach der Stadtrechtsverleihung von 1270 wurde das Rathaus mit gotischem Stufengiebel in rotem Backstein gebaut. An zentraler Stelle, direkt am Marktplatz, gilt es als Symbol bürgerlichen Selbstbewusstseins. Bis heute tagt der Stadtrat im Rathaus. Zudem ist die Tourist-Information des Verkehrsvereins in dem ehrwürdigen Gebäude untergebracht.

von Münster soll bei seiner Rückkehr angesichts der Härte des Strafgerichts Reue gezeigt haben, indem er klagte: „Andere machen aus Dörfern Städte, wir haben aus einer Stadt ein Dorf gemacht."

Wildeshausen lag nun vollkommen wehrlos da. Zwar gestattete Bischof Franz von Waldeck 1545 die Umfriedung mit Palisaden, was allerdings gegen umherziehende Truppen v. a. im Dreißigjährigen Krieg nicht viel nützte. Wildeshausen wurde wiederholt niedergebrannt, war Musterungsplatz für Söldner, Durchzugsgebiet für Truppen aller Couleur und herrenloser Landsknechte. 1622 plünderten Mansfelder Truppen die Stadt und die Alexanderkirche, wobei der Großteil der Alexanderreliquie in der Hunte landete. Die Pest und die rote Ruhr wüteten und viele Wildeshauser starben. Fast die Hälfte der Häuser stand nach dem Dreißigjährigen Krieg leer oder war zerstört. Die Stadt war völlig verwahrlost.

Als die Region nach dem Dreißigjährigen Krieg endgültig an Schweden fiel, regierte Gustav Gustavson, Graf von Wasaburg, über Wildeshausen. Am 20. August 1651 bestätigte er die alten Privilegien. 1653 starb er 37-jährig an den Folgen seiner Fettleibigkeit vermutlich durch einen Schlaganfall. Seine Frau führte die Amtsgeschäfte bis 1699 fort.

In Zukunft sollten noch mehrere Verpfändungen und damit Religionswechsel folgen. 1803 kam Wildeshausen im Tausch gegen den Weserzoll an Herzog Peter Friedrich Ludwig von Oldenburg. Bis heute ist die Stadt „oldenburgisch" geblieben.

Ein Spaziergang durch das alte Wildeshausen

Ausgangspunkt des Stadtspaziergangs ist der Marktplatz vor dem alten Rathaus. Die Huntestraße macht hier einen Knick und mündet in die Westerstraße. Beide Straßen folgen noch heute dem Verlauf des alten Handelsweges, der Flämischen Straße, die mitten durch den Ort führte. Händler und fahrendes

Volk kamen hierher, um an Markttagen Öl, Butter, Hering, Tuch und allerlei andere Waren zu verkaufen oder für Volksbelustigung zu sorgen. Vor allem der Ulrichsmarkt am 4. Juli war beliebt, aber auch zum Wintermarkt am 28. Oktober herrschte reges Treiben. Zeitweise gab es einen dritten Markt im Frühjahr. An Donnerstagen wird heute noch Wochenmarkt abgehalten. Zwischen Blumen, Kräutern, Gemüse, Backwaren und Wurstständen kann man die seit Jahrhunderten charakteristische Geschäftigkeit der Stadt spüren.

Auf dem Marktplatz steht, für alle sichtbar, der spätbarocke Marktbrunnen von 1747 mit zwei steinernen Wasserkümpen. Noch bis zum Zweiten Weltkrieg gab es in Wildeshausen sogenannte Pumpengemeinschaften. Diese Gemeinschaften teilten sich eine Pumpe und waren für deren Instandhaltung verantwortlich. Bei der letzten Innenstadtsanierung wurden zwei weitere Marktbrunnen freigelegt. Sie sind im Pflaster gekennzeichnet. Gefunden wurde bei den Sanierungsmaßnahmen auch ein markanter Findling. Er ist ebenfalls im Pflaster eingelassen. Es wird vermutet, dass es sich dabei um den Hinrichtungsstein, den „Grooden Stehen" handelt, der auf dem Marktplatz stand. Auf diesem Stein fand der Überlieferung nach Bürgermeister Jakob Lickenberg sein Ende, daher heißt er heute „Lickenberg-Stein". 1722 wurde auf ihm als letzte Delinquentin eine Kindsmörderin mit dem Schwert hingerichtet. In alten Geschichten heißt es zudem, dass an dieser Stelle in vorchristlicher Zeit eine Irminsul (germanisches Heiligtum in Form einer hölzernen Kriegerstatue) gestanden haben soll. Die Irminsul sei im Zuge der Christianisierung im frühen Mittelalter zerstört worden. Dies ist jedoch nicht nachgewiesen. Historisch belegt ist dagegen die Reise von Graf Waltbert nach Rom in den Jahren 850/51. Eine Bronzeplastik vor der Marktapotheke zeigt den Sachsenherzog, wie er mit der Reliquie nach Wildeshausen hineinreitet. Die Skulptur stammt von der Bremer Bildhauerin Gisela Eufe.

» In verschiedenen kleineren Straßen von Wildeshausen, wie hier in der Grünen Straße unweit der Alexanderkirche, stehen noch die alten Bürgerhäuser, in denen meist Handwerk und Landwirtschaft betrieben wurde. Kopfsteinpflaster, Fachwerk, Sprossenfenster, Türen mit Toreinfahrten und die schmale Häusing zwischen den Gebäuden waren typische Hausmerkmale der Kleinstadt.

An der Südseite des Marktplatzes steht das Rathaus, das zu Beginn des 14. Jahrhunderts erbaut wurde. Der hochgotische Stufengiebel aus leuchtend roten Backsteinen im Klosterformat ist ein Symbol bürgerlichen Selbstbewusstseins. Mit Verleihung der Stadtrechte im Jahre 1270 schenkte Bischof Hildeboldus von Bremen den Wildeshausern einen Bauplatz für das Rathaus, das zunächst aus einer riesigen Halle bestand (erst später zog man eine Zwischendecke ein). Seitdem gibt es eine obere und eine untere Rathaushalle. 1520 kam ein Stadtkeller

mit Gewölbedecke dazu, in der gepfändetes Vieh untergestellt wurde. Seit 1968 ist in dem ehemaligen Viehstall eine Gaststätte untergebracht. Auch heute wird im Rathaus noch getagt. Hier findet das jährliche Schaffermahl statt, Brautpaare geben sich das Jawort und man trifft sich zu Vorträgen, Lesungen und anderen kulturellen Veranstaltungen. Im Rathaus ist auch das Verkehrsbüro mit der Tourist-Information untergebracht.

Gleich neben dem alten Rathaus steht das neue Stadthaus, das sich architektonisch am Rathaus orientiert. Der Stufengiebel ist in der Mauerung des Nordgiebels angedeutet, als Baustoff wurden ebenfalls rote Ziegel verwendet. Ende der 1980er Jahre entschied sich der Stadtrat für ein neues Stadthaus, da das alte Rathaus den Raumbedarf nicht mehr decken konnte. Im Oktober 1990 wurde das Stadthaus eingeweiht. Seine Hauptattraktion ist das Glockenspiel im Nordgiebel. 23 Glocken können entweder automatisch oder über eine Klaviatur per Hand gespielt werden. Passend zur Jahreszeit wechseln die Melodien. Während des Spiels erscheinen mehrere Figuren aus der Stadtgeschichte (u. a. Bischof Hildeboldus, ein Trommler, ein Offizier und zwei Wachsoldaten der Gilde sowie ein Schäfer mit Schaf). Die Figuren sind handgeschnitzt und bemalt. Das Glockenspiel erklingt jeweils täglich um 10, 12, 16 und 18 Uhr.

Gegenüber vom Rathaus auf der anderen Seite der alten Handelsstraße überragt der Turm der Alexanderkirche die Stadt. Sie ist seit 1699 evangelisch. Der Platz um die Kirche herum mit der großen Platane und einer Allee aus Lindenbäumen heißt sehr passend „Herrlichkeit“. Der Name erzählt von hohen Herren, die einst hier residierten, aber auch von der Schönheit des Ortes. Die Alexanderkirche in ihrer heutigen Form wurde im 13. Jahrhundert fertiggestellt. Sie ist eine dreischiffige, kreuzförmige Basilika mit romanischen und gotischen Stilelementen. Der Grundriss entspricht dem des Doms zu Osnabrück. Der 55 Meter hohe Kirchturm birgt zwei Glocken von 1494. Sie konnten nach dem

Zweiten Weltkrieg vom Glockenfriedhof in Hamburg zurückgeholt und wieder aufgehängt werden. Die dritte und älteste Glocke wurde 1945 zerstört, als der Kirchturm durch Artilleriebeschuss in den letzten Kriegstagen abbrannte..

Ursprünglich hatte die Alexanderkirche zwei Türme, diese stürzten jedoch noch während der Bauphase der Basilika ein. Im Jahr der Stadtwerdung, 1270, wurde die Alexanderkirche eingeweiht. Der Westteil mit dem Haupteingang stellt den ältesten Teil des Kirchenbaus dar. Die Fundamente und das untere Mauerwerk stammen höchstwahrscheinlich noch von der alten, von Waltbert im 9. Jahrhundert erbauten Saalkirche. Eine schwere Kupfertür verschließt heute den Westeingang, der zugleich der Haupteingang ist. Meist ist sie offen. Vom Vorraum aus kann man durch eine Glastür in die Basilika hineinschauen. Hier hängt mittig über dem Zwölf-Apostel-Altar das gotische Triumph-

Am 7. Januar 851 kam Graf Waltbert, der Enkel Widukinds, von seiner Pilgerreise aus Rom zurück. Er brachte die sterblichen Überreste des heiligen Alexander mit, die Papst Leo ihm als Reliquie für die neu gegründete Kirche in Wildeshausen überlassen hatte. Die Bronzeskulptur der Bildhauerin Gisela Eufe aus Bremen, die am Marktplatz in Richtung Alexanderkirche steht, erinnert an das Ereignis.

kreuz aus Eichenholz. Die Vierpässe der Kreuzesarme zeigen die vier Evangelisten. Hinter dem Altar befindet sich der achteckige gotische Taufstein mit der kupfernen Taufschale. Das bunte Jugendstil-Glasfenster wurde 1910 fertiggestellt und zeigt Christus sowie die vier Evangelisten.

Neben mittelalterlichen Fresken an der Nordseite und in der Sakristei (Maria und Elisabeth, die heilige Dreieinigkeit, die heilige Katharina mit dem Rade aus dem 15. Jahrhundert sowie das Reiterbild mit Falken aus dem 13. Jahrhundert) ist im Chorraum ein Reliquienschrein erhalten, auf dem der Kopf des heiligen Alexander abgebildet ist. Seine Gebeine befinden sich nicht mehr in der Alexanderkirche. Das meiste ging im Dreißigjährigen Krieg verloren, der Schädel wurde 1630 nach Osnabrück überführt, die Unterarmknochen befinden sich seit 1699 in der Propsteikirche in Vechta. Die Alexanderkirche besitzt seit 1970 eine Kleukerorgel, deren schöner Klang von Musikern gelobt wird. In der Kirche finden regelmäßig Konzerte statt, es gibt einen sehr

Die Herrlichkeit ist einer der schönsten Orte von Wildeshausen. Alte Häuser, hohe Bäume und die prächtige Alexanderkirche vermitteln ein „herrliches“ wie „herrschaftliches“ Bild. Das Alte Amtshaus steht seit 1730 als barocker Fachwerkbau mit hohem Walmdach an der Herrlichkeit. Ehemals residierten hier die Amtsleute von Wildeshausen, heute ist das Amtshaus eines der Vorzeigelokale am Ort.

aktiven Kantor und mehrere hochkarätige Chöre. Die Gelegenheit zu einem Konzert sollte man nicht verpassen. Die Alexanderkirche ist täglich (außer Dienstag) geöffnet.

Im Süden schließt sich der Remter an den Kirchenbau an. Er wurde um 950 erbaut und war das ehemalige Kapitelhaus. In ihm befanden sich die Wohn- und Schlafräume der Kanoniker des Alexanderstifts. Im 12. Jahrhundert diente das Gebäude zudem als Stiftsschule, wobei der Küster, zumindest in späteren Zeiten, zugleich der Lehrer war. Bis vor kurzem wohnte der Küster noch im Remter, der damit das älteste bewohnte Gebäude im Oldenburger Land war. Das Mauerwerk besteht aus Feldsteinen und ist rund einen Meter dick. Seit 1968 wird der Remter für die Jugend- und Gemeindearbeit genutzt. Im Südteil ist zudem die Verwaltung der evangelischen Kirche Wildeshausen untergebracht.

Vom Remter aus gelangt man durch den malerischen Kantorsbogen auf die feldsteingepflasterte

Fast unauffällig liegt der Jüdische Friedhof an der Delmenhorster Straße vor den ehemaligen Toren der Stadt. Seit 1707 war hier die Begräbnisstätte der jüdischen Gemeinde. Die letzte Bestattung fand 1938 statt.

Sägekuhle mit der alten Kantorspumpe. Von hier aus gehen schmale Sträßchen ab. Malerisch reihen sich kleine Häuser aneinander und zeugen vom Ackerbürgerleben früherer Zeiten. Vom Kantorsbogen aus gelangt man auch in den seit 2011 eröffneten Bibelgarten. Eine von dem Harpstedter Künstler hansARTig geschnitzte Holzbohle weist den Weg. Der Garten ist kreuzförmig angelegt. Ein Wüstengarten, ein Wasserlauf, ein Felsen und biblische Pflanzen wie beispielsweise der Judasbaum machen den Garten zu einem Platz zum Verweilen und Meditieren.

Zur Hunte hin erhebt sich am Fuße der Alexanderkirche eine mächtige Stützmauer. Dahinter befindet sich der ehemalige Klostergarten, der heute wieder mit Kräutern und einheimischen Pflanzen bestückt ist. Folgt man dem Weg, gelangt man zum barocken Amtshaus von 1730. Hier soll sich einst der Salhof Gaf Waltberts befunden haben, in dem sich im März 988 auch Kaiserin Theophanu mit ihrem damals achtjährigen Sohn König Otto III. aufhielt. Hinter dem alten Amtshaus biegt der Weg ab auf den Stadtwall. Für eine Wanderung

Das Dampfkornbranntweinbrennereimuseum ist nicht nur Wildeshausens längstes Wort, sondern vor allem ein beeindruckendes Technikdenkmal ländlicher Industrialisierung. Von 1850 bis 1972 wurde in dem dreigeschossigen Bau mit dem abgebrochenen Schornstein Kolloges Korn gebrannt. Auf den Führungen durch das Museum erfährt man einiges über Schnaps, Schwarzhandel und ländliche Alltagskultur.

über den Stadtwall sollte man sich ein wenig Zeit nehmen, denn auch hier atmet man außer der guten Wildeshauser Luft viel Geschichte. Der Wall ist der Rest der früheren Stadtbefestigung, die nach dem Femegerichtsurteil von 1529 geschliffen wurde. Er kennzeichnet die Grenzen der mittelalterlichen Stadt. Im 13. Jahrhundert begann man mit dem Bau der Stadtmauer, die so mächtig gewesen sein soll, dass unter den Schwibbögen Händler bequem ihre Stände aufschlagen konnten. Jeder Ratsmann musste jährlich für den Bau acht Mark spenden. Im Jahre 1350 gab es eine Pestepidemie in Wildeshausen, für die man die jüdische Bevölkerung verantwortlich machte. Sie wurde kurzerhand enteignet. Mit dem so eingenommenen Geld konnte die Mauer fertig gebaut werden. Eine perfide Maßnahme, die für diese Zeit nicht unüblich war. Heute wie damals ist der Wall mit Bäumen bewachsen. Damals verdeckte ein Wald die Stadtmauer und bot somit einen weiteren Schutz.

Die Bahnhofstraße durchschneidet den Wall. Sie wurde 1898 mit dem Bau des Wildeshauser Bahnhofs angelegt. Hinter der Bahnhofstraße führt der Wall weiter bis zum Westertor, dem ehemaligen Hauptzugang der Stadt. Bei Straßenbauarbeiten wurden hier Mauerreste des alten Stadttores gefunden. Dreistöckig soll es gewesen sein und mit sechs Kanonen bestückt. Es wurde erst 1808 abgerissen. Hier wie am ehemaligen Huntetor erinnern heute stilisierte Tore an die alten Befestigungsanlagen. Jenseits der Westerstraße in Höhe des Westertors setzt sich der Wall fort. Unter hohen Buchen gelangt man schließlich zur Kaiserstraße und zum Cornauer Tor. Hier befand sich ein weiterer (kleiner) Zugang zur Stadt. Von hier aus sieht man auch den Burgberg, auf dem die Wildeshauser Burg stand. Der Stadtwall endet hier.

Der Burgberg ist alles, was von der Burg Wildeshausen übrig geblieben ist. Auf dem künstlich aufgeworfenen Hügel an einem ehemaligen Altarm der Hunte, der den Burggraben mit Wasser speiste, baute Graf Heinrich von Oldenburg-Wildeshausen eine

Der Burgbergpark ist eine besonders schöne Grünanlage. Alter Rhododendronbestand, der große Teich und die angrenzende Hunte laden zu Spaziergängen ein. Im Sommer finden auf dem Burgberg zahlreiche Veranstaltungen statt. Ein besonders farbenprächtiges Bild liefert der Zapfenstreich der Wildeshauser Schützengilde.

einfache Motte (Wohnturm). Seine Nachkommen erweiterten die Turmhügelburg im 13. Jahrhundert. Während des Kreuzzuges gegen die Stedinger Bauern war die Wildeshauser Burg einer der Stützpunkte im Krieg gegen die Aufständischen. Graf Heinrich von Oldenburg-Wildeshausen fiel 1234 bei der Schlacht von Altenesch. Sein Neffe Heinrich IV. mit dem Beinamen „Der Bogener" wurde sein Nachfolger auf der Burg. Unter ihm gab es erstmals Ratsherren in der Stadt. Als er 1270 starb, kam die Stadt an Bremen und erlangte das Stadtrecht. Die Burg wurde Sitz des Bremer Amtmanns. Im Jahr 1700 wurde das marode Gebäude abgerissen, der Turm diente noch bis 1789 als Gefängnis. Heute steht ein Denkmal für die Opfer der beiden Weltkriege auf dem Burgberg.

Gegenüber, auf der anderen Straßenseite, befindet sich die katholische St.-Peter-Kirche. Nachdem die Alexanderkirche 1699 endgültig evangelisch geworden war, mussten die Katholiken für ihre Gottesdienste in eine Scheune ausweichen. Erst 1810 wurde ihnen die freie Religionsausübung gewährt. Sogleich wurde mit dem Bau einer eigenen Kirche begonnen, die 1811 eingeweiht werden konnte. Schon elf Jahre später musste sie wegen eines Konstruktionsfehlers wieder abgerissen werden. Auf den alten Fundamenten baute man die jetzige Kirche, die 1824 eröffnet wurde. Zunächst besaß sie nur einen Dachreiter, der Turm wurde 1902 fertig gestellt.

Wenden wir uns noch einmal dem Burgberg zu. Am Fuße des alten Burghügels liegt der gepflegte Kurpark, auch Burgwiese genannt. Die Hunte fließt gemächlich hindurch. Auf schön angelegten Wegen flaniert man an der Konzertmuschel vorbei und verweilt vielleicht bei einem der sonntäglichen Konzerte. Eltern mit Kindern bleiben am Teich stehen und sehen den Enten und Schwänen zu, wie sie gemütlich paddeln. Wenn es besonders heiß ist, bringt ein Fußbad im Kneippbecken Erfrischung. Eine Fußgängerbrücke, die sogenannte Melkerbrücke, die ihren Namen von den Melkern hat, die über diese Brücke zu ihren Kuhweiden gelangten, führt in einen besonderen Stadtteil Wildeshausens: nach Zwischenbrücken.

Zwischenbrücken liegt, wie der Name schon sagt, zwischen den Brücken von Stadtgraben und Hunte und ist der älteste Teil Wildeshausens. Ursprünglich war es sogar ein unabhängiger Ort, der zum Bistum Bremen gehörte, während Wildeshausen dem Bistum Osnabrück unterstand. Die Grenze verlief zwischen der dritten und vierten Bohle der alten Huntebrücke. Bei Streitigkeiten zwischen den jeweiligen Ortsteilen konnte ein Schritt über die richtige Bohle unter Umständen Leben retten. Diese seltsame Teilung wurde übrigens unter Napoleon für kurze Zeit wieder eingeführt. Zwischenbrücken gehörte damals wieder zum Department Bremen und Wildeshausen zu Osnabrück. Die Zwischenbrücker hatten noch lange ein eigenes Gericht, eine eigene Verteidigung und einen eigenen Bürgermeister. Letzteren gibt es bis heute. An jedem Rosenmontag ziehen die Pielepoggen (Bewohner Zwischenbrückens) mit Frack und Zylinder ins Rathaus, um ihren Bürgermeister bestätigen zu lassen. Außerdem tragen sie dem Stadtrat ihre Wünsche und Beschwerden vor. Anschließend gibt es Braunbier und weiße Wecken, satt und umsonst. „Pielepogge" ist übrigens niederdeutsch und bedeutet Kaulquappe. Eine gewisse Ähnlichkeit der schwarz befrackten Zwischenbrücker Männer mit diesen Tierchen ist nicht von der Hand zu weisen. Andere meinen, dieser Name komme aus der Franzosenzeit und sei eine Verballhornung des Ausdrucks „près les ponts" (zwischen den Brücken).

Einmal im Jahr, immer zu Pfingsten, herrscht Ausnahmezustand in Wildeshausen. Die ganze Stadt ist auf den Beinen, wenn schwarzbefrackte Mannschaften, grünberockte Offiziere, Wach- und Ratskompanie sowie zahlreiche Musikzüge zum Fest der alten Schützengilde von 1403 zusammenkommen.

Die heutige Huntebrücke hat keine Bohlen mehr und heißt Evronbrücke. Sie erinnert an die französische Partnerstadt Wildeshausens. Allerdings überspannt sie die Hunte immer noch dort, wo sich einst die alte Furt befand. Von der Brücke aus blickt man direkt auf die Huntestauanlage. Hier stand einst die Wildeshauser Wassermühle, die schon in der Urkunde des Bremer Bischofs Hildeboldus von 1270 erwähnt wird. Die Mühle war in späteren Zeiten das erste Wildeshauser Elektrizitätswerk. Geht man über die Brücke, steht man vor dem ehemaligen Huntetor. Ein stilisiertes Tor zeigt, wo sich im Mittelalter das Stadttor befand. Noch vor dem Tor, an der Ecke Kaiserstraße/Huntestraße fällt ein etwas windschiefes Gebäude mit einem seltsamen Schornstein auf. Dies ist die ehemalige Dampfkornbranntweinbrennerei Kolloge, in der heute ein Museum untergebracht ist. Die Kornbrennerei ist ein Technikdenkmal aus der Zeit der industriellen Revolution. Die 15-PS-Dampfmaschine in dem Gebäude stammt aus der Mitte des 19. Jahrhunderts und ist noch voll funktionsfähig. Bis 1972 wurde hier Kolloges Korn (der keinen Kater kennt) gebrannt. Beim Orkan im Herbst 1972, der in der gesamten Region große Schäden anrichtete, brach den Schornstein ab. Da sich eine Sanierung der veralteten Anlage nicht lohnte, wurde die Brennerei geschlossen. Heute führen sogenannte Fusel-Experten interessierte Gäste nach Voranmeldung durch das Museum.

Geht man durch das Huntetor, gelangt man in die Einkaufsmeile. Die Wildeshauser Innenstadt wurde 1995/96 aufwändig saniert und umgestaltet. Ein Geschichtsband aus chinesischem Granit ist in das Pflaster eingelassen. Wichtige Daten der Wildeshauser Geschichte lassen sich hier ablesen. Ein Wasserlauf in der Westerstraße sowie verschiedene Spielstationen und Skulpturen lockern das Stadtbild auf.

Es gäbe noch viel zu berichten über Wildeshausen, zum Beispiel über den Stadtwald im Krandel, das Druckereimuseum, interessante Gästeführungen wie den „Nachtwächter“ oder „Frau Lickenberg“ und vieles mehr. Was aber unbedingt erwähnt werden muss, ist das über die Stadtgrenzen weit hinaus bekannte und beliebte Gildefest. Jedes Jahr an Pfingsten steht die Stadt eine Woche lang Kopf. Die „Fünfte Jahreszeit“ wird derart von den Wildeshausern herbeigesehnt, dass eine Gildeuhr in der Westerstraße anzeigt, wie lange es noch bis zum nächsten Gildefest dauert. Wenn es dann so weit ist, kommen viele tausend Menschen von nah und fern, um dem bunten Treiben zuzusehen und mitzufeiern. Am Pfingstsonntag geht es los mit Zapfenstreich und großem Feuerwerk auf der Burgwiese. Rund 3.500 Mitglieder zählt die Wildeshauser Schützengilde derzeit.

WAS MAN IN WILDESHAUSEN UNBEDINGT MACHEN SOLLTE

- um die Alexanderkirche spazieren und den imposanten Bau bewundern
- im Sommer auf dem Marktplatz sitzen und den Mauerseglern beim Flug zuschauen
- das Gildefest besuchen und eine Woche lang feiern
- die Innenstadt auf dem Stadtwall umrunden und die alten Bäume bestaunen
- in die Grabkammer bei den Kleinenkneter Steinen krabbeln
- zur sommerlichen Heideblüte über das Pestruper Gräberfeld spazieren
- im Dampfkornbranntweinbrennereimuseum bis auf den Kornboden steigen
- frische Produkte auf dem Wildeshauser Markt einkaufen
- unter die große Platane an der Alexanderkirche stellen und in den Himmel schauen
- ein Konzert der Wildeshauser Chöre in der Alexanderkirche besuchen

Mehrere Musikzüge, das Musikkorps Wittekind, der Spielmannszug, Fanfarenzug und das Tambourkorps Wildeshausen sind rund um die Uhr im Einsatz und ziehen in ihren historischen Uniformen durch die Straßen. Ein Kunst- und Handwerkermarkt zieht interessierte Besucher an und Pfingstdienstag (dem eigentlichen Haupttag mit Festumzug) findet im Krandel das Königsschießen auf den Papagoy (Schützenvogel) statt. Die Wildeshauser Schützengilde hat eine lange Tradition. Sie geht vermutlich auf die „Broderschup der teindusend ridder" zurück, die eine wohltätige Organisation war. Erst später wurde die Bruderschaft zu einer Art Bürgerwehr umgewandelt, die die Stadt bei Gefahr verteidigte.

ADRESSEN

STADT WILDESHAUSEN

Am Markt
27793 Wildeshausen
Telefon 04431/880
www.wildeshausen.de

ALEXANDERKIRCHE

Evangelisch-Lutherische Kirche Wildeshausen
Herrlichkeit 6
27793 Wildeshausen
Telefon 04431/2449
www.ev-kirche-wildeshausen.de

BÜRGER- UND GESCHICHTSVEREIN

Am Markt 1A
27793 Wildeshausen
Telefon 04431/7484099
www.buerger-geschichtsverein.de

TOURIST-INFORMATION

Verkehrsverein Wildeshausen
Am Markt 1A
27793 Wildeshausen
Telefon 04431/6564
www.verkehrsverein-wildeshausen.de

DAMPFKORNBRANNT-WEINBRENNEREI MUSEUM

Wittekindstraße 2
27793 Wildeshausen
Telefon 04222/6517
(Holtmann-Kolloge)
www.brennerei-museum-wildeshausen.de

WILDESHAUSER SCHÜTZENGILDE

Niedersachsenweg 31
27793 Wildeshausen
Telefon 04431/92540 (Vorberger / Auskunft zur Mitgliedschaft)
www.wildeshauser-schuetzengilde.de

Dorf der Künstler

Dötlingen ist wohl eines der schönsten Dörfer der Region und liegt im Herzen der Wildeshauser Geest. Noch vor gut hundert Jahren wurde der Ort in verschiedenen Magazinen als „weltabgeschieden" beschrieben. Die Eisenbahn führte drei Kilometer an Dötlingen vorbei und die Wege, z.B. der alte Postweg zwischen Oldenburg und Wildeshausen, waren schlecht zu befahren. Gerade diese Abgeschiedenheit lockte Sommerfrischler zu Beginn des 20. Jahrhunderts aus den umliegenden Städten in das stille Geestdorf. Gleichzeitig entdeckten Künstler den Ort und siedelten sich an. Manche blieben nur kurz, andere ihr Leben lang. In den hektischen Zeiten der Industrialisierung fühlten sie sich von der vermeintlich einfachen bäuerlichen Lebensweise und der „unverfälschten" Natur in dem malerischen Heidedorf angezogen.

« Dötlingen ist wohl eines der schönsten Dörfer der Region. Die alte Kirche St. Firminus, die tausendjährige Dorfeiche und der Tabkenhof in der Ortsmitte sind beliebte Fotomotive. Die Dorfkirche St. Firminus stammt aus dem 12. Jahrhundert. Der alte Bau aus Granitblöcken und Backstein hatte verschiedene Bauphasen: Der Turm und das Kirchenschiff sind romanisch geprägt, der Altarraum mit den Spitzbogenfenstern weist gotische Stilelemente auf. Von besonderer Schönheit ist das Kircheninnere mit mittelalterlichen Malereien.

Von Weltabgeschiedenheit kann heute keine Rede mehr sein, aber Natur, reetgedeckte Bauernhäuser und Kunst sind auch heute (wieder) das Markenzeichen des Dorfes. Zahlreiche Künstler wohnen und arbeiten in der Gemeinde und Sommerfrischler strömen vor allem an den Wochenenden und zu den Veranstaltungen der „Dötlinger Gartenkultour" ins Dorf. Dass Dötlingen einen besonderen Reiz hat, ist mittlerweile auch „amtlich": Im Jahre 2010 gewann der Ort die Goldmedaille im Bundeswettbewerb „Unser Dorf hat Zukunft", 2012 gab es die Silbermedaille im europaweiten Wettbewerb „Entente Florale". Was macht Dötlingen und seine Umgebung damals wie heute so anziehend?

Auf jeden Fall ist es seine idyllische Lage. Dötlingen liegt eingebettet in eine abwechslungsreiche Landschaft aus Heideflächen, Wald, Äckern, Auen und Moor. Beeindruckend sind die Steilhänge an der Hunte, in denen bis vor wenigen Jahren noch Uferschwalben brüteten. Tief fallen die Hügel und

Hänge hier an einigen Stellen ins Flusstal ab. Die Hunte mäandert nach umfangreichen Renaturierungsmaßnahmen in diesem Abschnitt durch die Landschaft. Der Wanderweg „Huntepadd" führt direkt an den Ufern des Flusses entlang und ist ein Muss für jeden Besucher.

Das Dorf selbst hat sich seit der Zeit, als die ersten Sommerfrischler hier Erholung suchten, erheblich verändert. Was damals noch Sandweg war, ist heute gepflastert oder für den Autoverkehr asphaltiert. Die meisten Bauernhöfe wurden in Wohnhäuser umgewandelt und die milchkannenschleppende Bäuerin, die der Künstler Otto Pankok (1893-1966) vor hundert Jahren malte, gehört ebenfalls der Vergangenheit an. Dötlingen ist auf wohlgefällige Art moderner geworden. Liebevoll restaurierte Fachwerkhäuser, alter Baumbestand, gepflegte Blumenbeete sowie einladende Gastronomie prägen das Dorfbild.

Dötlingen hat bis heute viel von seinem ursprünglichen Charme bewahrt. Im Dorf sind zahlreiche alte Bauten erhalten. Tradition und Geschichte, Natur und Kultur, modernes Leben und aktive Dorfgemeinschaft – darauf wird in Dötlingen großer Wert gelegt.

Von Langbärten und dem verschwundenen Dorf

Erstmalig erwähnt wurde Dötlingen im Jahre 1203 als „Thutelingen“. Der Ortsname geht wahrscheinlich zurück auf den langobardischen Personennamen Thote oder Dotel. Die Langobarden (Langbärte) stammten ursprünglich aus dem Gebiet der Niederelbe. Im Zuge der Völkerwanderung des 4. Jahrhunderts müssen wohl einige Langbärte durch die Geest gewandert sein. Möglicherweise ließ sich ein Dotel oder Thote an der Hunte nieder und gründete eine Siedlung, während die anderen bis nach Italien weiter wanderten. Allerdings wird Dotel oder Thote nicht auf menschenleeres Gebiet getroffen sein. Die Gegend war schon seit Jahrtausenden besiedelt. Spuren eines gut zehntausend Jahre alten Sommerlagers wurden an der Aue bei Glane gefunden. Damals war hier nichts als karge Tundra. Vor mehr als fünftausend Jahren war das Klima jedoch recht mild. Die ersten Geestbauern der Trichterbecherkultur (benannt nach ihren trichterförmigen Tongefäßen) lebten auch an der Hunte bei Dötlingen. Sie hinterließen die mächtigen Steingräber der

Altes Fachwerk und baumbestandene Hofanlagen gehören zum typischen Ortsbild von Dötlingen. Als markante Hinterlassenschaften einer bedeutenden Kulturlandschaft sind hier noch viele Gebäude vom Typ Niederdeutsches Hallenhaus erhalten.

Jungsteinzeit, im Volksmund auch Hünengräber genannt. In den Steingräbern bestatteten sie ihre Toten. Dötlingen liegt wie Wildeshausen inmitten der „Quadratmeile der Vorgeschichte". Vier Steinsetzungen sind in der Gemeinde erhalten: Die Glaner Braut am Huntepadd, das Steingrab am Schützenhof, das Steingrab im Ortsteil Egypten am Rittrumer Kirchweg sowie der Hexenstein auf einem Acker am Schinkenweg in Dötlingen/Wehe.

Wie es mit dem Dorf oder der Siedlung nach der ersten urkundlichen Überlieferung weiter ging, darüber ist wenig erhalten. Ein Dokument berichtet von einem Junker von Wahle in Dötlingen. Er zog mit den Bremern im Jahr 1234 gegen die Stedinger Bauern und wurde danach vom Erzbischof von Bremen mit einem Gut belehnt. Die von Wahles nahmen kein gutes Ende. Der Letzte aus dem adlig freien Geschlecht hatte Schulden beim Pastor. Seine Frau muss sich darüber des Öfteren herzhaft aufgeregt haben, denn eben dieser Pastor maßregelte sie von der Kanzel herab, sie möge das laute Fluchen unterlassen. Dennoch setzte man den letzten Junker nebst Frau mit Helm und Schild unter dem Südeingang der Kirche bei.

Hundert Jahre später gibt eine Urkunde aus dem Jahre 1329 Anlass zu allerlei Vermutungen und Geschichten. Darin wird zwischen den Dörfern Kirchdötlingen und Norddötlingen unterschieden, wobei letzteres das Bedeutendere gewesen sein soll. Über viele Jahrzehnte suchten vorwiegend Lehrer mit ihren Schulklassen nach dem verschwundenen Zwillingsdorf. Die Spekulationen hatten 1992 ein Ende, als die Arbeitsgemeinschaft für archäologische Denkmalpflege im „Brinkholzsand" nordwestlich von Dötlingen eine Lehrgrabung durchführte und fündig wurde. Hausgrundrisse, Grubenhäuser, Gruben, Gräben und Palisaden eines mittelalterlichen Dorfes kamen zum Vorschein. Die ältesten Spuren stammen aus dem 8. Jahrhundert. Die beachtliche Siedlung hatte Bestand bis ins 16. Jahrhundert, danach verwehen die Spuren im Geestsand.

Dötlingen fiel im Verlauf seiner Geschichte an verschiedene Herrscherhäuser, was durchaus nicht unüblich war. Das Dorf wurde geteilt, wiedervereinigt, war abwechselnd oldenburgisch, lüneburgisch, dänisch, französisch und vier Tage lang sogar russisch. Seit der Verwaltungsreform von 1933 gehört die Gemeinde zum Landkreis Oldenburg.

Während des Nationalsozialismus gab es die Absicht, das malerische Heidedorf zum Musterdorf für das gesamte Deutsche Reich zu machen. Diese Pläne verliefen jedoch im Sande bzw. landeten in der Pfütze, in die Gauleiter Carl Röver getreten sein soll, als er das neugekürte Reichsmusterdorf besichtigte – so erzählen es zumindest die Alten. Heute geht das Dorf wohltuend offen auch mit diesem düsteren Kapitel seiner Geschichte um. Am Volkstrauertag 2009 wurde neben der Kirche ein Mahnmal von dem Lohner Künstler Karl-Joseph Dierkes für die Dötlinger Verfolgten des NS-Regimes eingeweiht.

Bereits zu Beginn des 20. Jahrhunderts war Dötlingen ein beliebtes Ausflugsziel. Vor allem Künstler und Kunstsinnige aus Oldenburg und Bremen besuchten das malerische Dorf an der Hunte, um hier die „ursprüngliche" Natur zu suchen.

Künstlerkolonie Dötlingen

Die Wende vom 19. zum 20. Jahrhundert war von einer rasanten Industrialisierung und Verstädterung geprägt, die bei vielen Menschen eine besondere Sehnsucht nach dem einfachen Landleben weckte. Eine neue Heimatbewegung entstand. Die Städter reisten jetzt nicht mehr nach Italien, sondern erkundeten die umliegende Gegend. Auch Künstler entdeckten die heimische Natur wieder. „Du sollst einen Baum für wichtiger halten als eine Erfindung von Picasso", schrieb Otto Pankok in seinem autobiografischen Werk „Stern und Blume". Nachdem Dötlingen in mehreren Zeitschriften ausgesprochen positiv erwähnt wurde, setzte am Ort eine wahre Besucherflut ein, vorwiegend aus Bremen und Oldenburg. Die 1889 eröffnete Bahnlinie Vechta-Delmenhorst mit Halt in Aschenstedt, drei Kilometer von Dötlingen entfernt, erleichterte die Anreise. Von hier aus setzten Gastwirte Pferdekutschen ein, die die Besucher vom Bahnhof abholten.

Im Haus Meineck (heute Bremer Schullandheim am Rittrumer Kirchweg) versammelte der etablierte Künstler Georg Müller vom Siel (1865-1939) die regionalen Kunstschaffenden um sich. Ab 1900 leitete er hier eine Malschule für Töchter aus gutbürgerlichem Hause. Eine seiner ersten Schülerinnen war die Tochter des Dötlinger Pastors. Vorwiegend kamen jedoch junge Frauen aus Bremen. Müller vom Siel malte fast ausschließlich Landschaftsbilder, wenn er nicht gerade den Kaiser in Berlin porträtierte. Seine lebhaften Wolkendarstellungen, die Art und Weise, wie er das Licht einfing, sind unvergleichlich. Er fand in Dötlingen, was er in New York und Berlin vermisst hatte: Unverfälschte Natur, schlichtes bäuerliches Leben und eine romantische Landschaft. Ähnlich erging es anderen Künstlern, die es Anfang des 20. Jahrhunderts nach Dötlingen zog. Mindestens neun Maler lebten kurz vor Beginn des Ersten Weltkriegs im Dorf, wobei Georg Müller vom Siel die zentrale Figur unter ihnen war. Während der Utopist und Sozialist Heinrich Vogeler

Die Hunte schlängelt sich in zahllosen Krümmungen durch die Wildeshauser Geest. Bei Dötlingen befindet sich wohl einer der schönsten Abschnitte. Hier ist der Wasserlauf meist urwüchsig gewunden und mäandert in zahlreichen Schleifen vor sich hin. Ein besonderes Erlebnis sind Kanufahrten auf der Hunte.

in Worpswede Leute wie Mackensen, Modersohn und Overbeck um sich scharte, suchten Künstler wie Hermann Allmers, Arthur Fitger und Ludwig Fischbeck die Villa Meineck in Dötlingen auf. Allerdings hatte die Dötlinger Künstlerkolonie nie die Strahlkraft, die von Worpswede ausging. Vielleicht lag es am eher unpolitischen Charakter der Gemeinschaft, möglicherweise spielte auch der frühe Verlust von Georg Müller vom Siel eine Rolle. Er wurde 1909 aufgrund einer schweren psychischen Erkrankung in die Psychiatrie in Wehnen eingewiesen und sollte dreißig Jahre dort bleiben, bis er im Januar 1939 starb. Zuletzt galt er als „rassisch minderwertig“. Wahrscheinlich verhungerte er; ein Schicksal, das er mit vielen Mitpatienten teilte.

Ein weiterer bedeutender Künstler neben Georg Müller vom Siel war Otto Pankok. Im Jahr 1913 kam er in das Dorf, nachdem er sein Kunststudium abgebrochen hatte. Er fällt unter den Landschaftsmalern ein wenig aus der Rolle. Sein Interesse galt vorrangig den Menschen, die in dieser malerischen Landschaft ein ganz und gar unromantisches Leben führten. Seine Kohlezeichnungen halten den Alltag des bäuerlichen Lebens zu Beginn des 20. Jahrhunderts in ergreifender Deutlichkeit fest. Er selbst schrieb dazu: „Endlich allein. Es begann ein herrliches Jahr in einem oldenburgischen Dorf in ungeheurer Einsamkeit, ein Schwelgen in Kohle und Papier, ein Suchen nach dem Wesen des Menschlichen bei armen abgetriebenen Weibern und Tagelöhnerinnen, die wie aus dem Sandboden aufgewachsen waren, fraßen, was sie der Erde abrangen, in Tuberkulose und Schmutz hinstarben und wieder völlig zu Erde wurden. Ich suchte der Natur und den Elementen so nahe zu sein wie diese einfachen Menschen in ihren Hütten und auf ihren Feldern, zu denen mein Instinkt mich getrieben. Ohne dieses eine rauschhafte Jahr des Anfangs und der Bestätigung wäre die Folgezeit nicht ertragbar gewesen. Als alles vorüber war, standen eines Tages feldgraue Posten an den Eisenbahnlinien." (Aus: Stern und Blume, 1930) Zu Beginn des Ersten Weltkrieges wurde Pankok eingezogen und verließ das Dorf. Während des Nationalsozialismus galten seine Werke als „entartet" und wurden verboten.

Auch heute leben und arbeiten verschiedene Künstler in Dötlingen. In mehreren Galerien sind ganzjährig wechselnde Ausstellungen von einheimischen und internationalen Künstlern zu sehen. Die Galerie im Heuerhaus am Rittrumer Kirchweg ist hier die erste Adresse. In dem angrenzenden Café finden zudem regelmäßig kulturelle Veranstaltungen statt. Das Heuerhaus wird von der Dötlingen-Stiftung betrieben. Weitere Galerien und Künstler sind in dem von der Dötlingen-Stiftung herausgegebenen Buch „Künstler der Gegenwart" (Peter Kratzmann) aufgeführt.

Spaziergang durch Dötlingen

Das Herz Dötlingens schlägt am Dorfring zwischen Tabkenhof, der alten Eiche und der Kirche. Dieses wohl meistfotografierte Ensemble des Ortes ist das Wahrzeichen von Dötlingen.

Die St. Firminus-Kirche ist eine spätromanische Feldsteinkirche. Sie wurde 1270 erstmalig urkundlich erwähnt, ist aber deutlich älter. Bei Renovie-

rungsarbeiten wurden Reste mehrerer Vorgängerkirchen aus Holz freigelegt. Es ist anzunehmen, dass schon um 900 n.Chr. eine hölzerne Kapelle auf dem Geesthügel oberhalb der Hunte gestanden hat. Der älteste (westliche) Teil der Steinkirche wurde um 1100 erbaut und war ein schlichter Hallenbau mit Holzdecke. Der Altarraum im gotischen Stil kam 1270 dazu. Der Turm im Westen hat ein unteres Mauerwerk mit einer Stärke von 1,80 Meter. Das Fenster über dem Eingang zeigt den Drachen-

Dötlingen ist zu jeder Jahreszeit schön: Gerade zur Laubfärbung im Herbst laden die gut ausgeschilderten Wanderwege zu idyllischen Spaziergängen rund um das Dorf und entlang der Hunte ein.

Das Püttenhus am Ortseingang von Dötlingen liegt am Fuße des Gierenberges und ist der ehemalige Spieker des alten Pfarrhauses. Heute wird es gerne als Versammlungsort und Ausstellungsstätte sowie für Trauungen in historischem Ambiente genutzt.

töter Michael. Über dem Turmaufgang hinter der Orgel ist ein Bannkreuz versteckt. Es diente zur Abschreckung der Dämonen, die aus dem Westen kamen, so jedenfalls der Volksglaube. Patron der Kirche ist der heilige Firminus, Bischof von Amiens. Er starb im vierten Jahrhundert als Märtyrer auf dem Scheiterhaufen. Im Altar wurde bei Renovierungsarbeiten im Jahre 1947 ein ausgehöhlter Stein mit einem mineralischen Pulver gefunden, möglicherweise die Reste der alten Reliquie. Der Altar selbst ist aus Ziegelsteinen im Klosterformat gemauert. Der barocke Aufsatz wurde um 1670 von einem unbekannten Wildeshauser Künstler geschaffen. Das ovale Altarbild zeigt alle Arten gottesdienstlicher Handlungen wie Predigt, Taufe, Abendmahl und Buße. Die Kanzel ist ebenfalls barock und stammt aus dem Jahre 1644. Bei den Renovierungsarbeiten 1947 kamen auch Reste alter Bemalungen aus der Zeit vor der Reformation zum Vorschein. Sie zeigen den heiligen Christoffer, Adam und Eva sowie David und Goliath. Es konnten nur Fragmente gerettet werden. Ein Fresko im zweiten Gewölbe bietet Anlass zu Spekulationen. Die Bilder am Ende der vier Strahlen des Deckenkreuzes stellen Symbole aus der germanischen Mythologie dar: Die Weltenesche, die heilige Eiche, ein Fruchtbarkeitszeichen und den Fenriswolf, möglicherweise als Zeichen des Sieges der christlichen Kirche über das Heidentum, das hier lange Zeit überlebte.

Nördlich der Kirche steht der Tabkenhof. Er wird bis heute von der Familie Tabken bewirtschaftet. Das Fachwerkgebäude ist stolze 58 Meter lang und 17 Meter breit und somit das größte bewirtschaftete Niedersachsenhaus Nordwestdeutschlands. Der Tabkenhof wurde 1341 als Muhlehof erstmalig erwähnt und ist seit 1830 im Besitz der Familie Tabken. Im Zweiten Weltkrieg wurde das Gebäude stark zerstört und 1947 als niedersächsisches Hallenhaus wieder aufgebaut.

An der Hofeinfahrt zum Tabkenhof steht auf einem Rasenstück die „dicke Eiche" oder „oole Eeken", wie die tausendjährige Eiche von den Einheimischen liebevoll genannt wird. Ihr Stamm hat einen Umfang von knapp 7 Metern. Er ist hohl und bietet Platz für mehrere Menschen. Jedoch ist Vorsicht geboten, denn es besteht Einsturzgefahr. Immerhin hat sie

Im Freizeitpark Ostrittrum leben mehr als 500 Tiere verschiedener Arten. Öffentliche Fütterungen, aber auch die Führungen sind ein Höhepunkt für viele Besucher. Der etwa 18 Hektar große Freizeitpark ist ein beliebtes Ausflugsziel für Familien.

einiges auf dem Buckel und vieles miterlebt: Den Bau der Kirche, die Geschichte des Tabkenhofes, die Reformation, den Dreißigjährigen Krieg und zwei Weltkriege. Unter ihr trafen sich im Frühjahr die Hollandgänger, arme Heuerlinge, die nach Holland aufbrachen, um dort als Mäher, Erntehelfer und Handwerker ein Zubrot zu verdienen. Ihren letzten dicken Ast reckt die Eiche in den Himmel und jedes Jahr schauen die Dötlinger nach, ob sie wieder grünt. Bis jetzt tut sie es, obwohl sie in den vergangenen 50 Jahren sehr gelitten hat. Ihre Krone hat sich stark gelichtet. Der zuletzt abgebrochene Arm liegt zwischen Findlingen gebettet neben der Eiche. Der Baum zählt zu den besonderen Naturdenkmälern im Oldenburger Land.

Bild: Niedersächsisches Freilichtmuseum – Museumsdorf Cloppenburg

NIEDERSÄCHSISCHES HALLENHAUS

Das niedersächsische Hallenhaus, auch Niedersachsenhaus genannt, gehört zum typischen Dorfbild der Wildeshauser Geest. Die Ursprünge dieses äußerst langlebigen Haustyps reichen bis in die Bronzezeit, möglicherweise sogar bis in die frühe Steinzeit zurück. Die ersten Bauern in der Geest bauten Wohnstallhäuser, die dem niedersächsischen Hallenhaus stark ähneln. Damals wie heute trägt ein Gerüst aus Holzpfosten, zumeist Eiche, das Dach. Die Außenwände stehen dabei außerhalb des tragenden Gerüstes und schützen die tragenden Balken. Die Gefache in den Außenwänden bestanden schon in vor- und frühgeschichtlicher Zeit aus Weidengeflecht, das mit Lehm abgedichtet wurde. An alten Scheunen kann man diese Lehmbauweise gelegentlich noch erkennen. Sogar die Raumaufteilung hatte bis in das letzte Jahrhundert Bestand: Die Diele mit den Viehställen nahm zwei Drittel des Hauses ein. Das Flett mit offener Feuerstelle, Essplatz und den angrenzenden Schlafkammern machte das restliche Drittel aus. Der Wohnbereich fiel nach heutigen Maßstäben äußerst bescheiden aus. Ursprünglich war das Flett nicht einmal von der Diele getrennt, so dass Vieh und Mensch in einem Raum lebten. Dies hatte den Vorteil, dass sowohl der Wirtschafts- als auch der Wohnbereich jederzeit überwacht werden konnten. Auf dem riesigen Dachboden lagerte man Heu und Getreide ein. Das Dach selbst war mit Reith oder Stroh gedeckt. Zentraler Platz in einem alten Bauernhaus war die offene Feuerstelle im Flett.

Geht man den Heideweg hinunter, gelangt man an die Püttenquelle (Pütte = Pfütze). Hier wuschen noch bis nach dem Zweiten Weltkrieg Dötlinger Frauen ihre Wäsche. Das kleine Fachwerkhaus am Püttenbach, das Püttenhaus, stand ursprünglich neben der Pastorei, und zwar als einfacher Speicherschuppen. 1935 wurde der „Spieker" an den Heideweg umgesetzt und diente der Hitlerjugend als Jugendheim. In den Nachkriegsjahren kamen hier Flüchtlinge unter. Heute gehört das Haus der Gemeinde und wird vom Bürger- und Heimatverein für Versammlungen, Ausstellungen und andere Veranstaltungen genutzt. Sehr beliebt ist das Püttenhaus bei Brautpaaren. Sie lassen sich in dem heimeligen Fachwerkbau gerne trauen.

Dies war, in Einzelfällen bis ins 20. Jahrhundert hinein, die einzige Licht- und Wärmequelle im Haus. Hier wurde gekocht und gegessen und hier hielt man sich auf, wenn die Arbeit getan war. Das ursprüngliche Niedersachsenhaus war ein Rauchhaus, d.h., der Rauch zog einfach durch das Dach ab, es gab keinen Schornstein. Über der Herdstelle wurden im Rauch Würste und Schinken geräuchert. Der aufsteigende Rauch konservierte zudem das Heu und hielt Ungeziefer aus dem gelagerten Getreide fern. Der Rauch war, außer, dass er den Bewohnern je nach Wetterlage das Atmen schwer machte, durchaus nützlich.

An der Herdwand war ein Wendebaum aus Holz oder Eisen angebracht, an dem der Kesselhaken oder Hal hing. Am Hal wiederum hing der schwere Kochtopf oder Kessel und konnte so über das Feuer geschwenkt werden. Die Kochtemperatur wurde durch Höher- oder Tieferhängen geregelt. Teilweise konnte man den Hal bis über den Essplatz schwenken, was für die Bäuerin eine Erleichterung war. Kochen war eine riskante Angelegenheit. War die Bäuerin unaufmerksam, konnte es passieren, dass sie sich beim Abhängen des Topfes verbrühte. Das Feuer musste ständig kontrolliert und überwacht werden. Die Glut wurde am Abend zusammen geschoben und mit Asche bedeckt. Darüber stellte man eine eiserne Feuerstülpe, damit herumlaufende Tiere, z.B. Katzen, die Glut nicht zerstreuen konnten, denn die Bauernhäuser waren stark brandgefährdet. Am Morgen fachte die Bäuerin oder Magd die Glut mit dem Blasebalg wieder an. Feuer war Frauensache. Das Leben in einem solchen Bauernhaus war weder bequem noch romantisch. Das Museumsdorf Cloppenburg konnte in Versuchen nachweisen, dass es im Winter in einem Rauchhaus nur 4-6 Grad wärmer als draußen wurde, auch wenn der Boden mit Heu vollgepackt und die Diele mit Vieh aufgestallt war. Einigermaßen warm wurde es nur in direkter Nähe zum Feuer.

Einige Schritte weiter erhebt sich der Gierenberg. Eigentlich ist er gar kein Berg, sondern ein Geestabhang, der zum Huntetal hin abfällt. Immerhin liegt er 33 Meter über dem Meeresspiegel. „Gieren“ heißt soviel wie „schauen“. Der Blick vom Gierenberg über das Huntetal hinweg ist bei klarer Sicht herrlich, vor allem im Winter, wenn die Baumkronen kein Laub tragen und der Blick weit geht. Es heißt, dass man von hier aus die Helme der napoleonischen Soldaten, die gen Wildeshausen zogen, blinken sah. Heute wird auf dem Gierenberg alljährlich das Osterfeuer entzündet.

Mit zahlreichen Cafés, einladender Gastronomie, mit Galerien und Künstlerateliers bietet Dötlingen seinen Besuchern eine beeindruckende touristische Infrastruktur. Beliebt sind auch die Gartenkultouren des Ortes – Veranstaltungen, die an verschiedenen Wochenenden in zahlreiche öffentliche und private Gärten von Dötlingen einladen.

Vom Gierenberg aus kann man auch auf den Lopshof hinuntersehen. Die Villa war lange Zeit Domizil des Künstlers August Kaufhold (1884-1955), der als Tiermaler berühmt wurde. Heute betreibt der Verein für integrative Lebensart Lopshof e.V. ein ansprechendes Café mit kulturellen Veranstaltungen und Sinnes- und Erlebnisgarten.

Direkt hinter dem Lopshof führt der Rundweg „Huntepadd“ entlang. Er ist ein ca. fünf Kilometer langer, landschaftlich exquisiter Wanderweg. Durch die Inloopswiesen geht es zur Hunte und darüber hinweg. Bald kommt man auf eine heidebewachsene Ebene. An dieser Stelle befinden sich drei frühsteinzeitliche Steingräber, u.a. die Glaner Braut. Hin und wieder

weiden hier auch Schafe, um die Heide kurz zu halten. Der Platz strahlt eine fast mystische Ruhe aus.

Weiter geht es durch Wald und Feld wieder über die Hunte. Biegt man im Wald rechts in einen schmalen Wanderweg ein, gelangt man durch einen Buchenwald an die Steilhänge des Flusses. In einer alten Geschichte heißt es, dass das kleine Volk hier einen Schatz vergraben habe. Von jeglicher Form der Schatzsuche ist allerdings abzuraten, sonst ergeht es einem wie dem Schuster, der statt Gold schließlich nur einen löchrigen Stiefel bekam.

Die Hunte mäandert hier sehr stark und hin und wieder gleiten Kanufahrer vorbei. Das Kanufahren auf der Hunte ist wegen der empfindlichen Flora und Fauna nur eingeschränkt möglich und als besonderes Erlebnis sehr zu empfehlen.

Der Huntepadd endet an der Kirche. Von hier aus empfiehlt sich ein Abstecher zum Rittrumer Kirchweg, der sogenannten „Dötlinger Meile“. Mehrere ansprechende Gastronomiebetriebe bieten regionales Essen, selbstgebackenen Kuchen und andere Leckereien. Im Doppelheuerhaus mit Galerie gibt es Kaffee und Kunst. Gegenüber bietet die Gärtnerei Natenstedt auch am Wochenende Blumen, Gemüse und Obst an sowie ein anregendes Pläuschchen mit der Chefin.

Dötlinger Gartenkultour

Seit 2001 gibt es die „Dötlinger Gartenkultour“, ein interessantes Veranstaltungsformat mit Kunst, Kunsthandwerk, besonderen gastronomischen Angeboten und viel Garten. Zu drei Terminen (Anfang Mai, am letzten Juniwochenende und am 3. Oktober) öffnen Künstler, Kunsthandwerker und Gärtner ausgewählte Privatgärten, Galerien und Gastronomiebetriebe für die Öffentlichkeit. Besucher können sich an diesen Terminen durch alle teilnehmenden Gärten, Galerien und Ateliers bewegen. Ein Infostand informiert über Gästeführungen, geführte Radtouren und sonstige Angebote.

Auch aus der Vogelperspektive beeindruckt die malerische Lage Dötlingens: Unweit des Huntearmes (am oberen Bildrand) liegt der Ortskern mit der alten Kirche, den Höfen und dem Dorfteich von Wald umgeben idyllisch da.

Wandern und Radfahren in der Gemeinde Dötlingen

Weitab verkehrsreicher Straßen und fast mitten im Wald liegt der Ort Ostrittrum, der gleich mehrere Attraktionen zu bieten hat. Zum einen ist hier der Wild- und Freizeitpark Ostrittrum angesiedelt, der vor allem für Familien ein beliebtes Ausflugsziel ist. Über fünfzig Tierarten, vorwiegend aus heimischen Gegenden, aber auch Kängurus, Affen und Emus tummeln sich in schön angelegten Gehegen auf dem 18 Hektar großen Gelände. Ein Märchenwald, zwei Abenteuerspielplätze sowie ein See mit Tretbooten bieten Abwechslung und Vergnügen. Ein Imbiss an der Seeterrasse und ein Picknickplatz laden zum Verweilen ein.

Fast benachbart steht die alte Wassermühle am Mühlenteich, die seit dem 15. Jahrhundert an dieser Stelle belegt ist. Lange gehörte sie dem Oldenburger Grafen Anton Günter. Die Mühle brannte mehrmals ab. Das jetzige Gebäude stammt aus der Zeit um 1848. Bis 1965 wurde sie noch als Sägewerk genutzt. Seit

1998 wird die Mühle vom Möhlenvereen Ostrittrum erhalten und für verschiedene Veranstaltungen (unter anderem auch für Trauungen) genutzt.

Zwischen Dötlingen und Ostrittrum zweigt ein Feldweg vom Rittrumer Kirchweg nach Egypten ab. Das ferne Land ist von hier aus schnell zu erreichen. Zwar findet man im Dötlinger „Egypten" keine Pyramiden, aber ein weiteres Steingrab. Der Ortsteil hat seinen Namen von ehemals durchreisenden Sinti und Roma, die hier vor Zeiten ihren Lagerplatz hatten. Im Volksmund nannte man sie „Egypter". Diese Bezeichnung hat sich im englischen Wort „egypts" erhalten.

Neben Dötlingen sind Neerstedt und Brettorf die größten Dörfer in der kleinen Gemeinde an der Hunte. In Neerstedt befindet sich die gesamte Infrastruktur: Die Gemeinde- und Kirchenverwaltung, eine Bank, eine Tankstelle, Arzt und Apotheke, Einkaufsmöglichkeiten und sogar ein Theater gibt es hier. Vorwiegend niederdeutsche Laienspielgruppen aus der Region spielen im Winter ihre Stücke auf der Neerstedter Bühne. In der Pause gibt es selbstgebackenen Kuchen und Kaffee. Nicht nur Freunde der plattdeutschen Sprache schätzen die familiäre Atmosphäre des kleinen ehrenamtlich geführten Theaters. Nach der letzten Dorfverschönerung ist das vorher etwas eintönige Straßendorf recht hübsch geworden. Abseits der Durchgangsstraße, an der Dorfstraße, hat der Ort zudem viel von seinem ursprünglichen Charme bewahrt.

Brettorf ist eine Hochburg des Faustballsports und regelmäßig bei den deutschen Meisterschaften vertreten. Das Dorf selbst hat verwunschene Ecken, in denen die Zeit still steht. Alte Höfe und Wege unter mächtigen Bäumen abseits großer Straßen laden zum (Rad)-wandern ein. Was den öffentlichen Nahverkehr angeht, so schlägt hier das Herz der Gemeinde. In Brettorf befindet sich nämlich der einzige noch geöffnete Bahnhof. Die Nordwestbahn zwischen Osnabrück und Bremen verkehrt hier regelmäßig.

Naturschutzgebiete

Das Poggenpohlsmoor ist ein kleines Moor mit interessanter Fauna und Flora. Es liegt im Poggenpohlswald an einem etwas versteckten Wanderweg. „Pogge“ ist das plattdeutsche Wort für Frosch. Der Poggenpohl war einst ein ausgedehntes Feuchtgebiet an der Hunte. Das Moor ist der Rest eines Niederungsmoores, es steht seit 1939 unter Naturschutz. Seine Entstehungszeit fällt in die letzte Eiszeit, die vor ca. 12.000 Jahren endete. Das Moor selbst darf nicht betreten werden, da sich hier eine seltene Tier- und Pflanzenwelt mit Sonnentau, Moosbeere, Sumpffarn und mehreren bedrohten Schmetterlingsarten entwickelt hat. Vom Wanderweg, der direkt am Moor entlang führt, kann man der kleinen Fläche in die „Augen“ sehen, nämlich in die schwarzen, spiegelnden Moortümpel. Moosbewachsene Bulten ragen daraus hervor, ebenso wie abgestorbene Bäume. Das Moor hat etwas von seinem düsteren Charme bewahrt. Das Brettorfer Lachmöwenschlatt auf einer Wiese am Stedinger Weg ist ebenfalls ein Produkt der Eiszeit. Einst ein riesiger Heidetümpel, ist es heute nur noch ein flaches Gewässer in einer Bodenmulde. Interessant sind die Scharen von unüberhörbaren Lachmöwen, die auf einer Insel in der Mitte des Schlatts brüten.

Haufenweise Steine

Auch in der Gemeinde Dötlingen finden sich unübersehbar Spuren prähistorischer Besiedlung. Die Steingräber auf Dötlinger Gebiet wurden zwischen 3.500 und 2.300 v. Chr. erbaut. Von der Glaner Braut am Huntepadd war schon die Rede. Sie liegt jenseits der Hunte in der Glaner Heide. Die Hunte bildet hier die Grenze, somit gehört die Glaner Braut eigentlich zu Wildeshausen, wird aber vorwiegend von Dötlingen aus besucht. Ein Ensemble von drei Steingräbern befindet sich auf dem Heideplateau. Durch das größte Steingrab (Glaner Baut I) führt ein Wanderweg mitten hindurch. Leider ist es stark zerstört.

An mehreren Steinen sieht man Bohrlöcher, die Steine wurden offenbar an Ort und Stelle gesprengt, um sie für den Straßenbau oder anderweitig zu nutzen. Glaner Braut II liegt am Kopfende der großen Schwester in der Nähe der großen Wächtersteine. Dieses Steingrab ist weniger zerstört, die Grabkammer im Inneren der Umfassungssteine ist noch zu erkennen. Das dritte, viel kleinere Steingrab liegt etwas abseits am Wanderweg.

Die Bezeichnung „Braut“ und/oder „Bräutigam“ für Steingräber kommt häufiger vor (s. a. Visbeker Braut und Bräutigam). Möglicherweise kann man diese Bezeichnung auf den vorchristlichen Brauch zurückführen, innerhalb der Steinsetzungen Hochzeiten abzuhalten.

Mitten im Dorf hinter dem Schützenhof befindet sich eine weitere Grabanlage, das Dötlinger Steingrab. Da eine Schießbahn des Schützenvereins 1956 durch das östliche Ende des Steingrabs hindurch verlängert wurde, bot sich den Archäologen die Ge-

Dötlingen machte sich einst als Künstlerdorf einen Namen. Heute versucht u. a. die Galerie Dötlingen an diese Tradition anzuknüpfen: In einem alten Heuerhaus von 1816, das in fünfjähriger Arbeit von der Dötlingen Stiftung restauriert wurde, befindet sich das kulturelle Zentrum des Ortes.

In der Glaner Heide, jenseits der Hunte und gegenüber von Dötlingen, liegt die Glaner Braut. So werden vier Megalithanlagen aus der Jungsteinzeit genannt, deren mächtige Steine auf einer kleinen Ebene am Huntepadd liegen. Besonders zur Heideblüte erstrahlt die Fläche in den schönsten Farben.

legenheit, das Grab gründlich zu untersuchen. Aus mehreren Tonnen Tonscherben konnten gut hundert Gefäße rekonstruiert werden. Daneben fand man Feuersteingeräte, Bernsteinschmuck, eine Axt und vieles mehr. Die Fundstücke sind teilweise im Museum am Damm in Oldenburg zu besichtigen. Das Dötlinger Steingrab wurde so weit wie möglich restauriert und ist heute begehbar. Ein etwas mulmiges Gefühl beschleicht denjenigen, der sich unter den mächtigen Deckstein stellt. Er hat ein geschätztes Gewicht von 250 Tonnen.

In der Ortschaft Aschenstedt in Höhe des Reiterhofes Aschenbeck an der Straße Zum Sande liegt die sogenannte Gerichtsstätte. Die Steinkammer ist recht klein. Hier wurde, wie der Name schon sagt, in späteren Zeiten Gericht gehalten. Im 17. und 18. Jahrhundert wurden hier vor allem sogenannte Holzfrevler verurteilt. Wer unerlaubt Holz aus den Wäldern entfernte oder den damals durch Plaggenhieb und Eichelmast stark beanspruchten Wald weiter schädigte, musste dem Holzvogt Rede und Antwort stehen und wurde entsprechend bestraft.

Der Hexenstein ist kein Grab, sondern ein riesiger, ca. 40 Tonnen schwerer flacher Findling. Er liegt auf einem Acker in der Ortschaft Wehe am Schinkenweg. Etwa 1,20 Meter ragt er aus dem Feld, aber das ist nur ein Bruchteil seiner wirklichen Größe. Rund 38 kleine Vertiefungen wurden auf der Oberseite des Steins eingemeißelt und bereiten den Forschern Kopfzerbrechen. Welche Funktion hatten diese Schalen, die Archäologen auf die späte Jungsteinzeit oder frühe Bronzezeit datieren? Möglichweise dienten sie kultischen Zwecken. Nach der Walpurgisnacht findet man in den Vertiefungen immer noch Räucherwerk. Es heißt in einer alten Geschichte, dass Dötlinger Hexen hier ihre Feste feierten. Sie ließen sich nicht gern dabei beobachten. Angeblich

WAS MAN IN DÖTLINGEN UNBEDINGT MACHEN SOLLTE

- durch den idyllischen Dorfkern spazieren
- eine Führung durch das Klostermuseum auf den Spuren des Mittelalters machen
- die alten Fachwerkbauten bewundern
- auf dem Huntepadd wandern und die Natur bestaunen
- bei der Dötlinger Gartenkultour entspannen
- die himmlischen Torten im Heuerhaus probieren
- auf Tiersafari und Märchenreise im Freizeitpark Ostrittrum gehen
- den Stüher Forst und seine Umgebung entdecken
- Dötlinger Spargel essen und rustikalen Bauernschmaus genießen
- Nostalgie im Tante-Emma-Laden der Familie Meyer in Brettorf spüren
- Inspiration in den zahlreichen Galerien und Ateliers suchen
- Swin-Golfspielen in Iserloy

hat eine Pastorentochter es einst geschafft, sie doch auszuspionieren. Die Hexen seien daraufhin auf Forken und Birkenzweigen nach Bremen geflohen, um im Ratskeller Wein zu trinken. Dazu hätten sie folgenden Spruch gesagt: „Öwer Busch, öwer Bohm, Öwer Water, öwer Strohm, na Bremen to, ahne Strümp un Schoh. Fleeg fell un feller na´n Bremer Wienkeller!“ Diese und andere Geschichten können Gäste sich von den GästeführerInnen der Gemeinde bei einem Rundgang erzählen lassen.

ADRESSEN

GEMEINDE DÖTLINGEN
Hauptstraße 26
27801 Neerstedt
T 04432/9500
www.doetlingen.de

NEERSTEDTER BÜHNE E.V.
Denkmalsweg 4
www.neerstedter-buehne.de

GÄSTEFÜHRUNGEN:
Thea Freiberg
Telefon 04432/547
Ute Schwarting
T 04431/2430

DIE GALERIE IM HEUERHAUS
Sybille Rob
Rittrumer Kirchweg 4
27801 Dötlingen
T 04433/1241
www.galerie-dötlingen.de

DÖTLINGEN STIFTUNG
Gerti Essing
T 04433/339
www.doetlingen-stiftung.de

KANUVERLEIH HUNTETOURS
T 04433/353 oder 04432/1499
www.huntetours.de

OTTO PANKOK MUSEUM
Neuer Weg 5
48455 Bad Bentheim
T 05924/6128
www.pankok-museum.de

WILD- UND FREIZEITPARK OSTRITTRUM
Familie Riesmeier
Rittrumer Kirchweg 29
27801 Dötlingen
T 04487/7166
www.freizeitpark-ostrittrum.de

MÖHLENVEREEN OSTRITTRUM
Reinert Strues
Am Brink 3
27801 Ostrittrum
T 04487/7039
www.ostrittrum.de

DÖTLINGER GARTENKULTOUR E.V.
www.doetlinger-gartenkultour.de

Die mit dem Korn schwingen

« Im Jahre 1739 wurden zahlreiche Häuser in Harpstedt durch einen großen Brand zerstört. Mit viel Tatkraft wurde der Ort im Stil des Barock neu aufgebaut. Straßen wurden schachbrettartig angelegt und Häuser aus feuerfestem Stein gebaut. Vor allem die Kirche sollte ein Schmuckstück der „neuen Zeit“ werden.

Die Samtgemeinde Harpstedt zählt zu den größten Gemeinden im Zentrum der Wildeshauser Geest, sie ist zugleich eine der landschaftlich abwechslungsreichsten im Naturpark. Zur Samtgemeinde gehören außer Harpstedt die Orte Beckeln, Colnrade, Dünsen, Gross-Ippener, Kirchseelte, Prinzhöfte und Winkelsett. Der Flecken ist staatlich anerkannter Erholungsort. Er liegt zwischen Wildeshausen und Delmenhorst und ist über die A1 und B213 gut zu erreichen.

Der Harpstedter Sonnenstein wurde 1909 bei Bauarbeiten am Ort gefunden und zunächst für eine altertümliche Schießscheibe gehalten. Heute steht das von Archäologen als bronzezeitlicher Sonnenkultgegenstand gedeutete Objekt vor dem alten Amtshaus zwischen den acht Findlingen, die die Mitgliedsgemeinden der Samtgemeinde symbolisieren.

Woher der Ortsname kommt, ist nicht eindeutig geklärt. Die älteste Bezeichnung lautet „Harpenstede", was Anlass zu der Vermutung gab, der Ort sei nach dem Instrument Harfe benannt. Aus diesem Grund findet man die Harfe im Wappen der Gemeinde wieder. Ebenso könnte der Name vom altdeutschen Wort „Harp" (Kornschwinge) abgeleitet sein. Könnte man sich den Namen aussuchen, wäre die „Harfenstätte" sehr passend für diese Region der Wildeshauser Geest. Der Ort liegt eingebettet in eine sanft geschwungene und dicht bewaldete Landschaft, unterbrochen von unter Naturschutz stehenden Moorresten, Heideflächen, schier unendlichen Feldern und grünen Niederungen. Die stille Hunte, die lebhafte Delme und der idyllische Klosterbach setzen zusätzliche Akzente in die Geest. Wer Lust hat, wandert über die Ozeanbrücke nach Klein-Amerika. Baudenkmäler wie das alte Wasserschloss Amtshof oder das Scheunenviertel Koems, archäologische Zeugnisse wie der Sonnenstein, die historische Kleinbahn Jan Harpstedt oder das 350 Kilometer umfassende Rad- und Wanderwegenetz lohnen ebenfalls einen Besuch.

Zwistigkeiten und Feuersbrünste

Im Jahre 1203 wurde der Ort Harpstedt erstmals als „Harpenstede" erwähnt. Dünsen, das ebenfalls zur Samtgemeinde zählt, wurde schon 1189 bezeugt und ist somit der älteste Ort im Verbund. Alle anderen Dörfer treten wie Harpstedt in der ersten Hälfte des 13. Jahrhunderts oder etwas später ins Licht der Geschichte. Allerdings war das Gebiet schon deutlich früher besiedelt. Davon zeugen nicht nur die Großsteingräber in Reckum, sondern auch die Reste einer hochmittelalterlichen Turmhügelburg (Motte) aus dem 9. oder 10. Jahrhundert. Von dieser Burg sind heute noch Teile des Ringwalls in der Nähe des Amtshauses erhalten. Die Befestigungsanlage wurde in unruhigen Zeiten gebaut, denn einfallende Normannen und ungarische Reiterscharen machten die Gegend unsicher. Die Burg lag im sumpfigen

Die Christuskirche von 1753 ist die dritte Kirche in Harpstedt. Zwei Vorgängerbauten aus dem 13. und 17. Jahrhundert wurden bei den großen Bränden im 17. und 18. Jahrhundert zerstört. Heute finden in der Kirche zahlreiche Veranstaltungen statt, die das Gotteshaus als Kulturort auch überregional bekannt machen.

und somit schwer zugänglichen Gebiet der Delmeniederung in der Nähe einer Furt und diente einerseits als Fluchtburg, andererseits als Stützpunkt für ein Verteidigungsheer.

Über die Erbauer der Turmhügelburg ist nichts bekannt. Überhaupt sind historische Quellen aus dem Mittelalter recht spärlich. Immerhin weiß man, dass Harpstedt 1242 schon ein Kirchspiel war. Ganz in der Nähe der heutigen barocken Christuskirche stand damals die St.-Martinkirche. Angeblich barg sie als Reliquie einen Teil des Mantels ihres Schutzheiligen. Sie fiel dem ersten großen Brand im Dreißigjährigen Krieg zum Opfer.

Im Jahr 1291 hören wir wieder von einer Burg in Harpstedt. Allerdings ist damit nicht die alte Turmhügelburg gemeint, sondern das später erbaute Wasserschloss. Heute steht an seiner Stelle der Amtshof. Das Schloss und mit ihm der Ort Harpstedt sollten in den nächsten Jahrhunderten eine wechselvolle Geschichte durchleben. Diese war geprägt von Zwistigkeiten unter den Bischöfen von Bremen und Münster sowie den Grafengeschlechtern von Bruchhausen und Oldenburg. Im Jahr 1360 gelangte die Harpstedter Burg samt Untertanen zunächst an die Grafen von Hoya. Einige Jahre später, im Jahre 1396, verliehen die Hoyaer Grafen dem Dorf das Weichbildrecht und machten Harpstedt zum Flecken, was einem Status zwischen Dorf und Stadt gleichkommt. Dies ist bis heute so geblieben.

In der folgenden Zeit wechselten die Herrscher häufig und es kam zu vielen Scharmützeln um die Burg Harpstedt. Sie galt als ein wichtiger militärischer Stützpunkt in der Delmeniederung. Die Bevölkerung litt sehr darunter, viele wanderten aus, vorwiegend nach Bremen, wo Stadtluft sie „frei" machte. Der berühmt-berüchtigte Graf Gerd von Oldenburg und Delmenhorst ließ sich im 15. Jahrhundert in Harpstedt nieder, bis sein ärgster Feind, der Bischof von Münster, Heinrich von Schwarzenberg, ihn 1496 aus der Burg vertrieb. Graf Gerd war

Der alte Amtshof liegt als prächtiger Fachwerkbau idyllisch unter hohen Bäumen auf einer Insel zwischen Burggraben und Delme. Früher stand hier die hochmittelalterliche Turmhügelburg, später wurde an dieser Stelle ein Wasserschloss, vermutlich als befestigtes Fachwerkgebäude, errichtet. Heute ist die Gemeindeverwaltung in dem alten Gebäude untergebracht.

zu dieser Zeit mit knapp 70 Jahren schon ein alter Mann. Dennoch mussten die Wildeshauser und Bremer dem Bischof zur Hilfe kommen. 1547 eroberte Graf Anton I., ein Enkel des berüchtigten Piratenfürsten Gerd, den Ort samt Burg zurück und führte die Reformation ein. Es folgten die Wirren des Dreißigjährigen Krieges mit Einquartierungen und Plünderungen. In diese Periode fällt auch der erste große Brand. Am 14. November 1626 wurde Harpstedt fast vollständig ein Raub der Flammen. Angeblich hatte ein einquartierter Soldat ungeschickt mit Feuer hantiert. Ein Jahr später hatten die Fleckenbürger ihre Häuser wieder errichtet, wie gehabt vorwiegend aus Holz und Stroh, womit die nächste Brandkatastrophe vorprogrammiert war. Die ereignete sich gut hundert Jahre später, am 4. Juni 1739. Wieder verursachten fremde Soldaten aus Unachtsamkeit den Brand. 89 Häuser brannten ab, unter ihnen die Kirche, das Pfarrhaus und Teile des Schlosses. 450 Menschen wurden obdachlos.

Die hannoversche Regierung, der Harpstedt zu dieser Zeit unterstand, ordnete an, den Ort im Stil des Barock neu aufzubauen. Straßen wurden schachbrettartig angelegt und Häuser aus feuerfestem Stein gebaut. Vor allem die neue Kirche sollte ein Schmuckstück werden. Gegen den geplanten Zwiebelturm regte sich allerdings Widerstand und man verzichtete schließlich darauf. Am 18. Februar 1753 wurde die Christuskirche eingeweiht. Die Bevölkerung war durch den kostspieligen Neubau finanziell stark in Anspruch genommen. Viele Menschen in Harpstedt verarmten. In Amtsmeldungen aus dieser Zeit ist sogar von einer „Verrohung der Sitten" die Rede.

Erst im 19. Jahrhundert ging es mit dem Flecken wieder bergauf. Mehrere bahnbrechende Neuerungen brachten den Ort voran: 1848 wurde die Postkutschenverbindung zwischen Bremen und Harpstedt eröffnet, 1870 nahm die Nienabersche Windmühle ihren Betrieb auf und im Juni 1912 konnte die Bahnstrecke Delmenhorst-Harpstedt eingeweiht werden. Auf der gut 22 Kilometer langen Strecke bummelt heute noch Jan Harpstedt. Mit dem Aufschwung war es während des Ersten und Zweiten Weltkrieges wieder vorbei. Wegen der Nähe zur Hansestadt Bremen fielen auch in Harpstedt einige Bomben. Die Synagoge, die schon 1936 verwaist war, wurde 1943 von einer Bombe zerstört.

Die letzten einschneidenden Veränderungen fanden in den 1970er Jahren. 1974 entstand die Samtgemeinde Harpstedt, 1977 wurde der Flecken aus der Grafschaft Hoya ausgegliedert - seitdem gehört er zum Landkreis Oldenburg.

Die Sache mit den Sonnensteinen

1909 wurde bei Arbeiten am Harpstedter Schießstand ein seltsamer Fund gemacht. Ein uralter, bearbeiteter roter Granitblock kam ans Licht. Um eine punktförmige Vertiefung in der Mitte waren zwölf konzentrische Kreise eingemeißelt. Der Stein hatte eine frappierende Ähnlichkeit mit einer Schießscheibe und für eine solche wurde er auch gehalten, schließlich legte der Fundort diese Vermutung nahe. Folgerichtig bekam er seinen Platz auf einem Sockel am Schießplatz. Einige Jahre später, 1921, fand man in den Trümmern eines Abbruchhauses in Beckstedt einen ähnlichen Stein. Dieser wurde als bronzezeitlicher Kultgegenstand erkannt und wanderte ins Ludwig-Roselius-Museum nach Worpswede, wo er heute noch zu besichtigen ist. Als 1955 eine Nachbildung des Beckstedter Sonnensteins am Ortseingang des Dorfes eingeweiht wurde, kamen erste Zweifel an der Schießscheibentheorie des Harpstedter Steins auf. Expertenmeinungen wurden eingeholt und schließlich musste der Schützenverein sich schweren Herzens von der vermeintlichen Schießscheibe trennen. Heute steht der Harpstedter Sonnenstein vor dem alten Amtshaus zwischen den acht Findlingen, die die Mitgliedsgemeinden der Samtgemeinde symbolisieren. Ein würdiger Platz. Ähnliche Sonnensteine wurden u.a. in Skandinavien, Schottland und Irland gefunden. Sie sind zwischen 4.000 und 3.500 Jahre alt und entspringen höchstwahrscheinlich einem bronzezeitlichen Sonnenkult.

Gegenüber vom Amtshof liegt die Harpstedter Wassermühle. Sie wurde im 13. Jahrhundert errichtet und gehörte ehemals zum Wasserschloss. Erst 1962 wurde der Mühlenbetrieb eingestellt. Heute befindet sich innerhalb der historischen Mauern das Hotel zur Wasserburg.

In der Freistraße, unweit der Kirche, reckt die Harpstedter Windmühle ihre Flügel in den Himmel. Der dreistöckige Galerieholländer stammt von 1871. Bis 2011 wurde das Gebäude aufwändig renoviert und instand gesetzt.

Raue Töpfe und versteinerte Schafe

Schon vor fünftausend Jahren gefiel es den Menschen in Harpstedt. Zwei Großsteingräber aus der frühen Steinzeit sind erhalten. Sie stehen in der Nähe des Hunteufers bei Reckum an der Straße, die von Hölingen nach Wildeshausen führt. Chronisten berichten, dass es einst sehr viel mehr Steingräber in und um Harpstedt gegeben haben soll, aber auch hier fielen zahlreiche Megalithdenkmäler dem Straßenbau oder der sich ausbreitenden Landwirtschaft zum Opfer. Das kleinere Grab der Reckumer Steine (Grab I) ist leider etwas schwer zu erreichen. Es liegt in einem Wäldchen inmitten landwirtschaftlicher Nutzfläche. Das Ganggrab hat eine 14 Meter lange, gut erhaltene Kammer. Grab II liegt nur wenige Meter entfernt auf der anderen Straßenseite am Waldrand. Die Kammer ist hier ca. 20 Meter lang und weitgehend intakt. Beiden Steingräbern fehlt die Einfassung. Es heißt, dass man die verloren gegangenen Steine u.a. in der Kirchhofmauer in Harpstedt wiederfinden kann. Die Grabkammern sind jedoch weitgehend unberührt bis auf den heutigen Tag und strahlen einen besonderen Reiz aus. Die Reckumer Steine kann man u.a. über die Route 5, 6 und 7 der archäologischen Erlebnisrouten mit dem Fahrrad erreichen. Um die Reckumer Steine ranken sich, wie um viele andere Steingräber auch, einige Sagen und Legenden, zum Beispiel die von den zänkischen Schäfern.

Auch später, während der Bronze-und Eisenzeit, muss die Gegend um Harpstedt vergleichsweise dicht besiedelt gewesen sein, denn es finden sich hier zahlreiche Hügelgräber. Das bekannteste ist das Wohlder Hügelgräberfeld mit rund 100 erhaltenen Grabhügeln. Die Wildeshauser Straße zwischen Harpstedt und Wildeshausen führt mitten durch diese Nekropole hindurch. Aber auch bei der Purrmühle, in Klein Köhren und in Winkelsett befinden sich vereinzelte Grabhügel.

Das Hügelgräberfeld bei Wohlde ist das bedeutendste in der Region Harpstedt. Es liegt an einem versandeten See. Das Gräberfeld ist in archäologischen

DIE STREITENDEN SCHÄFER

Zwei Schäfer stritten sich um einen Bienenschwarm, von dem jeder behauptete, ihn zuerst gesehen zu haben. „Ik wull, dat du as en griesen Steen dar sitten bleevst!“ (Ich wollte, dass Du als grauer Stein dort sitzen bliebest!) schrie der erste wütend. „Un ick wull, dat du mi ewig Sellschupp doon mößt.“ (Und ich wollte, dass du mir ewig dabei Gesellschaft leistetest.) antwortete der zweite aufgebracht. Kaum hatten sie ihre Verwünschungen ausgesprochen, verwandelten sich die Schäfer samt ihrer Herden zu Stein. Die Reckumer glauben, dass der Zauber sich alle hundert Jahre zur Heideblüte für eine Nacht löst. In dieser Nacht ziehen die Schäfer bei Mondlicht wieder über die Heide. Dabei streiten sie bis zum Morgengrauen. Dann verwandeln sie sich wieder zu Stein. So wird es weiter gehen, bis sie sich vertragen.

Fachkreisen wohlbekannt, denn hier wurde der berühmte Harpstedter Rauhtopf gefunden. Er datiert aus der Zeit um 500 v. Chr. und ist namengebend für typische Gefäße Nordwestdeutschlands aus dieser Zeit. Es handelt sich um ein einfaches, relativ großes Tongefäß, dessen Oberfläche mit Schlickbewurf aufgeraut und dessen Rand wellenförmig ist. Die Gefäße dienten wohl in erster Linie der Vorratshaltung. Die Schlichtheit des Rauhtopfes deutet auf eine ärmliche Periode hin. Im Jahre 1880 fand am Gräberfeld eine erste Grabung statt, 1938 folgte die zweite. Die Funde, u. a auch der Harpstedter Rauhtopf, sind heute teilweise im Amtshaus in Harpstedt ausgestellt. Das bronzezeitliche Hügelgräberfeld von Wohlde ist mit dem Rad über die archäologischen Erlebnisrouten 5 und 6 zu erreichen.

Spaziergang durch Harpstedt

Unser kleiner Ortsspaziergang beginnt bei der Christuskirche. Sie wurde 1753 eingeweiht und ist die dritte Kirche in Harpstedt. Zwei Vorgängerkirchen aus dem 13. und 17. Jahrhundert wurden bei den großen Bränden im 17. und 18. Jahrhundert zerstört. Viel weiß man nicht über die älteren Gotteshäuser. Die erste Kirche wurde 1242 erstmals erwähnt. Sie war dem heiligen Martin geweiht und soll einen Fetzen des Mantels, den der Kirchenheilige der Legende nach mit einem Bettler teilte, als Reliquie besessen haben.

Im Jahre 1547 wurde Harpstedt evangelisch. Dem damaligen katholischen Priester wurde kurzerhand mitgeteilt, dass er nunmehr lutherisch zu predigen habe, und im Übrigen dürfe er heiraten. Nach dem letzten großen Brand von 1739 blieb Harpstedt vierzehn Jahre ohne Kirche. Etwas abseits vom alten Kirchhof begann man 1742 mit dem Bau eines neuen Gotteshauses nach barockem Vorbild, passend zum Ort, der ebenfalls nach barocken Maßstäben wieder aufgebaut wurde. Die Christuskirche konnte am 18. Februar 1753 eingeweiht werden, ohne den geplanten Zwiebelturm, um den es im Vorfeld schon allerlei Aufregung gegeben hatte. Dafür reichte am Ende das Geld nicht. Der Innenraum der Christuskirche ist großzügig und recht schlicht gehalten. Auffällig ist jedoch der prächtige Kanzelaltar von dem Hofbildhauer Johann F. B. Ziesenis.

In der Kirche finden außer den Gottesdiensten regelmäßig hochkarätige Konzerte statt. Auch der Platz um die Kirche ist belebt. Tagsüber spielen hier Kinder, während die Erwachsenen bei gutem Wetter die Boulekugel werfen. Die Kugeln können im Bistro gegenüber ausgeliehen werden.

Etwas außerhalb des Ortes in Richtung Wildeshausen befindet sich das Scheunenviertel, der Koems. Nach dem Wiederaufbau von Harpstedt im 18. und 19. Jahrhundert wurden mehrere Scheunen und Viehställe abseits vom Ortskern errichtet.

Eine Kostbarkeit ist das barocke alte Pfarrhaus, in dem auch die Gemeinderäume untergebracht sind. Es steht neben der Kirche in der II. Kirchstraße. Das alte Pfarrhaus steht unter Denkmalschutz. Im Mai 2010 wurde an der Kirche der Christusgarten eingeweiht. Er zeigt anhand von acht Stationen das Leben Jesu von der Geburt bis zur Auferstehung. Pflanzen, die schon in der Bibel erwähnt wurden, wurden hier gesetzt.

Ein Stück des alten baltisch-skandinavischen Jakobspilgerwegs führt ebenfalls direkt an der Christuskirche vorbei, er ist weitgehend als Geest-Weg gekennzeichnet. Der Weg wurde im Herbst 2007 mit einer feierlichen Einweihung wieder aktiviert. Jakobspilger können sich in der Christuskirche oder im Kirchenbüro während der Öffnungszeiten einen Stempel fürs Pilgerbuch abholen.

Unsere nächste Station ist der alte Amtshof. Das prächtige Fachwerkgebäude liegt idyllisch unter hohen Bäumen auf einer Insel zwischen Burggraben und Delme. Die Verwaltung der Samtgemeinde ist hier untergebracht. Der Amtshof steht an einem geschichtsträchtigen Ort. Etwa 400 Meter südöstlich befand sich die hochmittelalterliche Turmhügelburg. Der Standort ist an den Resten der Befestigungsanlagen zu erkennen. Ein kreisförmiges Wall-Graben-System schützte die Burg vor Angriffen. Im Boden sind die Ringwälle als kreisrunde Erhebungen deutlich auszumachen.

Später baute man dort, wo jetzt das Amtshaus steht, ein Wasserschloss. Es wird in alten Schriften auch als „Burg" bezeichnet. Wahrscheinlich handelte es sich um ein befestigtes Fachwerkgebäude. Der Raubgraf Gerd von Oldenburg logierte zeitweise hier. Auf den Fundamenten des Wasserschlosses errichtete man zwischen 1741-1744 einen weiteren Fachwerkbau, das Amtshaus. Es war nach dem letzten großen Brand von der churfürstlichen Kammer in Hannover in Auftrag gegeben worden. Der Westflügel des Amtshauses wurde 1979 erbaut. Das Gebäude musste mehrmals aufwändig restauriert werden.

Vor dem Amtshaus empfängt den Besucher eine Findlingsgruppe. Die acht Steine symbolisieren die Mitglieder der Samtgemeinde. Der neunte Stein in der Gruppe ist der berühmte Harpstedter Sonnenstein. Es handelt sich hierbei um einen bronzezeitlichen Kultstein aus der Zeit um 1.500 v. Chr. Im Amtshaus sind die Verwaltung der Gemeinde sowie die Tourist-Information untergebracht.

Direkt gegenüber liegt die Harpstedter Wassermühle. Heute befindet sich innerhalb der historischen Mauern das Hotel zur Wasserburg. Die Mühle wurde im 13. Jahrhundert errichtet und gehörte zum Wasserschloss, sie mahlte ausschließlich Getreide. Im Dreißigjährigen Krieg verfiel sie und war Anfang des 18. Jahrhunderts so marode, dass ein Neubau notwendig wurde. Die Mühle erhielt jetzt zwei Mahlgänge mit zwei Mühlrädern. Nur eines ist noch erhalten. Im Jahre 1882 baute man Turbinen ein, die bis zum Ende des Zweiten Weltkrieges zur Stromerzeugung genutzt wurden. 1962 wurde der Mühlenbetrieb eingestellt.

Harpstedt verfügt noch über eine zweite Mühle, einen dreistöckigen Galerieholländer. In der Freistraße, ganz in der Nähe der Kirche, reckt sie ihre Flügel in den Himmel. Sie stammt aus dem Jahr 1871. Bauherr war der Lohgerber Johann Conrad Menke, der sie vorwiegend als Lohmühle (zum Zerkleinern von Eichenrinde für die Gerberei) nutzte. Eine Sägerei befand

Nostalgie für Eisenbahnfreunde: Zwischen Harpstedt und Delmenhorst zuckelt die Kleinbahn Jan Harpstedt gemütlich hin und her. Die Strecke war von 1912 bis 1967 in Betrieb. Heute kümmert sich der Verein Delmenhorster Eisenbahnfreunde e.V. um die Museumsbahn und gewährleistet den (touristischen) Betrieb mit Sommer- und Winterfahrplan.

sich ebenfalls hier. 1912 kaufte Cord Nienaber die Mühle, die noch heute im Familienbesitz ist. Zwischen 2009 und 2011 wurde die Mühle aufwändig renoviert. Der Harpstedter Mühlenverein e. V. kümmert sich um die Instandhaltung. Eine Besichtigung ist nach Absprache möglich. Sowohl die Wassermühle als auch die Nienabersche Windmühle sind Bestandteil der niedersächsischen Mühlenstraße.

Etwas außerhalb des Ortes an der Wildeshauser Straße in Richtung Wildeshausen befindet sich der Koems. „Koems" ist das niederdeutsche Wort für Stall oder Scheune. Nachdem Harpstedt im 18. Jahrhundert neu errichtet worden war, gab es keinen Platz mehr für Scheunen und Viehställe. Also lagerte man sie um 1850 etwas abseits vom Ortskern aus. Von den ursprünglich 17 Feldscheunen sind neun erhalten. Sie werden von der Fördergemeinschaft Koems e.V. liebevoll gepflegt. Einige Scheunen werden als Ausstellungsräume genutzt, u.a. für historische Alltagsgeräte und -gegenstände.

In die Neue Welt: Nördlich von Harpstedt kann man die Ozeanbrücke nach Klein Amerika überqueren. Sie führt an dieser Stelle über das sumpfige Delmetal. Vor allem in Harpstedt mäandert die Delme lebhaft durch eine vielfältige Landschaft mit Wiesen, Weiden und Wäldern.

Fährt man Richtung Wildeshausen aus dem Ort hinaus, kommt man an die Abzweigung Zum Judenfriedhof, die zum ehemaligen Jüdischen Friedhof führt. Im Jahre 1907 kaufte Iwan Goldschmidt das Gelände westlich von Harpstedt, auf dem bis 1937 die Harpstedter Bürger jüdischen Glaubens bestattet wurden. Elf Grabsteine sind hier erhalten. Der Älteste stammt aus dem Jahre 1910, der jüngste zeigt das Jahr 1943. Hier wurde während des Zweiten Weltkrieges einer von insgesamt vier osteuropäischen Zwangsarbeitern beigesetzt. Ein Gedenkstein erinnert am Eingang an die Opfer des Nationalsozialismus. Die Nekropole zählt zu den Kulturdenkmälern im Landkreis Oldenburg.

Damwild hält sich gerne in lichten Wäldern mit ausgedehnten Wiesen auf. Meist leben die geselligen Tiere in unterschiedlich großen Rudeln. Einen kleinen Bestand gibt es im Gebiet zwischen Harpstedt, Bassum und Twistringen.

Freunden der Entschleunigung sei eine Fahrt mit der historischen Kleinbahn Jan Harpstedt empfohlen. Zwischen Delmenhorst und Harpstedt zuckelt sie gemütlich hin und her. Im Juni 1912 wurde die Strecke eröffnet und im September 1967, als der Automobilboom einsetzte, wieder geschlossen. Der Verein Delmenhorster Eisenbahnfreunde e.V. kümmert sich heute um die Museumsbahn. An Wochenenden und zu besonderen Gelegenheiten fährt Jan Harpstedt Ausflügler gemächlich durch die Gegend. Zu besonderen Anlässen wird sogar die Dampflok aus dem Schuppen geholt. Die Eisenbahnfreunde haben es sich zudem zur Aufgabe gemacht, die historischen Schienenfahrzeuge zu warten und zu erhalten. Neben der Dampflok gehört ein Triebwagen aus dem Jahre 1940 zum Fuhrpark. Er kann für private Feste angemietet werden. Während der öffentlichen Fahrten bieten die Eisenbahnfreunde in einem Buffetwagen Speisen und Getränke an. Fahrräder können mitgenommen werden.

Natur pur

Nördlich von Harpstedt kann man eine Weltreise über den Ozean nach Klein Amerika starten. Die Ozeanbrücke ist 175 Meter lang. Sie führt an dieser Stelle über das sumpfige Delmetal. Am Ende ist man, zumindest

» Colnrade ist eine der acht Mitgliedsgemeinden von Harpstedt und liegt idyllisch an der Hunte. Der schöne Ortskern sowie zahlreiche Wanderwege am Wasser, an Feldern, Wald und Wiesen laden zu Spaziergängen ein.

dem Namen nach, in Klein Amerika. Warum dieser Ortsteil so heißt, ist unbekannt. Das Delmetal und die Delme selbst zeigen sich hier von einer attraktiven Seite. Das Flüsschen wird zu unrecht wenig beachtet. Der 46 Kilometer lange Wasserlauf überwindet einen Höhenunterschied von 50 Metern, was für die Geest schon sehr beachtlich ist. Gerade im Harpstedter Bereich sprudelt sie munter dahin, fast wie ein Gebirgsbach. Sie mäandert lebhaft durch eine abwechslungsreiche Landschaft mit Wiesen, Weiden und Wäldern. Eine seltene Muschelart, die gemeine Bachmuschel, hat sich in der Delme angesiedelt, was dem Flüsschen unter Naturschützern eine europaweite Bedeutung zukommen lässt. Der BUND-Ortsverband Harpstedt hat hier einen Wanderweg erstellt und mit Informationstafeln bestückt.

WAS MAN IN HARPSTEDT UNBEDINGT MACHEN SOLLTE

- die Ringe auf dem Sonnenstein zählen
- in die Neue Welt schreiten und die Ozeanbrücke nach Klein Amerika überqueren
- eines der zahlreichen Chorkonzerte in der Kirche hören
- durch den Ortskern von Colnrade spazieren und ab dort entlang der Hunte wandern
- am Marktplatz sitzen und dem Glockenschlag der Christuskirche lauschen
- über das Kopfsteinpflaster der alten Ortsstraße von Kirchseelte fahren und am Dreimädelhaus einkehren
- auf dem Hökermarkt von Colnrade feilschen
- selbstgebackenen Kuchen im Kultur-Café des Tagungshauses MIKADO genießen
- entlang der Delme und in den zahlreichen Wäldern rund um Harpstedt spazieren
- Nostalgie tanken und mit der historischen Kleinbahn Jan Harpstedt fahren

ADRESSEN

SAMTGEMEINDE HARPSTEDT
Amtsfreiheit 1
27243 Harpstedt
Telefon 04244/8233
www.harpstedt.de

VERKEHRS- UND VERSCHÖNE-RUNGSVEREIN HARPSTEDT E.V.
Amtsfreiheit 4
27243 Harpstedt
Telefon 04244/93820
www.harpstedt.de

HARPSTEDTER MÜHLENVEREIN E. V.
Werner Richter
c/o Gemeinde Harpstedt
Amtsfreiheit 1
27243 Harpstedt
Telefon 04244/440
www.muehle-harpstedt.de

KIRCHENGEMEINDE HARPSTEDT
Kirchstraße 2
27243 Harpstedt
Telefon 04244/452
www.kirche-harpstedt.de

DELMENHORST-HARPSTEDTER EISENBAHN FREUNDE E.V.
Am Bahnhof 3
27243 Harpstedt
Telefon 04244/2380
www.jan-harpstedt.de

KULTUR- UND TAGUNGSHAUS MIKADO
Verein für ganzheitliches
Lernen e.V.
Zur großen Höhe 4
27243 Harpstedt/Prinzhöfte
Telefon 04224/95066
www.wildnisschule.de
www.tagungshaus-mikado.de

Hude

Klosterruine am Geestrand

Am Rand zur Wesermarsch, zwischen Oldenburg und Bremen, liegt Hude. In der nördlichsten Gemeinde des Naturparks Wildeshauser Geest leben knapp 16.000 Menschen. Der Hauptort Hude ist zudem staatlich anerkannter Erholungsort. Die Gemeinde ist über die A28 und A29 sowie mit der Bahn bequem zu erreichen. Die Geestrandlage beschert Hude und seiner Umgebung eine abwechslungsreiche Landschaft. Die Geest grenzt hier an die Marschengebiete des Stedinger Landes. Moore und Bachläufe mit feuchten Niederungen wechseln sich mit ausgedehnten uralten Wäldern wie dem Hasbruch und einer weitläufigen Feld- und Wiesenlandschaft ab. Das Geestrelief ist hier weniger deutlich ausgeprägt, was die Region um Hude zu einer beliebten Gegend für weitere Fahrradtouren macht. Ein gut ausgeschildertes Rad- und Wanderwegenetz führt zu den umliegenden Orten und Sehenswürdigkeiten, in malerische Bauerndörfer und zu archäologischen Stätten.

« Die Geschichte Hudes ist eng mit dem Zisterzienserkloster aus dem 13. Jahrhundert verknüpft, von dem eine beeindruckende Ruine erhalten ist. Wenn man zwischen den alten Mauerresten steht, kann man die einstige Pracht und Größe des Klosters erahnen. Im Jahre 1232 wurde die Klostergründung erstmals schriftlich erwähnt.

Die zahlreichen Landschafts- und Naturschutzgebiete sind zudem ein Beweis für den sorgsamen Umgang mit der Natur. Aber Hude ist nicht nur grün, sondern auch modern. Das kulturelle Angebot lässt - für ländliche Verhältnisse - kaum etwas zu wünschen übrig. Konzerte, Ausstellungen, Gartenveranstaltungen und Open-Air-Festivals bieten ein breites Programm. Ein besonderes Erlebnis ist der Theatersommer auf der Freilichtbühne vor der Klosterruine. Ein Skulpturenufer, der Planetenlehrpfad, eine moderne Golfanlage, Reiterhöfe, ein Naturbad und vieles mehr runden das Freizeitangebot in Hude ab.

Das Kloster in Hutha

Die Geschichte Hudes ist eng verknüpft mit dem Zisterzienserkloster aus dem 13. Jahrhundert, von dem eine beeindruckende Ruine erhalten ist. Steht man zwischen den Mauerresten, kann man die einstige Pracht und Größe des Klosters erahnen. Im Jahre 1232 wird in den Annales Cistercienses erstmals die Klostergründung durch Mönche aus Marienthal erwähnt, und zwar in der Siedlung „Hutha". Somit ist auch der Ort Hude erstmals urkundlich erwähnt. Die Herkunft des Ortsnamens ist unklar. Am naheliegendsten scheint die Bedeutung „Hütewald" zu sein, denn in vergangenen Zeiten wurde das Vieh zur Eichelmast in die Wälder getrieben.

Die Klostergründung steht in Zusammenhang mit einem berühmten mittelalterlichen Kriminalfall: dem Mord an dem Oldenburger Grafen Christian im Jahre 1192. Er hatte sich dem missglückten dritten Kreuzzug unter Kaiser Barbarossa angeschlossen. Niemand rechnete mit seiner Rückkehr, am allerwenigsten sein Bruder Moritz, der inzwischen die Regierungsgewalt in der Grafschaft Oldenburg übernommen hatte. Als Christian plötzlich vor den Toren stand, bangte er um seine Herrschaft. Er beauftragte drei seiner Ritter, den Bruder zu ermorden. In Bergedorf bei Ganderkesee, einen Tagesritt von der Leuchtenburg in Hatten (Christians Heimatburg) entfernt, erstachen sie ihn im Schlaf. Graf Moritz plagte daraufhin das Gewissen und er gründete noch im gleichen Jahr am Ort des Verbrechens ein Kloster. Allerdings war das Kloster unzureichend mit Gütern und Abgaben ausgestattet, so dass es knapp 40 Jahre vor sich hin kümmerte, bis Mönche aus Marienthal es übernahmen. Sie lösten das Bergedorfer Kloster auf und begannen mit dem Bau eines neuen und viel prächtigeren Zisterzienserklosters in Hutha. Die Lage am Geestrand, direkt an der Grenze zur Stedinger Marsch war ausschlaggebend für die Ortswahl. Den Bauplatz bekam das Kloster wiederum vom Oldenburger Grafenhaus geschenkt, allerdings geschah dies nicht uneigennützig: Das Kloster sollte ein wichtiger Stützpunkt im Kampf gegen die aufständischen Stedinger Bauern werden. Diese begriffen sehr genau, was das neue Kloster für sie bedeutete. Die ersten Lehm- und Holzhütten der Mönche rissen sie kurzerhand ab. Die Mönche bewiesen jedoch Langmut und ließen sich nicht vertreiben. Gegen den Bau des Klosters

Bis heute ist der Klosterbezirk ein besonderer Ort. Im Sommer finden an der Klosterruine verschiedene Kulturveranstaltungen und Theateraufführungen statt. Der Kulturverein Impuls organisiert den Huder Klostersommer mit ansprechendem Programm.

konnten die Bauern schließlich nichts ausrichten. Es heißt in einer alten Geschichte, dass die Stedinger sich nach einer Weile sogar mit den Mönchen arrangierten. Vielleicht beeindruckte die Bauern auch der Arbeitseifer dieser Pioniere, die mitten in die Wildnis ein architektonisches Kunstwerk hineinstellten, das es mit dem Bremer Dom aufnehmen konnte. Die kleine Siedlung Hutha profitierte davon.

Mit der guten Nachbarschaft zwischen Stedingern und Zisterziensern war es 1234 vorbei. Der Bremer Bischof Gerhard II. rief zum einzigen Kreuzzug auf, der auf heimischem Boden stattfand, und zog mit einem großen Heer gegen die Stedinger Bauern. Bei Altenesch wurden die Aufständischen vernichtend geschlagen. Das Kloster Hude erhielt große Schenkungen aus der Beute und wurde über Nacht reich. Der Ausbau des Klosters konnte nun endlich voranschreiten. Die Lehmhütten verschwanden, stattdessen errichteten die Mönche eine Anlage nach Art der Zisterzienser. Um 1330 war der Prachtbau fertiggestellt.

Schon während der Bauphase bewies sich die Geschäftstüchtigkeit der Zisterziensermönche. Ein florierender Handel mit ihren weit über die Grenzen hinweg geschätzten Waren setzte ein. Dazu zählten in erster Linie kostbares Tuch und die berühmten Ziegel im Huder Klosterformat.

Etwa 300 Jahre lang wirtschaftete Kloster Hude ungeheuer erfolgreich. Seine Blütezeit lag zwischen 1250 und 1450, wobei der Abstieg schon Anfang des 15. Jahrhunderts eingesetzt hatte. Bereits 1446 stellte das Generalkapitel der Zisterzienser bei einer Visitation Missstände fest. Der Grundsatz „ora et labora" (bete und arbeite) wurde kaum noch befolgt. Der Abt residierte zusammen mit Frau und Kindern bequem in einem großzügigen Wohnhaus und die Mönche gaben sich dem Müßiggang hin. Zu einer Reform kam es nicht mehr. Als im Jahre 1482 der Bischof von Münster, Heinrich von Schwarzenberg, im Zusammenhang mit der Fehde gegen den Raubgrafen Gerd von Oldenburg die Grafschaft Delmenhorst eroberte und Landesherr über Hude wurde, war der Untergang des Klosters besiegelt. Heinrich von Schwarzenberg hatte kein Interesse am Fortbestand des maroden Ordens, dafür aber an seinen Gütern und Schätzen, die er sich kurzerhand aneignete. Sein Nachfolger Franz von Waldeck gab das Kloster schließlich zum Abbruch frei. Die Menschen der Umgebung nutzten die verlassenen Klostergebäude fortan als Steinbruch. Der letzte Abt Liborius Lippken und die verbliebenen fünf Mönche wurden (samt Familien) mit einer Rente abgefunden. 1547 eroberte der Oldenburger Graf Anton I. Delmenhorst zurück. An der Klosterruine hatte er ebenso wenig Interesse wie seine Vorgänger. Allerdings wandelte er das Abthaus in ein Jagdschloss um.

Die Klostermauern verfielen zusehens, bis 1687 Kurt Veit von Witzleben, Offizier und Jägermeister des Königs von Dänemark, Christian V., die Klos-

DIE HUDER ZIEGELEI

Die Ziegelei der Huder Mönche war einer der modernsten und produktivsten mittelalterlichen Betriebe im nordwestdeutschen Raum. In der Nähe des Klosters gibt es ein Flurstück, das heute noch den Namen „Ziegelhof" trägt. Bei Grabungen in den Jahren 1982-1986 fand man unter riesigen Mengen von Ziegelschutt die Überreste von drei mittelalterlichen Feldbrandöfen. Fragmente der Bodenplatten aus Backstein sowie Maueransätze waren noch zu erkennen. An einem der Öfen hatte sich ein gemauertes Schürloch vollständig erhalten. Die Grundrisse der Öfen konnten jedoch nicht mehr genau ausgemacht werden. Man nimmt an, dass die Öfen nach dem Brand abgebaut wurden, um die fertigen Ziegel entnehmen zu können. Bei Bedarf wurden sie wieder aufgerichtet, wobei die Ziegel für die Brandöfen mehrmals verwendet wurden. Die Mönche wählten für die Ziegelei eine Sandebene nordwestlich der Klosterruine. Rodungen waren hier nicht nötig. In der Nähe, auf dem Huder Feld, befanden sich die Lehmgruben, aus denen die Mönche den Rohstoff für ihre Backstein- und Dachpfannenproduktion entnahmen.

Der älteste Ziegelbrandofen datiert aus der Anfangszeit des Klosters im 13. Jahrhundert, der jüngste aus dem frühen 16. Jahrhundert. In zwei bis vier Wochen konnten hier fünf- bis achttausend Ziegel in einem Brand hergestellt werden. Auch Fliesen und Terracotten wurden in der Huder Ziegelei gefertigt. Der Handel mit diesen Produkten erstreckte sich über den gesamten nordwestdeutschen Raum.

tergebäude, die niemand haben wollte, kaufte. Er stoppte den weiteren Abbruch der Ruine. Die Familie von Witzleben ist bis heute im Besitz der meisten Klostergebäude samt Abthaus.

Unter hohen Bäumen plätschert der Mühlbach und verfängt sich im Gerinne der Klostermühle. Zwar dreht sich das alte Rad nicht mehr, aber das Fachwerkgebäude wird nach umfangreicher Sanierung wieder für Trauungen, Konzerte, Ausstellungen und Lesungen genutzt.

Das Zeitalter der Romantik verhalf der Huder Klosterruine zu neuer Berühmtheit. Die historisierende Malerei dieser Epoche liebte mittelalterliche Motive, vorzugsweise Burg- oder Klosterruinen. Die Schwärmerei für ein idealisiertes Mittelalter war zugleich ein Aufbegehren gegen die nüchterne Sachlichkeit des beginnenden Industriezeitalters.

Die Huder Klosterruine stellte ein geradezu ideales romantisches Motiv dar. Mitten im Wald gelegen, traurig verfallen und dennoch behaftet vom Abglanz früherer Pracht, ließ sie das Herz der Künstler höher schlagen. Die Familie von Witzleben hatte überdies um die Ruine herum einen englischen Landschaftsgarten anlegen lassen - ebenfalls eine Modeerscheinung der Zeit. Eine Radierung des berühmten Berliner Kupferstechers Daniel Chodowiecki aus dem Jahre 1794 ist in diesem Zusammenhang das wohl bekannteste Werk.

Zwischen 1980 und 1994 wurde der Klosterbezirk umfassend restauriert und saniert. Seit 1987 zählt die Klosterruine zu den Baudenkmälern „von besonderer nationaler kultureller Bedeutung“. Empfehlenswert ist ein geführter Rundgang durch den Klosterbezirk mit anschließendem Besuch des kleinen Klostermuseums. Der Verein Freunde des Klosters Hude e.V. betreut die Sammlung und bietet Führungen an.

Rund um die Klosterruine

Der Klosterbezirk ist nach wie vor ein besonderer Ort. Unter hohen Bäumen plätschert der Mühlbach und verfängt sich im Gerinne der Klostermühle. Inmitten dieser Kulisse aus Wald, Bach und historischen Bauten fühlt man sich in längst vergangene Zeiten zurückversetzt. Die Klostermühle steht noch da, als habe erst gestern der letzte Mahlgang stattgefunden. Malerisch fließt der Mühlbach unter einer Brücke hindurch. Das Mühlrad dreht sich zwar nicht mehr, aber das Fachwerkgebäude wird nach umfangreicher Sanierung wieder für Trauungen, Konzerte, Ausstellungen und Lesungen genutzt.

Gegenüber der Klosterruine steht die St. Elisabeth-Kirche. Die ehemalige Torkapelle des Klosters ist als einziges Klostergebäude vollständig erhalten. Der Altaraufsatz mit 24 geschnitzten Eichenbildern, die das Leben Christi darstellen, stammt aus dem 14. Jahrhundert.

Zwischen Mühle und Klosterschänke, nur ein paar Schritte entfernt, befindet sich die Klosterremise. In dem ehemaligen Wirtschaftsgebäude ist heute ein Lädchen mit Kunsthandwerk untergebracht. Wie in der Klostermühle finden auch hier Trauungen und kulturelle Veranstaltungen statt.

DIE ZISTERZIENSER

Nicht nur in Hude, auch andernorts suchten Zisterzienser für ihre Klöster abgeschiedenen Orte als Stätten weltflüchtiger Entsagung und zugleich als Orte christlicher Mission. Der 1098 in Citeaux von Robert von Molesmes gegründete Reformorden war eine Antwort auf die Verweltlichung der Kirche und des Klosterlebens. Im Zuge einer allgemeinen Reformbewegung forderten z. B. Franz von Assisi oder Bernhard von Clairvaux die Rückbesinnung der Kirche zu Askese und Schlichtheit des Urchristentums. Der Orden der Zisterzienser fühlte sich, zumindest in seiner Anfangszeit, dieser Rückbesinnung verpflichtet. Sein Leitmotiv war das „ora et labora", bete und arbeite.

Den Zisterzienserorden zeichnete zudem eine mystische Marienverehrung aus. Auch das Kloster in Hude war der Heiligen Maria geweiht. Als Verfechter einer „armen Kirche" stellten die Mönche sich gegen Papst Gregor IX., der als Antwort auf die Reformbewegung die Inquisition einführte. In der Kirche entbrannte ein Streit um die Frage, ob die Kirche über Besitztümer und Macht verfügen dürfe. Radikale Anhänger der „armen Kirche" wie die Albigenser, Katharer und Waldenser wurden verfolgt und nicht selten auf dem Scheiterhaufen verbrannt. Dieser Kirchenstreit spielt u. a. in Umberto Ecos Roman „Der Name der Rose" eine Rolle.

Die Zisterzienser konnten sich innerhalb dieses Konflikts behaupten. Sie machten sich die Mission zu ihrer Aufgabe, denn im hohen Mittelalter gab es noch weiße Flecken auf der katholischen Landkarte. Auch Regionen der Wildeshauser Geest zählten offenbar dazu. Die Zisterzienser waren zudem geschickte Handwerker und Geschäftsleute, was dem Orden im späten Mittelalter entgegen seiner Regel zu großem Reichtum verhalf.

Das Huder Kloster ist nach dem einheitlichen Bauplan der Zisterzienser gebaut. Allerdings flossen einige Besonderheiten ein, z. B. Tier- und Dämonendarstellungen an den Mauern des Klosters oder bunte Bodenfliesen. Derartige Schmuckelemente waren in der Frühzeit des Ordens streng untersagt. Das Huder Kloster ist allerdings eine späte Gründung. Die Raumaufteilung des Klosters folgt jedoch genau dem zisterziensischen Bauplan. Auch der Tagesablauf der Mönche war streng reglementiert, wobei das Gebet deutlich mehr Raum einnahm als die Arbeit. Untersuchungen von Knochenfunden auf dem Mönchsfriedhof des Klosters zu Hude haben ergeben, dass die Brüder zumeist körperlich abgezehrt waren und früh starben.

Gegenüber der Klosterruine, auf der anderen Straßenseite, steht die St. Elisabeth-Kirche. Die ehemalige Torkapelle des Klosters ist als einziges Klostergebäude vollständig erhalten. Sie wurde 1330 urkundlich erstmals erwähnt, als das Kloster Hude fertiggestellt wurde. Der gotische Backsteinbau ist seit 1548 evangelisch. Auffällig sind die hohen gotischen Fenster sowie die Heils- und Dämonensymbole in Form von Menschen- und Tierköpfen, die die Konsolen zieren. Diese Bildnisse sind von besonderem künstlerischem Wert, allerdings untypisch für den Orden der Zisterzienser.

Im Jahre 1905 entdeckte man bei Renovierungsarbeiten unter einem Anstrich farbige Fresken aus der Entstehungszeit der Kirche. Sie stellen die Heilige Katharina von Alexandrien und die Heilige Elisabeth von Thüringen dar. Darüber, zwischen zwei Gewölberippen, befindet sich ein Fresko, das Christus auf einem Regenbogen sitzend zeigt. Ebenfalls aus dem 14. Jahrhundert stammt der Altaraufsatz mit 24 in Eichenholz geschnitzten Szenen aus dem Leben Christi. Die barocke Kanzel wurde 1672 erbaut. Bibelzitate und die vier Evangelisten schmücken sie.

In der ehemaligen Brauerei des Klosters befindet sich heute der Gasthof Klosterschänke, idyllisch gelegen zwischen Klosterruine und Wassermühle. Bei einem rustikalen Klosterbräu oder bei Kaffee und Kuchen kann man den Besuch des Klosterbezirks entspannt ausklingen lassen.

Hude, das Weltall und die Kunst

Der Ort Hude verfügt auch über städtisches Flair. An der großzügig angelegten Parkstraße reihen sich verschiedene Geschäfte sowie einladende Cafés und Restaurants aneinander. Dazwischen stößt man auf denkmalgeschützte Jugendstilvillen, die dem Ort einen Hauch vom Glanz alter Kurorte verleihen. Durch die Nähe zu den Städten Oldenburg und Bremen ist die Gemeinde ein beliebter Wohnort.

« Auf dem Planetenlehrpfad sind die neun Planeten des Sonnensystems maßstabsgetreu dargestellt. Auch ein Modell der Sonne wurde geschaffen. Besucher sollen die Dimensionen des Weltalls vermittelt bekommen.

An der Parkstraße befindet sich auch die Gemeindeverwaltung mit der Tourist-Information (Touristik-Palette). Hier bekommen Gäste alle wichtigen Informationen zum Ort. Ein Stückchen weiter liegt der Bahnhof, dessen Vorplatz von einer riesigen Sonnenuhr beherrscht wird. An dieser Stelle endet der Wanderweg Zeitstrahl 2000, der auf 4,6 Kilometern Länge 4,6 Milliarden Jahre Erdgeschichte darstellt. Der Rundgang beginnt am Planeten Neptun, der sich auf dem Huder Planetenlehrpfad befindet. Dieser 6 Kilometer lange Rundweg ist einmalig für

Im Vielstedter Bauernhaus befindet sich ein Heimatmuseum, das Alltagsgegenstände und Arbeitsgeräte aus dem bäuerlichen Alltag, die Werkstatt eines Zimmermanns und eines Schusters sowie Exponate zum Thema Forstwirtschaft im Hasbruch und archäologische Funde zeigt.

Norddeutschland und verdankt seine Existenz der Initiative von Dr. Günter Alfs und Hartmut Langetepe. Den beiden Huder Lehrern liegt die Astronomie sehr am Herzen. Der Planetenlehrpfad beginnt etwas außerhalb des Ortskerns an der Hurreler Straße/Ecke Lehmweg. Die neun Planeten des Sonnensystems sind auf Bronzetafeln maßstabsgetreu

dargestellt. Aus einem ARIANE-5-Tank wurde das Modell der Sonne geschaffen. Der Besucher soll hier eine Ahnung von den unvorstellbaren Dimensionen des Weltalls bekommen. Der Lehrpfad endet im Ort Wüsting. Hier bietet sich ein Besuch des Studios Kunst und Landschaft der Künstlerin und Bildhauerin Insa Winkler an, die sich in ihrer Arbeit u. a. mit Vegetation, Gärten und Umweltschutz auseinandersetzt. Eine Führung durch ihren Garten ist ein besonderes Erlebnis.

« Im Wittemoor nördlich von Hude kamen die Reste eines Bohlenweges zum Vorschein, der auf das Jahr 129 v. Chr. datiert werden konnte. Er gehört zu einem verzweigten vorgeschichtlichen Wegenetz über die Moore der norddeutschen Tiefebene.

Viel Kunst gibt es auch auf dem Huder Skulpturenweg. Er liegt am Wanderweg, der den Huder Bach entlang führt und ist von der Klosterruine aus über einen Feldweg zu erreichen. 45 Skulpturen des Huder Künstlers Wolf E. Schultz stehen hier auf einer Wiese versammelt und laden den Besucher zu einer Reise ins Reich der Phantasie ein. Das Skulpturenufer wurde im Mai 1992 eröffnet.

Sehr viel ländlicher als der Hauptort Hude zeigen sich die umliegenden Orte der Gemeinde. Lintel ist hier einer der ältesten Bauernorte. Er hat noch viel von seinem dörflichen Charme erhalten. Modernes und Altes trifft dagegen in Kirchkimmen aufeinander. Hier steht der sogenannte artesische Brunnen, den die Kirchkimmer Dorfgemeinschaft gemeinsam mit dem Huder Künstler Wolf E. Schultz geschaffen hat. Durch ein kompliziertes System miteinander kommunizierender Röhren steigt das Grundwasser ganz von selbst an die Oberfläche. Der Brunnen wurde als Denkmal für den Frieden im Jahre 1985 aufgestellt. Nicht weit von dem Brunnen entfernt an der Straße Im Dorf 2 befindet sich das Haus Kimmen mit einem kleinen Museum. Hier erfährt man eine Menge über das bäuerliche Leben in vergangenen Zeiten sowie über den Hasbruch. Es finden zudem Sonder- und Kunstausstellungen statt.

Ein weiteres Heimatmuseum befindet sich im Vielstedter Bauernhaus im Ort Vielstedt (Am Bauernhaus 1). Neben der traditionsreichen Gastwirtschaft

Bei den Ausgrabungen im Wittemoor fand man sechs Holzfiguren, die vermutlich kultischen Zwecken dienten. Aus den Fundstücken sticht ein stilisiertes Figurenpaar heraus. Die gesichtslosen, aus Eichenbohlen in schlichter Form herausgeschnitzten Holzskulpturen kennzeichneten ursprünglich eine Furt.

baute der Wirt und Heimatpfleger Ernst Strackerjan ein Bauernhaus aus dem frühen 19. Jahrhundert wieder auf und richtete darin ein Museum ein. Alltagsgegenstände und Arbeitsgeräte aus dem bäuerlichen Alltag, die Werkstatt eines Zimmermanns und eines Schusters sowie Exponate zum Thema Forstwirtschaft im Hasbruch und archäologische Funde sind hier zusammengeführt. Auf dem Gelände befinden sich außerdem historische Wirtschaftsgebäude wie das Göpelhaus, der Spieker oder das Backhaus.

Archäologisches im Moor

Hude grenzt im Norden an das Holler- und Wittemoor. Das 380 Hektar große Gebiet steht seit 1978 unter Naturschutz, wobei das Wittemoor bereits zum Landkreis Wesermarsch gehört. Die Moore sind der Rest eines ehemals ausgedehnten Randhochmoores zwischen Delmenhorster Geest und Marsch.

Im Wittemoor kamen in den 1960er Jahren die Reste eines Bohlenweges zum Vorschein, der exakt auf das Jahr 129 v. Chr. datiert werden konnte. Er gehört zu einem verzweigten vorgeschichtlichen Wegenetz über die Moore der norddeutschen Tiefebene. Der Bohlenweg begann mit großer Wahrscheinlichkeit in der Nähe einer eisenzeitlichen Siedlung im Wald Schnitthilgenloh bei Lintel und führte vermutlich nach Süden über Wildeshausen bis nach Damme. Er liegt auf einem Unterbau aus Erlen- und Birkenstämmen. Ca. 3,50 Meter lange Eichenbohlen wurden mit Pflöcken auf dem Unterbau befestigt. Auf den Bohlen konnten Reste eines Belages aus Gras- und Heidesoden festgestellt werden. Bei den Ausgrabungen fand man insgesamt sechs Holzfiguren, die möglicherweise kultischen Zwecken dienten. Aus den Fundstücken sticht ein stilisiertes Figurenpaar (Mann und Frau) heraus. Die gesichtslosen, aus Eichenbohlen in schlichter Form herausgeschnitzten Holzskulpturen kennzeichneten ursprünglich eine Furt. Beide Figuren sind rund einen Meter hoch. Die Fundstücke sowie ein Modell des Bohlenweges befinden sich heute im Landesmuseum Natur und Mensch in Oldenburg. Der Bohlenweg Wittemoor ist vom Gasthaus To`n drögen Schinken im Waldstück Reiherholz zu erreichen, eine Beschilderung ist vorhanden. Der Bohlenweg ist überdies eine Station der Archäologischen Erlebnisroute Nr. 40, die das Thema Moorarchäologie aufgreift.

Der Hasbruch

Der Hasbruch zählt seit gut hundertfünfzig Jahren zu den beliebtesten Ausflugszielen der Wildeshauser Geest und ist ein Naturschutzgebiet mit europaweiter Bedeutung. Die nördliche Hälfte des rund 630 Hektar großen Laubwaldes gehört zur Gemeinde Hude, die andere Hälfte zur Gemeinde Ganderkesee. Der Hasbruch ist eines der größten noch verbliebenen Eichenreservate in Norddeutschland.

Bereits im 13. Jahrhundert wurde der Hasbruch in Urkunden als Eigentum des Klosters Hude genannt. Der Name weist auf ein ursprünglich feuchtes, sumpfiges Gebiet hin („brook", niederdeutsch für Bruch = feuchtes Gelände). Die markantesten Bäume im Hasbruch sind Eichen, wobei die älteste, die Friederikeneiche, ca. 1.200 Jahre alt ist. Sie ist somit die zweitälteste Eiche Deutschlands und die einzige im Hasbruch verbliebene „Tausendjährige".

Bemerkenswert sind auch die 400-500-jährigen Hainbuchen, die dem Wald mit ihren knorrigen Stämmen etwas Märchenhaftes und Mystisches verleihen. Der Lehm- und Mergeluntergrund im Boden bietet beste Voraussetzungen für das Gedeihen der Bäume. Allerdings setzt der zunehmende Schädlingsbefall auch dem Hasbruch zu. Seit 1938 steht das Herz des Hasbruchs, der Urwald, unter Naturschutz: 38 Hektar dieser insgesamt 55 Hektar großen Fläche darf völlig ungestört, ohne menschliche Eingriffe wachsen. Der Rest ist naturnaher Wald und wird als solcher von der Revierförsterei Hasbruch der Niedersächsischen Landesforsten gepflegt. Charakteristisch für den Hasbruch ist seine vielfältige Pflanzen- und Tierwelt. Vor allem Farne, Moose und Pilze gedeihen hier gut. Rehe, Hasen, Füchse und Marder, um nur einige heimische Tierarten zu nennen, bevölkern den Wald. Mehr als 50 Vogelarten nisten in den Bäumen.

« Der Hasbruch zählt zu den beliebtesten Ausflugszielen der Wildeshauser Geest und ist ein Naturschutzgebiet mit europaweiter Bedeutung. Der rund 630 Hektar große Laubwald ist eines der größten Eichenreservate in Norddeutschland. Die zweitälteste Friederikeneiche ist ca. 1.200 Jahre alt.

» Der Naturpark Wildeshauser Geest liegt im Herzen des Reiterlandes Niedersachsen. Die Region ist ein Eldorado für Pferdefreunde. Zahlreiche Reiterhöfe mit umfangreichen Angeboten machen Reitferien zu einem Vergnügen.

Der Hasbruch war vor allem in der spätromantischen Malerei Ende des 19. Jahrhunderts unter Künstlern sehr beliebt. Die markanten, knorrigen Hasbrucheichen waren ein bevorzugtes Motiv in der Landschaftsmalerei. Ernst Willers (1802-1880), Hofmaler am oldenburgischen Grafenhaus, malte die Eichen ebenso wie Ludwig Fischbeck (1866-1954), der als Kunsthändler für den Oldenburger Grafen arbeitete. Eine Eiche im östlichen Bereich des Urwaldes war nach ihm benannt.

TIPPS

WAS MAN IN HUDE UNBEDINGT MACHEN SOLLTE

- die eindrucksvollen Reste der Klosterkirche besichtigen
- eine Führung durch das Klostermuseum auf den Spuren des Mittelalters machen
- mit einer rustikalen Kremserkutsche durch Wald und Flur fahren
- die Huder Gartenerlebnisse besuchen
- am Skulpturenufer das Zusammenspiel von Natur und Kunstwerken bewundern
- auf dem Planetenlehrpfad durchs Welten-All rollen (mit Inlinern oder dem Rad)
- im Naturbad entspannen und unter den Bäumen liegen
- durch den Hasbruch entlang der Liebesallee zur 1.200-jährigen Friederikeneiche wandern
- zwischen sanften Hügeln und alten Bäumen Golf spielen
- zum 2.000 Jahre alten Bohlenweg durch das Naturschutzgebiet Holler- und Wittemoor spazieren
- eine Gästeführung zu den alten Kapitäns- und Kaufmannsvillen mit Huder Geschichte(n) unternehmen

ADRESSEN

GEMEINDE HUDE
Parkstraße 53
27798 Hude
Telefon 04408/92130
www.hude.de

TOURISTIK-PALETTE HUDE
Parkstraße 53a
27798 Hude
Telefon 04408/8090950
www.touristik-palette-hude.de

NIEDERSÄCHSISCHE LANDESFORSTEN REVIERFÖRSTEREI HASBRUCH
Am Forsthaus 4
27798 Vielstedt
Telefon 04408/6731

FREUNDE DES KLOSTERS HUDE E.V.
Von-Witzleben-Allee 1
27798 Hude
Telefon 04408/77 77
(Klosterschänke)
www.klosterhude.de

VIELSTEDTER BAUERNHAUS
Wilfried Strackerjan
Am Bauernhaus 1
27798 Hude
Telefon 04408/369
www.vielstedter-bauernhaus.de

WEITERE ADRESSEN:
www.wolf-e-schultz.de
www.skulpturenhaus.de
www.kunstundlandschaft.de

GANDERKESEE

Närrisches und Natürliches

« Ganderkesee ist sehr waldreich. Bekannte und von Wanderern geliebte Gebiete sind der Hasbruch sowie der Stühe (Bild). Hier kann man ausgedehnte Spaziergänge machen und dem Alltagsstress im Dickicht der Wälder entkommen. Im Stühe lebte der berühmte Wilderer Hasen-Ahlers (1831-1913), der schon zu Lebzeiten eine Legende war. Seinen Lebensunterhalt verdiente er als Wilddieb und Geschichtenerzähler sowie als Touristenattraktion.

Ganderkesee liegt im Norden des Naturparks Wildeshauser Geest und grenzt an die Niederungsgebiete der Wesermarsch. Der staatlich anerkannte Erholungsort ist per Bus und Bahn sowie mit dem PKW über die A28 gut zu erreichen. Von Ganderkesee aus ist man zudem in wenigen Minuten in den benachbarten Städten Oldenburg, Delmenhorst und Bremen. Die Gemeinde gehört zu den größten Flächengemeinden in Niedersachsen. Auf ca. 140 Quadratkilometern leben rund 32.000 Einwohner. Außer dem Ort Ganderkesee gehören 25 Bauerschaften zur Gemeinde. Eine gute Infrastruktur, ein Miteinander von Gewerbe und Natur und einladende Geschäftsstraßen in den Siedlungsschwerpunkten machen Ganderkesee zu einer Gemeinde, die nicht nur Touristen viel zu bieten hat. Zwei Sportflugplätze, Pferdehöfe und Pferdezucht sowie der alljährliche „Fasching um den Ring“ runden das Bild ab.

Die Hauptattraktionen sind jedoch die ausgedehnten und zum Teil uralten Wälder, darunter natürlich der weit über seine Grenzen hinaus bekannte Hasbruch, den Ganderkesee sich mit der Gemeinde Hude teilt. Darüber hinaus findet man hier Schlatts, Wiesenlandschaften, Moore und Feuchtgebiete sowie Wallhecken. Diese Hecken dienten einst dazu, den Sand in der Geest im Zaum zu halten bzw. die Felder vor Verwehungen zu schützen. Sie sind ein wertvoller Lebensraum vor allem für Vögel. Seit geraumer Zeit engagiert sich die Gemeinde für die Erhaltung dieses wichtigen Naturraumes. Besucher, ob per Pedes oder mit dem Rad, finden hier gute Erholung. Mehrere bequem ausgebaute Rad- und Wanderwegetouren zwischen 25 und 70 Kilometer Länge laden zur Erkundung der Gemeinde ein. Auf den ausgeschilderten „Kiekpadds" gelangen Interessierte von Sehenswürdigkeit zu Sehenswürdigkeit.

« In der Ortsmitte von Ganderkesee befindet sich die alte Kirche St. Cyprian und Cornelius. Sie ist spätgotisch geprägt und wurde im 15. Jahrhundert fertig gestellt. Schon im 9. Jahrhundert soll hier eine Holzkapelle gestanden haben, die auf den Resten eines sächsischen Bauernhofes errichtet wurde.

Wie ein Ganter zum Ortsgründer wurde

In einer alten Sage heißt es, dass die Einwohner von Ganderkese sich nicht einig werden konnten, wo denn nun ihre Kirche stehen solle. Schließlich habe man einen Ganter (Gänserich) auffliegen lassen und beschlossen, dass dort, wo er sich hinsetze, die Kirche gebaut werde. Der Ganter habe sich auf einem See niedergelassen. Daraus sei dann der Name Ganderkesee entstanden (nach Ludwig Strackerjan: Aberglaube und Sagen aus dem Herzogthum Oldenburg). Diese Geschichte klingt zwar sehr märchenhaft, aber sie enthält, wie die meisten alten Sagen, einen wahren Kern. Mit einem Ganter hat der Ortsname tatsächlich etwas zu tun. Als „Gandrikesarde" wurde der Ort im Jahre 860 erstmals urkundlich erwähnt. „Gandrik" ist das altsächsische Wort für Ganter und war überdies ein geläufiger Männername. „Gandrikes-arde" heißt also nichts weiter als „Gandriks Land". Es ist anzunehmen, dass der Ahnherr der ersten Ansiedlung Gandrik hieß und das Land, auf dem er siedelte, nach ihm benannt wurde.

Ein wahrer Kirchenschatz ist die Arp-Schnitger-Orgel von 1699. Der berühmte Orgelbauer Arp Schnitger (1648-1719) baute sie zeitgleich mit der Orgel im Bremer Dom. Zwar wurde das imposante Musikinstrument im Zweiten Weltkrieg stark beschädigt, aber die Pfeifen waren rechtzeitig ausgelagert, so dass die Orgel originalgetreu wieder aufgebaut werden konnte. Schnitger war stilprägend für die norddeutsche Barockorgel.

Gandrikesarde erlangte im Rahmen der Christianisierung eine gewisse Bedeutung. Immerhin gab es hier schon im 9. Jahrhundert eine erste Holzkirche, die auf den Ruinen eines abgebrannten altsächsischen Gehöfts errichtet worden war. Bei Ausgrabungen konnte u. a. die alte Herdstelle freigelegt werden. Bischof Ansgar von Bremen erwähnte Ganderkesee im Jahre 860 in seiner Schrift Vita St. Willehadi im Zusammenhang mit einem heiligen Wunder: „Bei den Steoringen im Dorfe Gandrikesarde war eine Frau Herimod zwei Jahre lang taub gewesen, und als sie nun in den Bremer Dom kam, erhielt sie auf Vermittlung des Heiligen ihre Hörkraft zurück".

Ganderkesee selbst erhielt um 1050 von dem berühmten und geschäftstüchtigen Erzbischof Adalbert von Bremen die erste Steinkirche, die jemals zwischen Hunte und Weser gebaut wurde. Sie wurde den Kirchenheiligen St. Cyprian und Cornelius geweiht. St. Cyprian (um 200-258) war Bischof von Karthago. Er galt als wichtiger Kirchenschriftsteller. Im Jahre 258 wurde er von den Römern aufgrund seines Glaubens zum Tode verurteilt und am

14. September öffentlich enthauptet. St. Cornelius war bis 253 Bischof von Rom. Er gehörte zum altrömischen Geschlecht der Cornelier (lat: Hornträger). Sein Märtyrertod ist umstritten.

Kirchengründer Adalbert von Bremen besiegelte in vielerlei Hinsicht das Schicksal des kleinen Ortes Ganderkesee. Er war es auch, der die sumpfigen Gebiete zwischen Hunte und Weser (sowie darüber hinaus) trocken legen ließ, um sie besiedeln zu lassen. Er hatte dabei nicht nur das Wohl seiner Schäfchen im Sinn, sondern auch die Abgaben der zukünftigen Siedler. Adalbert holte sich Deichbauer aus Holland und Ostfriesland. Sie machten die Sümpfe urbar und erhielten dafür ein großzügiges Stück Land, das sie als freie Bauern bewirtschaften durften. Diese ersten Siedler waren die Urväter der aufständischen Stedinger Bauern, die ein schreckliches Ende nahmen. Ganderkesee liegt direkt an der Grenze zum Stedinger Land. Infolge der Aufstände hatte man aus Sicherheitsgründen den Handelsweg zwischen Ostfriesland und Bremen, die Ostfriesische Straße, durch Ganderkeseer Gebiet verlegt. Ganderkesee, das bereits am St. Cyprianstag Mitte September einen Markt abhielt, wurde so neben Wildeshausen zu einem beliebten Anlaufpunkt für Händler. Der Ganderkeseer Markt gilt als einer der ältesten in der Region. Doch schon Mitte des 13. Jahrhunderts war es mit dem Aufschwung vorbei und wieder hatte es mit den Stedingern zu tun. An einem wichtigen Delmeübergang bei Schlutter, ganz in der Nähe von Ganderkesee, ließ der Bremer Erzbischof 1213 eine Schutzburg gegen die Überfälle der Stedinger errichten. Die Schlutterburg wurde zweimal von den Stedingern niedergebrannt, woraufhin der Bischof die Burg aufgab. Nach der Niederschlagung der Stedinger begannen die Oldenburger Grafen stattdessen mit dem Bau einer Burg an der Delme. Sie wurde 1259 fertig gestellt. Von nun an entwickelte sich Delmenhorst zum politischen und wirtschaftlichen Zentrum der Region und Ganderkesee sank auf die Stufe eines einfachen Kirchdorfes zurück.

Die Zeit blieb jedoch auch hier nicht stehen. Der Dreißigjährige Krieg tobte über die Region hinweg, die dank der geschickten Diplomatie des Oldenburger Grafenhauses relativ glimpflich davonkam. Dennoch ging es der bäuerlichen Unterschicht schlecht. Vor allem verarmte Heuerleute wanderten seit Ende des 17. Jahrhunderts als Saisonarbeiter nach Holland, um sich als Torfstecher oder Grasmäher ein Zubrot zu verdienen. Die Hollandgänger trafen sich um Pfingsten, um gemeinsam loszuwandern. Zur Roggenernte waren sie wieder zurück. In Ganderkesee waren zudem mehr als 200 Matrosen mit Heimathafen in Amsterdam verzeichnet. Offenbar heuerten viele Bauernsöhne auf den Schiffen der holländischen Seeflotte an, die um 1700 die größte in Europa war. Die Gemeinheitsteilungsordnung von 1804 tat ihr Übriges. Der Herzog von Oldenburg hob das gemeinsame Nutzungsrecht von Wald und Ackerland auf. Jeder nutzungsberechtigte Dorfbewohner erhielt jetzt ein Stück Privatland. Die Heuerleute, die die Mehrzahl der bäuerlichen Gesellschaft ausmachten, gingen dabei leer aus. Viele von ihnen wanderten nach Amerika aus.

Das Gemeindehaus neben der alten Kirche stammt von 1775. Der lang gestreckte Bau mit giebelbekröntem Mittelrisalit, alten Sprossenfenstern und Hohlpfanneneindeckung vermittelt eine schöne und gleichermaßen schlichte wie elegante Architektur mit ausgewogenen Proportionen.

Am 15. Juli 1867 wurde die Bahnlinie Oldenburg-Bremen eröffnet. Der erste Bahnhof in der Gemeinde Ganderkesee entstand in Gruppenbühren, dem heutigen Bookholzberg, danach die Bahnhöfe in Schierbrok und Hoykenkamp. Erst 1898 wurde der Bahnhof Ganderkesee eröffnet. Er ist heute noch ein Haltepunkt auf der Strecke zwischen Delmenhorst und Vechta. Mit der Bahn kamen die ersten Gäste, sogenannte Sommerfrischler, in die Region. Es galt als schick, an Sonn- und Feiertagen mit der Dampflok ins Grüne zu fahren. Ganderkesee wurde wegen seiner herrlichen Wälder zum beliebten Ausflugsziel. Hasbruch und Stühe zogen die Besucher mit ihrem alten Baumbestand an. Der Heimatschriftsteller Franz Poppe schrieb 1888 in der Zeitschrift „Zwischen Ems und Weser“: „Der Stühe ist ein so wunderprächtiger Buchenwald, wie es nur einen geben kann. Im Hasbruch hat die Natur alle Kraft entfaltet, um den Typus der Eichen in ihrer ganzen ursprünglichen Kraft und grotesken Bildung darzustellen, im Stühe dagegen scheint sie alles aufgeboten zu haben, um den Charakter der Buchen ins Licht zu stellen und dem Besucher zu

Der Ganter ist das Wahrzeichen von Ganderkesee. In einer Sage heißt es, dass die Ganderkeseer einen Ganter auffliegen ließen und beschlossen, dass die Kirche dort gebaut werden solle, wo sich das Tier hinsetzen würde. Der Ganter habe sich auf einem See niedergelassen, so dass der Name Ganderkesee entstanden sei. Heute sind in Ganderkesee an zahlreichen Stellen (wie hier vorm Rathaus) verschiedene von Künstlern gestaltete Ganter nach einem Modell von Jürgen Knapp aufgestellt.

Die Windmühle Lütje Anja ist eine ehemalige Getreidemühle in Habbrügge, in der heute Trauungen, Tagungen sowie andere Veranstaltungen stattfinden. Der einstöckige Galerieholländer mit neuem Steert und Jalousieklappenflügeln wurde komplett restauriert. In rustikaler Atmosphäre kann man hier nach Vereinbarung einkehren, feiern oder sich durch die Mühle führen lassen.

zeigen, welch ein herrlicher Naturtempel sich mit solchem Baumaterial in seinem entsprechenden Stile aufbauen lässt."

„Donnerwetter paraplui! Hasen-Ahlers ut den Stüh!"

Der Stühe hatte früher außer den herrlichen Buchen eine weitere Attraktion, die Gäste in Scharen anlockte, nämlich den Hasenahlers. Mit bürgerlichem Namen hieß er Hinrich Ahlers, er wurde 1831 in Klattenhof geboren. Er soll ein außerordentlich guter Schüler gewesen sein, allerdings überging man ihn in der Erbfolge, sodass er mittellos als Einsiedler in einem verfallenen Schafkoben sein Leben fristete. Seinen kümmerlichen Lebensunterhalt bestritt er, indem er sich selbst zur Touristenattraktion machte. Überdies jagte er mit Leidenschaft Hasen und verkaufte sie im Umland. Er stand mehrmals wegen Wilddieberei vor Gericht und landete deswegen einige Male im Gefängnis. Dennoch war er beliebt, nicht nur bei den Touristen, die er direkt vom Bahnhof in Immer abholte. Hier begrüßte er sie mit dem Hasen-Ahlers-Lied und nahm sie dann mit zu seiner Hütte, wo er von seinem Leben als Naturbursche erzählte. Dabei muss er des Öfteren kräftig übertrieben haben, um den Effekt seiner Geschichten zu steigern. Er zeigte den Gästen vergammeltes Fleisch und erklärte, dass er sich davon ernähren müsse. Er konnte auf den Händen laufen und Kopfstand machen, wobei seine löchrige Kleidung den Blick auf intime Bereiche freigab. Der Anblick soll so manche brave Bürgersfrau in Verlegenheit gebracht haben. Es gibt viele Geschichten um Hasenahlers und er selbst trug einiges zu seiner eigenen Legendenbildung bei. Am 26. Juni 1913 starb er einsam, zwei Tage später wurde er begraben, die Grabstelle ist heute leider unbekannt. Allerdings haben die Dorfbewohner von Feldhake ihm ein Denkmal gesetzt: Im Oktober 1981 wurde ein Bronzehase aus Anlass des 150. Geburtstages enthüllt. Was damals kaum einer wusste: Der Hase war aus Gips, weil die Gießerei den Originalhasen nicht pünktlich geliefert hatte.

„Stedingsehre"

Gut 20 Jahre nach dem Tod des Kauzes Hasenahlers lockte eine ganz andere und sehr viel weniger harmlose Attraktion Scharen aus ganz Deutschland in die Gemeinde Ganderkesee: die Freilichtspiele „De Stedinge" auf „Stedingsehre". Gauleiter Carl Röver beauftragte 1932 den oldenburgischen Heimatschriftsteller August Hinrichs, zur 700-Jahr-Feier der letzten Schlacht der Stedingerbauern bei Altenesch ein Stück zu schreiben. Das niederdeutsche Stück „De Stedinge" hatte im Mai 1934 in Altenesch Premiere. Es fand so großen Zuspruch, dass Röver das Stück fortan im Rahmen der Thing-Schauspiel-Bewegung alle zwei Jahre in großer Kulisse aufführen lassen wollte. Dazu ließ er auf dem Bookholzberg in dem Dorf Grüppenbühren eine gigantische Freilichtbühne bauen, die „Stedingsehre". Sogar das Dorf wurde umbenannt in Bookholzberg, wie es heute noch heißt.

Die Bühne bestand aus einem Spieldorf mit mehreren Fachwerkhäusern samt Kirche, Wassermühle mit Bach, Deich und vielem mehr. Das Dorf entwarf der Berliner Filmarchitekt Walter Reimann, der schon an dem Film „Das Cabinet des Dr. Caligari" mitgewirkt hatte. Ausführender Baumeister war der Delmenhorster Ernst Behrens. „De Stedinge" erlebte jedoch auf „Stedingsehre" nur zwei Vorstellungszyklen, nämlich im Sommer 1935 und 1937, jeweils vor 80.000 bzw. 150.000 Gästen. Aufgrund des Kriegsausbruchs 1939 kam es zu keinen weiteren Aufführungen. Allerdings verfolgte Röver noch lange das Ziel, „Stedingsehre" zu einer nationalen Kultstätte zu machen. Sonnenwendfeiern fanden weiterhin statt, überdies war eine Gauleiterschule hier untergebracht.

Auf Milch als Muntermacher setzen die zahlreichen Melkhüser in der Wildeshauser Geest. Die beliebten Milchraststätten rund um Ganderkesee (in Bergedorf, Bürstel und Kühlingen) bieten für Radler erfrischende Milchprodukte und laden zu einer kleinen Pause bei Torte mit Kuhflecken oder dem Hasbruchwalker ein.

Nach dem Krieg wurde in den Gebäuden des Spieldorfes eine Berufsbildungsstätte für Kriegsversehrte eingerichtet. Diese Schule ging über in das Berufsförderungswerk Weser-Ems, das das Gelände heute noch nutzt. Der Arbeitskreis „Geschichtsort Stedingsehre" plant hier u.a. eine Dokumentationsstätte. Die Freilichtbühne steht unter Denkmalschutz und ist nicht frei zugänglich. Die riesige Tribüne wird heute von Schafen beweidet, damit sie

nicht verbuscht. Die Gebäude des Spieldorfes werden zu Unterrichtszwecken benutzt. Nach Absprache mit dem Gästeführerteam kann die Freilichtbühne besichtigt werden.

Das Dorf Ganderkesee wurde am letzten Kriegstag in Schutt und Asche gelegt. Dem sinnlosen Verteidigungskampf des Volkssturms fielen noch 52 Häuser zum Opfer. Auch die Kirche brannte. Viele Ganderkeseer Familien wurden am Ende obdachlos. Der Ort musste wieder aufgebaut werden. In den 1950er Jahren entstand das moderne Ganderkesee, das sich sehen lassen kann. Seit 1987 ist die Gemeinde selbstständig.

Zu einer der Hauptattraktionen mit überregionaler Bedeutung hat sich der Fasching um den Ring gemausert. Der Schützen- sowie der Turn- und Sportverein Ganderkesee beschlossen im Jahre 1951, eine gemeinsame Maskerade zu veranstalten. Am Nachmittag wurde ein kleiner Umzug organisiert, um für den Maskenball zu werben. Das kam so gut an, dass sich im folgenden Jahr weitere Vereine anschlossen. So wuchs der Fasching um den Ring Jahr für Jahr und zählt heute mit seinen vielen Veranstaltungen wie Büttenabenden und Festumzug mit weit über

Fasching wird in Ganderkesee groß geschrieben. Der Ort ist Norddeutschlands Faschingshochburg und für seine Veranstaltungen rund um den Rosenmontag überregional bekannt. Zahlreiche Gruppen organisieren seit 1951 Büttenabende und Gardetänze sowie den Umzug „Fasching um den Ring“ mit inzwischen mehr als 130 Festwagen.

hundert Wagen zu den größten Faschingsveranstaltungen in der Region. Der Narrenruf des Ganderkeseer Faschings ist: „Ganderkesee hinein – He geiht!"

Zum modernen Ganderkesee gehört jedoch noch viel mehr, z. B. die Sportflugplätze, das SaunaHuus, ein Freibad und ein sehr interessantes Gästeführerprogramm.

Die Kirchen

Im Zentrum des Ortes Ganderkesee steht die alte Kirche St. Cyprian und Cornelius. Es heißt, dass der Teufel die Arbeiter, die die Kirche erbauten, fragte, was das für ein Bauwerk werden solle. Die Handwerker, die den Teufel erkannt hatten, erzählten, dass sie an einem Wirtshaus bauten. Der Teufel freute sich und bot seine Hilfe an. Als er jedoch eines Tages

Die Katharinenkirche in Schönemoor ist eine der schönsten Backsteinkirchen der Region. Sie wurde 1230 erstmals erwähnt, der jetzige Bau stammt von 1324. Mittelalterliche Wandmalereien zieren das Kircheninnere. Die Allee, die zu dem Bau führt, wurde 1996 in die Liste der niedersächsischen Kulturdenkmäler aufgenommen.

eine Kanzel in dem vermeintlichen Wirtshaus entdeckte, merkte der Teufel, dass er betrogen worden war. Er schlug wütend mit Schweif und Huf gegen die Mauern und hinterließ einen Abdruck in einem Findling in der Außenmauer.

Die Kirche, wie wir sie heute sehen, ist spätgotisch geprägt und wurde im 15. Jahrhundert fertig gestellt. Sie hatte mehrere Vorgängerbauten. Schon im 9. Jahrhundert stand hier eine Holzkapelle, die auf den Resten eines sächsischen Bauernhofes errichtet worden war, was archäologische Funde beweisen. Um 1050 baute man hier die erste Steinkirche, einen romanischen Saalbau mit schlichtem Lehmboden. Von dieser Gaukirche aus wurden 19 Tochterkirchen ausgepfarrt. Die St. Cyprian und Cornelius-Kirche spielte eine wichtige Rolle für die Christianisierung der Region, die nur sehr schleppend voranging.

Zwischen 1400 und 1450 fand der letzte große Ausbau im spätgotischen Stil nach westfälischem Vorbild statt. Die Kirche erhielt ihre heutigen Ausmaße. Nach der Zerstörung Ende des Zweiten Weltkriegs musste die Kirche aufwändig restauriert werden.

Von den ursprünglichen Glocken ist keine erhalten. Der Glockengießer Johannes Freese aus Osnabrück goss im Jahre 1497 zwei Glocken ganz in der Nähe der Kirche. Das Flurstück heißt heute noch Am Glockenstein und liegt südlich der Kirche. Die größere der Glocken, die sogenannte Annenglocke, musste im Ersten Weltkrieg als Rohmaterial für Waffen abgeliefert werden, die zweite Glocke wurde beim Kirchenbrand 1945 vernichtet.

Den romanischen Taufstein, der lange Zeit als verschollen galt, fand man 1938 auf einem Bauernhof bei Schlutter wieder. Er hatte dort jahrhundertelang als Spülstein gedient. Ein gotischer Reliefstein tauchte 1901 bei Wegearbeiten wieder auf, er hatte als Brückenstein über einer kleinen Bäke gelegen. Beide Artefakte waren im Bildersturm der Reformationszeit entfernt worden. Ein besonderes Kleinod ist die Arp-Schnitger-Orgel von 1699. Der berühmte Orgelbauer Arp Schnitger (1648-1719) erhielt dafür 430 Taler, er baute sie zeitgleich mit der Orgel im Bremer Dom. Sie wurde im Zweiten Weltkrieg stark beschädigt, glücklicherweise hatte man jedoch die Pfeifen ausgelagert, so dass das Instrument originalgetreu wieder aufgebaut werden konnte. Die barocken Evangelistenbilder an der Kanzel wurden eher zufällig bei Restaurierungsarbeiten entdeckt. Sie waren 1889 übertüncht und anschließend vergessen worden und stammen aus der Zeit des Dreißigjährigen Krieges um 1640. Der Altar wurde 1744 von der Familie von Witzleben aus Hude gestiftet. Das barocke Altarbild zeigt den auferstandenen Christus.

Ein beliebtes Ausflugsziel ist die Alpaka-Farm sowie das Melkhus der Familie Fortmann in Bürstel. Seit 2005 werden die dem Lama ähnlichen Tiere mit wollenem und verschieden farbigem Fell hier gezüchtet. Die Alpakas liefern eine besondere Wolle, ihre Faser gilt als sehr weich, reißfest und warm. Im Hofladen werden zahlreiche Produkte aus Alpakawolle verkauft.

Zu den kleinen aber feinen Kostbarkeiten unter den sakralen Bauwerken der Wildeshauser Geest gehört die Katharinenkirche zu Schönemoor. Sie wurde 1230 erstmals erwähnt. Bei der Restaurierung in den Jahren 1933/34 kamen mittelalterliche Wandmalereien zum Vorschein: Die heilige Katharina mit dem Rad im Chorgewölbe, rechts vom Altar Katharina, die ins himmlische Jerusalem einzieht, und gegenüber ein Darstellung der Jüngsten Gerichts.

Die Backsteinkirche war zeitweilig ein Wallfahrtsort. Die Kirche erhielt im 14. Jahrhundert eine Ablassurkunde, die denjenigen einen 40-tägigen Sündenerlass versprach, die an bestimmten Feiertagen in der Kirche beteten. Ein Teil der Spenden, die die Wallfahrer mitbrachten, ging an das Weißamt des Bremer Doms, das zuständig war für die Chorhemden, Altartücher und andere Weißwäsche. Die Allee, die zur Kirche führt, wurde 1996 in die Liste der niedersächsischen Kulturdenkmäler aufgenommen.

Die St. Hedwig Kirche ist noch sehr jung. Sie wurde 1950 geweiht. Ganderkesee musste, wie alle umliegenden Gemeinden, nach dem Zweiten Weltkrieg viele Vertriebene aufnehmen. Damit stieg der Anteil der katholischen Bevölkerung sprunghaft an. Die Schutzpatronin Hedwig war im 13. Jahrhundert Landesmutter in Schlesien. Nach dem Einfall der Mongolen 1241 sorgte sie für die notleidende Bevölkerung. Auf dem Hochaltar sieht man sie, wie sie Brot an Arme und Vertriebene verteilt.

Ganz viel Wald

Anfang des 19. Jahrhunderts entdeckten die Künstler den Wald als Motiv. Die Landschaftsmalerei erlebte gerade in der Wildeshauser Geest eine Blüte. Nicht nur im Künstlerdorf Dötlingen tummelten sich berühmte Maler, auch in der Gemeinde Ganderkesee gaben sie sich die Pinsel in die Hand. Vor allem der Hasbruch mit seinen charakteristischen Eichen machte Eindruck. Ludwig Phillip Strack (1761-1836), Hofmaler beim Herzog von Oldenburg, und Ernst Willers (1802-1880) waren dabei die berühmtesten Vertreter ihrer Zunft. Letzterer machte den Hasbruch bis nach München hin bekannt und beliebt. Sogar der König von Bayern soll beeindruckt gewesen sein. Leider sind viele der ältesten Eichen inzwischen umgestürzt. Die Amalieneiche, die Willers in einem bekannten Stich festhielt, fiel

1982. Die sogenannte Liedertafeleiche ging schon 1924 bei einem Sturm verloren. Einzig die 1.200 Jahre alte Friederikeneiche steht noch. Daneben gibt es weitere alte Eichen, die jedoch nicht benannt sind. Der Hasbruch hat bis heute wenig von seinem Reiz eingebüßt. Er ist einer der wenigen Wälder, in denen Bäume alt werden dürfen. Der Hasbruch ist 630 Hektar groß und gehört zur Hälfte zur Gemeinde Ganderkesee, zur anderen Hälfte zur Gemeinde Hude.

Ein weiteres reizvolles Wandergebiet ist der Stenumer Wald zwischen Stenum und Rethorn. Der 96 Hektar große Staatsforst trägt das Prädikat „Erholungswald". Schon erwähnt wurde der Stühe, der in den Gemeinden Ganderkesee und Dötlingen liegt. Dieser Wald steht auf historischem Boden. Ganz in der Nähe hatte der berüchtigte Raubritter Gerd von Oldenburg eine Fluchtburg, hier verliefen wichtige Handelswege wie der Bassumer Weg und der Stedinger Weg und hier erlegte Hasenahlers im 19. Jahrhundert so viele Langohren, dass er nach ihnen benannt wurde.

Überhaupt erkundet man die Gemeinde Ganderkesee am besten mit dem Rad oder auf Schusters Rappen. Zahlreiche Rund- und Radwanderwege laden zum Genießen der Natur rund um Ganderkesee ein. Nicht nur die Wälder, auch die Bruchtäler von Welse und Dumbäke, das Neuenlander Moor mit der alten Moorsiedlung Neuenlande, die Wallhecken, die vorzeitlichen Steingräber und vieles mehr kann der Besucher auf dem gut ausgebauten Wegenetz finden. Am Ende jeder Tour oder als Rast empfiehlt sich eine Erfrischung in einem der drei Melkhüser in der Umgebung. Jedes hat seine spezielle Besonderheit wie die Alpakazucht am Ganderkeseer Weg 17 in Ganderkesee-Bürstel, der Spaß- und Spielhof in der Kühlinger Straße 33a in Ganderkesee-Grüppenbühren und die Klosterkapelle mit Heilkräutergarten, Am Kloster 1 in Ganderkesee-Bergedorf). Letztere geht auf auf einen mittelalterlichen Kriminalfall zurück.

Auf dem Hof Logemann in Bergedorf fand man 1828 die Fundamente einer mittelalterlichen Kapelle. Es handelt sich dabei um die Überreste der alten Klosterkapelle, die zum Kloster Bergedorf gehört hatte. Graf Moritz von Oldenburg hatte sie bauen lassen als Buße für den Mord an seinem Bruder Christian. Heute betreibt die Familie Logemann neben ihrer Landwirtschaft ein Melkhus. Eine nachgebaute Kapelle erinnert an das Kloster. Der rührige Landwirt und Gästeführer Gerd Logemann schlüpft bei Gelegenheit ins Mönchskostüm und erzählt Geschichten und Geschichtliches rund um die zerstörte Klosterkapelle.

Vor- und frühgeschichtliche Denkmäler

Die Gegend um Ganderkesee war, wie die gesamte Geest, früh besiedelt. Davon zeugen die Großsteingräber Steinkimmen und das Hügelgrab in Stenum. Ganderkesee liegt an der Straße der Megalithkultur. Ein frühgeschichtliches Denkmal ist der Heidenwall von

DIE KLOSTERKAPELLE UND DER MEUCHELMORD VON BERGEDORF

Es klingt wie ein Schauermärchen und ist wirklich passiert: Im 12. Jahrhundert stritten sich die zwei Grafenbrüder Moritz und Christian um die Herrschaft in Oldenburg. Graf Moritz schob den Bruder schließlich in die Leuchtenburg bei Hatten ab. Christian schloss sich im Jahre 1189 dem Kreuzzug von Kaiser Barbarossa nach Jerusalem an, aber er war weiterhin vom Pech verfolgt. Barbarossa ertrank 1190 in einem Fluss, ohne Jerusalem erreicht zu haben. Graf Christian kehrte in die Geest zurück. Damit hatte Moritz nicht gerechnet. Er beauftragte drei seiner Ritter (den von Hatten, von Sammun und von Döhlen) mit einem Auftragsmord. Möglicherweise versprach er ihnen Christians Ländereien. Auf der letzten Etappe, einen Tagesritt von seiner Leuchtenburg entfernt, übernachtete Christian auf einem Bauernhof in Bergedorf. Dort überfielen ihn die Ritter und erstachen ihn. Die Ritter von Sannum und Döhlen mussten die Tat mit dem Tode bezahlen, der Ritter von Hatten hatte Glück, denn er war ein Untertan von Graf Moritz. Dem schlug inzwischen das Gewissen. Er ließ seinen Vasallen leben und trug ihm auf, zur Sühne in Hatten eine Kirche zu bauen. Moritz und seine Mutter Kunigunde gründeten in Bergedorf ein Kloster, das aber bald aufgegeben werden musste, weil die Gegend karg und der Gewinn gering war. Dafür begannen Zisterziensermönche 1232 mit dem Klosterbau in Hude.

Delthun. Die vier Meter hohe Ringwallanlage zählt zu den beeindruckendsten dieser Art in der Region. Sie liegt in der Nähe von Bergedorf bei der Straße Am Heidenwall. Ob die Burg tatsächlich von Heiden oder von ersten Christen erbaut wurde, ist unbekannt. Tatsache ist, dass sie, wie die Arkeburg in Goldenstedt, zu dem in Nordwestdeutschland verbreiteten Typus der „Wallburgen“ zählt. Es gab sie vom 9. Jahrhundert an bis ins hohe Mittelalter, sie dienten als Schutzburgen für die umliegende Bevölkerung. Der Heidenwall von Delthun stammt aus der frühen Zeit und wurde im 9. oder 10. Jahrhundert errichtet. Zu dieser Zeit war die Region bereits christianisiert.

Ein Baudenkmal jüngeren Datums ist die Windmühle De lütje Anja in Habbrügge. Heute finden in dem liebevoll restaurierten Galerieholländer Trauungen und Tagungen statt. Nach Vereinbarung kann man hier in rustikaler Atmosphäre einkehren, feiern oder sich durch die Mühle führen lassen.

Ganderkesee verfügt über einen kleinen Flugplatz für den Geschäftsreiseflug und Luftsport. Verschiedene Flieger (Motor, Segel, Ultraleicht, Drachen, Gleitschirm und Modell) sowie Ballonfahrer und Fallschirmspringer gehen hier regelmäßig in die Lüfte.

WAS MAN IN GANDERKESEE UNBEDINGT MACHEN SOLLTE

- mit einem Fallschirm aus dem Flugzeug springen und die Welt von oben betrachten
- mit den 1.000-jährigen Eichen im Hasbruch auf Tuchfühlung gehen und die dicken Baumstämme umarmen
- auf der Straße der Megalithkultur den Spuren der Steinzeit folgen
- den Klängen der Arp-Schnitger-Orgel in der Kirche lauschen
- den Duft des Rethorner Backhauses schnuppern
- das Windrad der Lütjen Anja bestaunen
- zu einem der Melkhüser radeln und leckere Milchprodukte genießen
- sich bei den zahlreichen Gästeführungen (ver-)führen lassen
- Fasching feiern und den Umzug bejubeln

ADRESSEN

GEMEINDE GANDERKESEE
Tourist-Information
Mühlenstraße 2-4
27777 Ganderkesee
Telefon 04222/44207
www.ganderkesee.de

HOF LOGEMANN
Am Alten Kloster 1
27777 Ganderkesee/Bergedorf
Telefon 04222/8293
www.melkhusbergedorf.12See.de

WINDMÜHLE LÜTJE ANJA
Familie Westphal
Telefon 04222/6247
www.windmühle-habbruegge.de

WITTEKIND ALPACAS
Familie Fortmann
Ganderkeseer Weg 17
27777 Ganderkesee
Telefon 04222/2187
www.wittekind-alpacas.de

HEIMATSTUBE DES ORTS- UND HEIMATVEREINS GANDERKESEE E.V.
Fahrener Weg 52
27777 Ganderkesee
04222/8845 (Sotta)
Besichtigung nur nach Vereinbarung

WEITERE ADRESSEN:
www.hasenahlers.de
www.saunahuus.de
www.flugplatz-ganderkesee.de

Verkehr und viel Natur

Die Gemeinde Stuhr liegt im Nordosten des Naturparks Wildeshauser Geest im Landkreis Diepholz, direkt am Schnittpunkt zu den großen Städten Delmenhorst und Bremen. Die Ortsteile Brinkum, Fahrenhorst, Groß Mackenstedt, Heiligenrode, Seckenhausen, Stuhr, Moordeich und Varrel gehören seit 1974 dazu. Der größte Teil der gut 81 Quadratkilometer großen Gemeinde liegt im Landschaftsgebiet der Weserniederung. Lediglich die südlichen Ortsteile Fahrenhorst, Groß Mackenstedt und Heiligenrode zählen wegen ihrer Randlage auf der Syker Geest zum Naturpark Wildeshauser Geest dazu. Der Vollständigkeit halber soll hier jedoch die Gemeinde Stuhr in Gänze behandelt werden.

Die Region ist geprägt durch ihre Nähe zu den Städten. Viel Verkehr fließt hier über die Autobahnen 1 und 28 sowie über verschiedene Bundesstraßen und Zubringer zu den zahlreichen Gewerbegebieten bzw. nach Delmenhorst und Bremen. Die meisten Ortsteile der Gemeinde Stuhr, allen voran Brinkum, das fließend in das Bremer Stadtgebiet übergeht, haben kaum noch dörflichen Charakter. Dennoch ist die Gemeinde Stuhr ein beliebtes Naherholungsziel sowie Wohngebiet. Immerhin leben hier inzwischen gut 33.000 Einwohner – mit steigender Tendenz. Dies hat seinen Grund: Einerseits ist es die Großstadtnähe, die die Gemeinde attraktiv macht, andererseits der hohe Freizeitwert. Hier gibt es Badeseen wie den Steller- und den Silbersee, ein interessantes kulturelles Angebot, gepflegte Sportanlagen, preisgekrönte Reiterhöfe, eine überraschend abwechslungsreiche Landschaft zwischen Geest und Weserniederung sowie eine Menge hervorragend erhaltener Kultur- und Baudenkmäler von überregionaler Bedeutung. Dies alles liegt in Fahrradnähe.

« Das historische Mühlenensemble am Ortseingang von Heiligenrode ist das Schmuckstück der Gemeinde Stuhr. Bereits 1182 wurde in der Gründungsurkunde des Klosters Heiligenrode eine Wassermühle erwähnt. Die bis heute erhaltene Anlage stammt von 1843.

Denkmalschutz ist eines der zentralen Themen der Gemeinde Stuhr. Die Pflege und Erhaltung des Mühlenensembles Heiligenrode, des Gutes Varrel, des Rauchhauses oder des Hauses Lohmann liegt den Stuhrern besonders am Herzen. Gerade hier bemühen sich Bürger und Gemeinde gleichermaßen, das bäuerliche Erbe, das jahrhundertelang für diese Region identitätsstiftend war, so weit wie möglich zu erhalten.

Kernstück des Mühlenensembles ist die unterschlächtige Wassermühle von 1843. Das Wasser fließt unter dem Rad und bewegt die intakten Mahlgänge im Gebäudeinneren. Im Mühlenteich wurde die Figurengruppe „Der Mensch lebt nicht vom Brot allein" von der Künstlerin Petra Förster installiert.

Von Mooren und Bischöfen

Die Stuhrer Gegend war lange Zeit recht ungemütlich. Unheimliche Moore, feuchte Bruchtäler und unfruchtbare Heidegebiete prägten die Landschaft. Dennoch war das Gebiet nicht unbesiedelt. Zwar befinden sich hier keine Steingräber, dafür aber Spuren aus der Bronzezeit. Bei Umbaumaßnahmen an der St. Pankratiuskirche in Stuhr wurden bronzezeitliche Urnen gefunden. Möglicherweise wurde die Kirche auf einer vorchristlichen Kultstätte errichtet, was durchaus nicht unüblich war. Weitere archäologische Bodenfunde datieren um 200-500 n. Chr. Zu dieser Zeit war das Gebiet links der Weser offenbar vom altsächsischen Stamm der Chauken bewohnt. In der Rasteder Chronik taucht zudem ein Heinrich von Mackenstedt auf, der im Jahre 789 hier einen Hof besaß.

Ein weiterer Meilenstein in der Geschichte der Gemeinde Stuhr ist das Jahr 1171. In einer Urkunde erlaubte Herzog Heinrich der Löwe dem Fürsten Friedrich von Mackenstedt, das Bruchgebiet an der Sture nach Holländerrecht besiedeln zu lassen. Damit war der Grundstein für den Ort Stuhr gelegt. 1184 wurde hier die erste Kirche, ein schlichter Holzbau, errichtet. Brinkum existierte zu dieser Zeit bereits, was eine Urkunde des Bremer Erzbischofs aus dem Jahre 1063 beweist. Brinkum hatte damals den etwas komplizierten Namen „Brinscimibroch“.

Idyllisch und nützlich gelegen: Damit Fische den Klosterbach durchwandern und Mühlrad wie Stauwehr überwinden können, wurden ihnen mehrere Becken (Fischtreppe) an der Klostermühle Heiligenrode gebaut.

Jener Friedrich von Mackenstedt war ein Dienstmann des Bremer Erzbischofs. Er ließ nicht nur das Land kultivieren, er stiftete zudem im Jahre 1182 das Benediktinerkloster Heiligenrode auf der Syker Vorgeest. Der Name „Heiligenrode“ leitet sich von der Waldrodung auf dem Geestbuckel am Klosterbach ab, auf dem die Gebäude errichtet wurden. Das Kloster stand mitten in der Wildnis am Rande eines Sumpfgebietes, ähnlich wie das Huder Zisterzienserkloster. Es war spätestens seit 1194 Nonnenkloster und der Jungfrau Maria geweiht. Nach der Reformation wurde das Kloster in ein evangelisches Damenstift umgewandelt.

Die Dörfer der Gemeinde erlebten ab dem 17. Jahrhundert unruhige Zeiten. Die Herrschaft wechselte so oft, dass die Einwohner kaum wussten, wem sie unterstanden. Die Gegend wurde kurz nacheinander dänisch, französisch, schwedisch, chur-hannoversch, russisch, britisch-hannoversch und schließlich im Jahre 1811 von Napoleon besetzt.

Im 19. Jahrhundert strömten die Sommerfrischler aus den nahen Städten in die Stuhrer Gegend. Besonders beliebt war der Landstrich um Heiligenrode mit seinen lauschigen Bachtälern und bewaldeten Geesthügeln. Die Gegend am Klosterbach wurde auch „Klein Thüringen“ genannt.

Zeugen aus alter Zeit

Das unbestrittene Schmuckstück in der Gemeinde Stuhr ist der Ortsteil Heiligenrode mit seinem historischen Mühlenensemble direkt am Ortseingang sowie die Klosterkirche St. Marien. Friedrich von Mackenstedt, ein Dienstmann des Bremer Erzbischofs, stiftete Ende des 12. Jahrhunderts das Benediktinerkloster und baute es in die Nähe einer Wassermühle in die Syker Geest. Das fromme Stift wurde großzügig ausgestattet. Es erhielt die Mühle am Klosterbach, Ländereien und Zehntabgaben der umliegenden Ortschaften. Warum schon bald die Mönche

Die Klosterkirche St. Marien stammt aus dem späten 13. Jahrhundert. Das Chorgewölbe zeigt romanische Stilelemente, das Schiff ist gotisch. Die dicken Pfeiler im Außenbereich entstanden im 20. Jahrhundert und stützen die Chormauer ab, die auf sandigem Boden einzubrechen drohte. Kenner loben den Klang der alten Kirchenglocken.

auszogen, um ihren Glaubensschwestern Platz zu machen, ist nicht bekannt. Das Nonnenkloster St. Marien erlebte unter weiblicher Führung seine Blüte im 15. und 16. Jahrhundert, danach verfiel es zusehends. Von dem eigentlichen Klostergebäude ist nichts erhalten, es wurde wegen Baufälligkeit Anfang des 19. Jahrhunderts abgerissen.

Die heutige Wassermühle in dem denkmalgeschützten Gebäudekomplex stammt aus dem Jahre 1843. Sie ist eine echte Rarität. Zu Demonstrationszwecken mahlt sie immer noch Futter- und Backschrot, die unterschlächtige Wassermühle ist voll funktionsfähig. Zum Ensemble gehört zudem die Rote Scheune, eine Vorratsscheune von 1839, in der jetzt eine Ausstellung von historischen Landmaschinen untergebracht ist.

Direkt gegenüber steht das Backhaus, das vermutlich 1817 erneuert wurde und bis heute gelegentlich in seiner alten Funktion genutzt wird. Hier trifft sich auch regelmäßig der Heimatverein. Im neuen Müllerwohnhaus von 1829 finden Veranstaltungen und Feiern statt, gegenüber, in dem alten Müllerwohnhaus von 1750, ist eine Atelierwohnung untergebracht, in der die Stuhrer Kunststipendiaten wohnen und arbeiten können. Die historischen Gebäude stehen malerisch unter alten Bäumen am Mühlenteich. Sie werden instand gehalten und ehrenamtlich gepflegt von der Mühlengemeinschaft, in der seit 1986 fachkundige und mühlenbegeisterte Menschen Hand in Hand an der Erhaltung des Mühlenensembles arbeiten. Die Mühlengemeinschaft arbeitet an jedem ersten und dritten Samstag im Monat nachmittags auf dem Mühlengelände. Während dieser Zeit sowie am Pfingstmontag (Deutscher Mühlentag), zum Tag des Offenen Denkmals im September und zur Mühlennacht kann die Mühle besichtigt werden.

Vom Kloster selbst ist lediglich die Klosterkirche St. Marien erhalten. Sie stammt aus dem späten 13. Jahrhundert. Das Chorgewölbe zeigt romanische Stilelemente, das Schiff ist gotisch. Die auffallend dicken Pfeiler im Außenbereich entstanden erst im 20. Jahrhundert, sie stützen die Chormauer ab, die auf dem sandigen Boden einzubrechen drohte. In der Klosterkirche St. Marien wurden bei Renovierungsarbeiten kostbare Fresken aus dem 15. Jahrhundert entdeckt. Ein Fresko zeigt Christus auf einem Regenbogen, das andere stellt die Krönung der Maria dar. In dem turmähnlichen Anbau hängen zwei Glocken aus dem 14. Jahrhundert, eine dritte Glocke wurde 1456 gegossen. Kenner loben das besondere Klangerlebnis dieser ungewöhnlich alten Glocken.

Die St.-Pankratiuskirche im Kern vom Ortsteil Stuhr ist älter als die Klosterkirche. Sie entstand Ende des 12. Jahrhunderts, zunächst als einfacher Holzbau. Die heutige Kirche stammt aus dem

Die St.-Pankratiuskirche im Kern vom Ortsteil Stuhr ist älter als die Klosterkirche. Sie entstand Ende des 12. Jahrhunderts, zunächst als einfacher Holzbau. Der schlichte Backsteinbau stammt aus dem 13. Jahrhundert.

13. Jahrhundert. Pankratius ist einer der Eisheiligen. Er soll vor Spätfrösten schützen und ebenso vor Kopfschmerzen. Der eichene Flügelaltar mit den ausdrucksstarken Schnitzfiguren datiert zwischen 1500 und 1520.

Ein weiteres denkmalgeschütztes Kleinod ist das Gut Varrel an der Varreler Bäke. Seine Wurzeln liegen im 14. Jahrhundert. Das landwirtschaftliche Gut ist Bestandteil der großbäuerlichen Kultur.

Zum Gut gehören das Gutshaus, die Gutsscheune und die Wassermühle mit Mühlenwehr. Alle Gebäude stammen nicht mehr aus der Ursprungszeit. Der Förderverein Gut Varrel kümmert sich ehrenamtlich um die Instandhaltung der Gebäude. Heute finden in den Räumen Veranstaltungen wie das große Sommerfestival (Ende August), Konzerte, Ausstellungen, Versammlungen und Trauungen statt.

Das Rauchhaus Varrel in der Grünen Straße legt dagegen Zeugnis ab über die Not der kleinen Bauern und Heuerleute. Es wurde um 1830 aus dem Abrissmaterial eines anderen Bauernhauses errichtet. Die Gefache in den Außenwänden sind mit Ziegelbruchsteinen ausgemauert, die Balken und Hölzer waren ebenfalls schon einmal verwendet worden. Interessant ist der Innenbereich, der seit 1920 nicht mehr verändert wurde. Das Haus hat wie alle Rauchhäuser ein offenes Flett zum Kochen, Heizen und Räuchern. Im Winter wurde es bitterkalt in diesen Häusern.

Ein ähnliches Haus steht im Ortsteil Brinkum in der Bremer Straße, das sogenannte Haus Lohmann. Das Hallenhaus aus dem 18. Jahrhundert wurde umfangreich renoviert. Heute ist eine Seniorenbegegnungsstätte in dem Haus untergebracht, die von der evangelisch-lutherischen Kirchengemeinde Brinkum geführt wird.

Ein Denkmal anderer Art ist das Mahnmal Obernheide im Ortsteil Stuhr. Die Gedenkstätte wurde 1988 von der Braunschweiger Bildhauerin Wittmute Malik geschaffen und erinnert an das Frauenkonzentrationslager, das sich zwischen September 1944 und April 1945 an dieser Stelle befand. Es handelte sich um ein Außenkommando des Konzentrationslagers Neuengamme. 60 Steine bilden eine Skulptur, die von fünf Säuleneichen, die eine ausgestreckte Hand symbolisieren, gesäumt wird.

Refugien in der Natur

Fahrradfahren, Wandern, Reiten – abseits der großen Verkehrswege an stillen Bächen entlang, durch Wälder und Wiesen, vorbei an Sanddünen… all das ist möglich in der Gemeinde Stuhr. Der kleine Ortsteil Fahrenhorst ist dabei ein echter Geheimtipp. Er liegt südlich von Heiligenrode. Hier ist durchaus noch etwas von „Klein Thüringen“ zu entdecken, das vor gut 150 Jahren bereits die Ausflügler aus der Stadt in diese Gegend lockte. Fahrenhorst liegt inmitten des Waldgebietes Bradenholz und Warwer Sand. Die Gegend hier ist sehr ländlich geblieben. Alte Bauernhöfe, Wiesen und Wälder prägen den Ort. In beiden Waldgebieten wurden bronzezeitliche Hügelgräber gefunden. Der Warwer Sand ist zudem berühmt und beliebt wegen seiner Vielfalt an Schmetterlingen. Überdies gibt es hier eine riesige Sanddüne, auf der in winterlicher Schneelandschaft kräftig gerodelt wird. Die Düne ist zum größten Teil bewaldet.

Als Landwirtschaftsanlage mit Gutshaus und Wassermühle reichen die Wurzeln von Gut Varrel bis ins 14. Jahrhundert. Die Wassermühle wurde 1904 nach einem Brand neu erbaut. Heute finden hier Veranstaltungen und Trauungen statt.

Fahrenhorst wird eingerahmt von Kloster- und Hombach. Beide Bäche fließen durch eine ruhige Wald- und Wiesenlandschaft.

Dass auch der Ortsteil Groß Mackenstedt seine schönen und ursprünglichen Seiten hat, mag manchen überraschen. Eher kennt man den Ort aus den Verkehrsnachrichten, denn hier am Dreieck Stuhr treffen Autobahnen und Bundesstraßen aufeinander. Aber gerade hier gibt es auch ruhige „Inseln",

die einen Ausflug wert sind, z. B. das Naturschutzgebiet Steller Heide mit einem schönen Teich mitten im Wald. Etwas weiter südlich liegt der Steller See nahe der Autobahn. Ohne die A1 gäbe es ihn nicht, denn er entstand beim Sandaushub für den Autobahnbau in den 1960er Jahren. Der See mit großem Badestrand gehört zum Campingplatz Familienpark Steller See. Groß Mackenstedt ist zudem ein beliebtes Ausflugsgebiet für Reiter.

Der Warwer Sand ist wegen seiner Vielfalt an Schmetterlingen berühmt. Zudem gibt es hier eine riesige Sanddüne, auf der in winterlicher Schneelandschaft kräftig gerodelt werden kann. Die Düne ist zum größten Teil bewaldet.

„Auf dem Rücken der Pferde" Stuhr entdecken

Reitern gefällt es in der Gemeinde Stuhr besonders gut. Hier gibt es die meisten Reiterhöfe der Region. Vor einigen Jahren wurde Stuhr sogar als „pferdefreundliche Gemeinde" ausgezeichnet. Zahlreiche Reitangebote von der klassischen Reitschule über Strecken- und Fuchsschwanzreiten sowie Ponyreiten für Kinder bis hin zum therapeutischen Reiten gibt es hier. Auch die „Hohe Zucht" ist in Stuhr zuhause.

Die ländliche Region auf der Syker Geest mit ihrer abwechslungsreichen Landschaft bietet sich für Reitwandertouren besonders an. Die Wege führen durch schattige Wälder, an stillen Bachläufen entlang und über heidebewachsene Geestdünen. Ob mit dem eigenen oder dem Mietpferd, Wanderreiter finden hier gute Übernachtungsmöglichkeiten mit einer hervorragenden Rundumversorgung für Ross und Reiter.

REITEN IN DER WILDESHAUSER GEEST

Nicht umsonst führt Niedersachsen ein Pferd im Wappen. Traditionell hat sowohl die Pferdezucht als auch der Reitsport im Norden einen hohen Stellenwert. Was läge also näher, als die wunderschöne Geestlandschaft mit ihren lauschigen Wäldern und Flusstälern auf dem Rücken eines Pferdes zu erkunden? Der Naturpark hat sich in den letzten Jahren auf die Bedürfnisse von Ross und Reiter eingestellt. Reiter finden in der Geest ein breites Angebot, das kaum einen Wunsch offen lässt. Von Reiterferien für Familien auf dem Bauernhof, Bett und Box für Reiter mit eigenem Pferd, von einem weitläufigen Reitwandernetz mit Tagestouren oder mehrtägigen Wanderritten sowie Ponyreiten für Kinder bis hin zum therapeutischen Reiten bleibt kaum ein Wunsch offen. Überdies besteht eine gute Infrastruktur mit Serviceangeboten vom Fachhändler für Reitartikel bis hin zu Tierärzten.

Für die Reitwegenutzung gelten besondere Regeln, die je nach Gebiet unterschiedlich sein können. Vor allem in den Naturschutzgebieten sollten diese Regeln bei den jeweiligen Tourismusbüros erfragt werden. Im Allgemeinen gilt: „Wenn niemand sieht, dass du da gewesen bist, dann hast Du Dich richtig verhalten." Auf einigen Wegen sind sogenannte „Kopfnummern"nötig, um Ross und Reiter kenntlich zu machen.

Wanderwege, Regeln auf den Wegen, Einkehrmöglichkeiten und vieles mehr haben die Landkreise Diepholz, Oldenburg und Vechta in einem Kartenwerk für Reitwanderer zusammengefasst. Insgesamt 3.000 Kilometer Reitwege mit 27 Tourenvorschlägen wurden hier ausgearbeitet. Der Naturpark Wildeshauser Geest liegt mittendrin. Das Kartenwerk beinhaltet zudem eine Menge Tipps und Adressen. Sehenswürdigkeiten, Einkehrmöglichkeiten und Pausenplätze sind gekennzeichnet.

INFOS, KONTAKT UND DEN KARTENSET „REITEN IM NORDWESTEN":
Zweckverband Naturpark Wildeshauser Geest
Delmenhorster Str. 6
27793 Wildeshausen
Telefon 04431 / 853 51
www.wildegeest.de

Der Ortsteil Stuhr selbst ist nicht nur geografisch der Mittelpunkt der Gemeinde. Hier befindet sich auch das Rathaus mit Verwaltung und Tourist-Information. In dem Ortsteil zeigen sich die Gegensätze der ganzen Kommune: Während der Ortskern von der hochmittelalterlichen St.-Pankratiuskirche beherrscht wird, schließen sich nahtlos moderne Geschäftsstraßen und Gewerbegebiete an. Ein Naturschutzgebiet, die Kladdinger Wiesen, trennt den Ortsteil Stuhr vom Bremer Flughafen. Während in den Wiesen Störche landen, erheben sich einige hundert Meter weiter große Passagierflugzeuge in die Luft. Stuhr hat wie Groß Mackenstedt einen Badesee mit zwei

TIPPS

WAS MAN IN STUHR UNBEDINGT MACHEN MUSS

- die Gemeinde auf den zahlreichen Radwegen erkunden
- die Badehose einpacken und an den Silbersee oder den Steller See fahren
- die zahlreichen Kulturangebote für Klein und Groß nutzen
- Glühwein und Gebäck auf dem beliebten Weihnachtsmarkt genießen
- Fische beim „Treppe steigen" am Gut Varrel oder am Mühlenensemble Heiligenrode beobachten
- in der schönen Steller Heide spazieren und die Natur genießen
- Schnäppchen jagen bei einem Einkaufsbummel im Outletcenter Ochtumpark
- in der größten „Sandkiste" der Gemeinde im Warwer Sand in Fahrenhorst buddeln
- den Flugzeugen des Bremer Flughafens beim Starten und Landen von der neuen Ochtum aus zusehen
- mit den Museumseisenbahnen Jan Harpstedt und Pingelheini auf Tour gehen

Campingplätzen, den Silbersee. Zwei gut ausgestattete Strände laden ein zum Badevergnügen. Der Silbersee ist DLRG-überwacht.

Wer die Stuhrer Gemeinde auf einer Gästeführung kennen lernen möchte, dem steht ein gut ausgebildetes Team zur Verfügung. Die Gästeführerinnen und Gästeführer begleiten Gruppen zu Fuß oder mit dem Rad auf verschiedenen Touren.

Das Mahnmal Obernheide wurde 1988 als Gedenkstätte von der Braunschweiger Bildhauerin Wittmute Malik geschaffen.

ADRESSEN

KLOSTERMÜHLE HEILIGENRODE
An der Wassermühle 5
28816 Stuhr
Telefon 04206/7394
(Rudolf Dahnken)
Telefon 04206/7313
(Rudolf Franke)
www.muehle-heiligenrode.de

FÖRDERVEREIN GUT VARREL E.V.
An der Graft 2a
28816 Stuhr
Telefon 04221/937192
www.gut-varrel.de

RATHAUS STUHR
Blockener Straße 6
28816 Stuhr
Telefon 0421/56950
www.stuhr.de
www.gaestefuehrung-syke-weyhe-stuhr.de

er
DEV
T3
BD4
53t
108/72 Pl.
26,40m
33t Br-P
95 80 0303 001-1 D-DEV

Hohe Berge und Baudenkmäler

Die Stadt Syke mit ihren 10 Ortsteilen liegt am östlichen Rand des Naturparks Wildeshauser Geest. Knapp 25.000 Menschen leben hier. Syke ist mit rund 130 Quadratkilometern eine der größten Gemeinden im Landkreis Diepholz. Nach ihr ist der östliche Zipfel der Wildeshauser Geest benannt, die Syker Vorgeest. Während Syke selbst städtischen Komfort bietet, sind die übrigen Orte hier vorwiegend ländlich geprägt mit teilweise historischen Dorfkernen.

Der Name „Syke" heißt soviel wie „feuchte, sumpfige Niederung" und wird - darauf legen Einheimische Wert - mit langem „i" ausgesprochen. „Süke" (mit „ü") bedeutet nämlich im Plattdeutschen „Die Kranke". Syke ist jedoch alles andere als „krank". Das prosperierende Städtchen liegt eingebettet zwischen ausgedehnten Waldgebieten mit altem Baumbestand (Düngel, Friedholz und Westermark) und gilt als grüne Lunge am Rande von Bremen.

Die Geest ist in Syke schwungvoll gewellt. Das wunderschöne Tal der Hache mit seinen reizvollen Au- und Bruchwäldern durchquert die Syker Geest von Norden nach Süden. Wer sich einen Überblick verschaffen will, steigt auf den Hohen Berg bei Ristedt. Von der Aussichtsplattform kann man weit über die Geest und die Weserniederung schauen.

Aber nicht nur landschaftlich ist Syke eine Reise wert, sondern auch kulturell. Neben einem beachtlichen Kulturprogramm mit Konzerten, Kabarett und Theateraufführungen gibt es das Kreismuseum mit seiner weiträumigen Freilichtausstellung. Das geschichtsträchtige Syker Vorwerk ist seit einigen Jahren ein Eldorado für Kunstliebhaber. Im Kunst- und Kulturzentrum finden wechselnde Ausstellungen zeitgenössischer Künstler statt. Auch Wanderfreunde, Radfahrer und Reiter kommen in

« Der Name ist Programm: Mit dem „Kaffkieker" kann man ab Syke entlang des Geestrandes von Mai bis Oktober durch viel Natur und schöne Orte fahren.

Syke mit idealer Infrastruktur und ausgebautem Wegenetz auf ihre Kosten. Der Ort wurde vor einigen Jahren als fahrradfreundlichste Kommune Niedersachsens ausgezeichnet. Über die B6 oder per Bus und Bahn ist die Stadtgemeinde im Grünen gut zu erreichen.

Der Sonne entgegen: Ob Radfahren, Reiten, Wandern oder Spazieren – Syke bietet in vielerlei Hinsicht eine ideale Infrastruktur.

Von Vögten und Amtsleuten

Das Syker Gebiet war früh besiedelt. Vorgeschichtliche Funde aus der Jungsteinzeit, der Bronzezeit und der Eisenzeit belegen dies. Einer der spektakulärsten Funde wurde bei einer archäologischen Untersuchung anlässlich des Baus einer Erdgasleitung im Ortsteil Gessel gemacht. Hier fand man einen bronzezeitlichen Goldhort von beträchtlichem Wert. Zudem wurde ein germanisches Gräberfeld aus dem 2./3. Jahrhundert freigelegt. Einige Funde dieser Grabung sind im Syker Kreismuseum ausgestellt.

An der ehemaligen Furt über die Hache in der Nähe des Alten Amtshauses gibt es Reste einer mittelalterlichen Burganlage. Syke lag an einem Weg zwischen

Syke ist mit rund 130 Quadratkilometern eine der größten Gemeinden im Landkreis Diepholz. Knapp 25.000 Menschen leben hier.

Verden und Wildeshausen, der hier die Hache querte. Die Hauptstraße folgt heute noch seinem Verlauf, was die Reste eines Bohlenweges belegen. Der zur Hälfte erhaltene Ringwall ist heute bewaldet. Wann die Burg gebaut wurde, konnten selbst archäologische Untersuchungen nicht klären. Die ältesten Funde stammen aus dem 13. Jahrhundert, die Bauweise lässt ein älteres Entstehungsdatum um das 9. Jahrhundert herum vermuten.

Aus der Zeit um 1250 stammt die älteste urkundliche Erwähnung Sykes. Schon damals wurde der Ortsname in der Bremer Weserbrückenliste mit dem

markanten „y“ geschrieben. Um 1260 fiel das Dorf an die neu geschaffene Grafschaft Neubruchhausen. In dieser Zeit erfolgte möglicherweise auch der Bau einer weiteren Burganlage innerhalb des Ringwalls. Spätestens jetzt scheint der Verwaltungs- und Gerichtssitz, zunächst mit einem Vogt an der Spitze, entstanden zu sein. Die „neue“ Burg war der Vorläufer des Syker Amtshauses und bis ins 21. Jahrhundert Sitz und Wohnort der Vögte und Amtsleute. Hier residierten Drosten und Amtmänner, seit 1852 (bis heute) auch Amtsrichter und ab 1885 die Landräte des preußischen Kreises Syke, seit 1932 die Landräte und seit 1946 die Oberkreisdirektoren des 1977 aufgelösten Kreises Grafschaft Hoya.

Um 1530 wurden Syke und seine Umlandgemeinden evangelisch. Der Flecken selbst besaß nur eine kleine Fachwerkkapelle, zunächst gegenüber der Burg und seit 1705 dort, wo sich heute die Christuskirche erhebt. Bis 1837, bis zur Gründung der evangelisch-lutherischen Kirchengemeinde Syke (Syke, Steimke und Schnepke), wurden die Bewohner von dem Pfarrer im benachbarten Barrien seelsorgerisch betreut. Während des Dreißigjährigen Krieges wurde Syke mehrmals verwüstet. 1633 wurde die Burg geschleift. Das Kornzinshaus von 1592 überlebte die Wirren des Krieges. Es ist heute, abgesehen von der Kirche, das älteste Gebäude der Stadt.

1873 wurde der Syker Bahnhof an der Strecke Osnabrück-Bremen eröffnet, was einen wirtschaftlichen Aufschwung mit sich brachte. Vor allem die Schweinemast florierte. Um 1910 wurde alle zwei Wochen ein großer Schweinemarkt abgehalten. 1929 erhielt Syke das Stadtrecht. Zu der Zeit hatte der Ort rund 3.000 Einwohner. Heute ist Syke ein florierendes Mittelzentrum vor den Toren von Bremen mit einem hohen Freizeitwert.

Ländliche Alltagskultur

Eines der beliebtesten Ausflugsziele in der Region ist das Kreismuseum Syke. Das Heimat- und Freilichtmuseum wurde 1937 in einem Bauernhaus von 1747 eingerichtet. Heute umfasst das Museumsgelände eine Fläche von 1,5 Hektar. Rund 20 historische Gebäude sind hier angesiedelt, vom Niedersächsischen Hallenhaus bis zur Vorratsscheune. Bäuerliche Produktion, Handwerk, Alltags- und Kulturgeschichte vom 17. bis ins 20. Jahrhundert bilden den thematischen Schwerpunkt der Ausstellung. Zudem gibt es eine Ausstellung vor- und frühgeschichtlicher Funde, ein Kindermuseum, ein Tiergehege mit klassischen bäuerlichen Nutztieren und vieles andere mehr.

Das Stadtgebiet kann insgesamt 109 Baudenkmale vorweisen. Eines davon ist der Syker Amtshof. Der Amtshof war und ist Sitz der Verwaltung seit dem späten Mittelalter. Interessant ist dabei das um 1738 erbaute Torhaus, in dem die Amtsstube sowie einige Gefängniszellen untergebracht waren. Das Torhaus steht an dem vermutlich wichtigsten Zugang zur Burganlage. Reste des Ringwalls kann man heute noch erkennen, obwohl sie bewaldet sind.

Das Kornzinshaus ist das älteste nichtkirchliche Haus in der Stadt. Es stammt aus dem Jahre 1592 und diente gleichermaßen als Wohn-, Vorrats-, Back- und Brauhaus, zudem hatte es einen Keller, in dem Wein und Bier gelagert wurden. Auf dem

Kornboden wurden die Abgaben gelagert, die die Bauern aus der Umgebung an den Landesherrn abzuführen hatten. Das Haus wurde in den 1850er Jahren stark verändert, indem man das Obergeschoss aus Fachwerk abtrug und das Gebäude kürzte.

Im historischen Gebäudeensemble des Syker Vorwerks aus dem frühen 18. Jahrhundert befindet sich heute ein Zentrum für zeitgenössische Kunst. Das ehemalige Gebäude der Amtmänner, Landräte und Oberkreisdirektoren des Landkreises Diepholz ist eines der ältesten Häuser in Syke.

Der klassizistische Backsteinbau des Amtsgerichts wurde von 1843 bis 1845 als Kriminalamt für die hannoverschen Ämter Syke, Freudenberg und Harpstedt errichtet – mit Gefängniszellen und Gefangenenhof. Ab 1852 wurde das Gebäude Sitz des Amtsgerichts.

Das Syker Vorwerk ist heute ein Zentrum für zeitgenössische Kunst. Hier wohnten bis zum Jahre 2002 die Syker Amtsleute, vom mittelalterlichen Vogt bis zum Oberkreisdirektor. Das denkmalgeschützte Gebäude wurde nach einer umfangreichen Sanierung im Herbst 2007 als Ausstellungsort für zeitgenössische Kunst wieder eröffnet. Auf einer Ausstellungsfläche von 600 Quadratmetern auf zwei Etagen werden wechselnde Ausstellungen von regionalen und internationalen Künstlern gezeigt. Das Syker Vorwerk hat eine lange Geschichte. Einst war es ein landwirtschaftlicher Betrieb, der die Versorgung der Burgbesatzung sicher stellen sollte. Überschüsse gingen in den Verkauf und in die Residenzen der Landesherren. Das Vorwerk befand sich ursprünglich im Bereich der Burg (heute Amtshof) und wurde in den 1580er Jahren an den Hoyer Berg verlegt, dorthin, wo heute noch das Wohnhaus des Zweiten Beamten (später des Landrates, dann des Oberkreisdirektors) sowie das Brauhaus stehen. Beide Gebäude stammen aus der ersten Hälfte des 18. Jahrhunderts.

Am 1. März 1885 wurde die evangelische Christuskirche eingeweiht. 600 Menschen finden Platz in dem eindrucksvollen Bau am Steinkamp. Mit ihrem hoch in den Himmel ragenden Turm ist sie von überall her zu sehen. Ursprünglich stand an ihrer Stelle eine sehr viel kleinere barocke Fachwerkkapelle von 1704/05.

Der Hohe Berg bei Ristedt ist der höchste Punkt und die markanteste Erhebung der Wildeshauser Geest. Bei klarem Wetter geht die Sicht vom 63 Meter hohen „Berg“ mit dem etwa 12 Meter hohen Turm bis weit über Bremen.

Fährt man von Westen in die Stadt hinein, fällt ein anderes, villenartiges Gebäude ins Auge, die Finkenburg. Das schlossähnliche Anwesen wurde 1868-1869 von dem Bremer Kaufmann Wilhelm August Finke als Landsitz in die Hachestadt gebaut.

Schlatts, pommersche Schafe und der Hohe Berg

Der höchste Punkt der Wildeshauser Geest liegt in Syke-Ristedt. Vom Hohen Berg aus kann man einen weiten Blick über die norddeutsche Tiefebene werfen, denn der 58,2 Meter hohe Geestberg ist durch einen Turm mit Aussichtsplattform noch einmal erhöht, so dass Besucher aus 75 Meter Höhe sowohl die Hacheniederung als auch das Urstromtal der Weser überblicken können.

Rund um den Turm hat sich die Natur wieder ausgebreitet. Zu Zeiten des Kalten Krieges war das Gelände abgeriegelt, denn eine Flugabwehr-Raketenstation der US-Streitkräfte befand sich auf dem Terrain. Heute bieten Streuobstwiesen, Gewässer und Feldhecken seltenen Tieren wie dem Kammmolch oder der Schafstelze einen geschützten Lebensraum. Auf den Wildwiesen tummeln sich Schmetterlinge neben bedrohten Schafrassen wie dem Pommerschen Landschaf. Das Gelände wird vom NABU Syke betreut. Hier befinden sich zudem eine Schutzhütte, ein Spielplatz sowie eine Feuerstelle, die auf Anfrage für Picknicks und Feste genutzt werden darf.

Weitere Naturschutzgebiete sind die Okeler Sandgruben mit dem größten Vorkommen von Fadenenzian im gesamte Norden, das Friedeholz-Schlatt im Ortsteil Barrien, in dem sich v. a. der Kammmolch wohl fühlt oder das Hachetal mit dem Flüsschen Hache und seinen romantischen Bruchwäldern. Das Hachetal ist zudem ein herrliches Wandergebiet. Das Friedeholz zählt zu den beliebtesten Naherholungszielen der Region. Archäologisch interessierte Menschen finden ein bronzezeitliches Hügelgräberfeld vor.

Das Syker Vorwerk zeigt in Zusammenarbeit mit dem Kreismuseum wechselnde Ausstellungen regionaler und internationaler Künstler. Im Garten befindet sich ein Skulpturenpark mit Arbeiten verschiedener Künstler.

Etwas weiter südwestlich befindet sich die zweite „grüne Lunge" der Stadt: der Staatsforst Westermark. Bei Kindern sehr beliebt ist sein Abenteuerspielplatz. Schließlich sei auch noch der Krendel erwähnt. Er bildet den nordwestlichen Ausläufer des Friedewaldes. Ein Rundweg führt vom Kreismuseum aus zu den Sehenswürdigkeiten dieses Waldstücks. Dazu zählen so skurrile Attraktionen wie die Reste einer Flussbadeanstalt von 1913 oder stille Elemente wie ineinander verschlungene Bäume. Über einen Stichweg gelangt man in einen besonders geschützten Erlenbruchwald.

Mühlen und ein Dichter

Die wohl besterhaltene Wassermühle aus dem 14. Jahrhundert in der Geest steht im Ortsteil Barrien. Das heutige Gebäude stammt allerdings aus dem Jahre 1857. Die Mühle hat zwei vollständig erhaltene und funktionsfähige Mahlwerke. Sie mahlt noch, allerdings erzeugt sie heute Strom statt Mehl. In der Mühle befindet sich ein gemütliches Café. Auf Wunsch führt die Mühlenwirtin Gäste durch das Baudenkmal und erläutert den Mahlvorgang. Zudem finden Freunde der plattdeutschen Literatur hier einen besonderen Schatz, nämlich das Schmidt-Barrien-Archiv. Heinrich Schmidt-Barrien (1902-1996), eigentlich Heinrich Schmidt, war ein bekannter Heimatdichter. Aus Liebe zum Ort Barrien hängte er sich den Ortsnamen hinten dran. Schmidt-Barrien schrieb vorwiegend plattdeutsche Literatur, Theaterstücke und Hörspiele, sein Thema waren die Menschen zwischen Teufelsmoor und Nordseeküste. Eine Straße im Ort ist nach ihm benannt. Die Mühle ist zudem ein Ort für kulturelle Veranstaltungen. Ein weiteres interessantes Baudenkmal in Barrien ist die Bartholomäus-Kirche, deren spätgotische Gewölbemalereien beeindrucken.

Eine Besonderheit ist die Betglocke in Gödestorf. Sie hängt in einem hölzernen Turm und läutet dreimal täglich zum Gebet. Die Glocke wurde 1707 im Auftrag der Gödestorfer Einwohner gegossen, die die Glocke auch als Alarmglocke bei Bränden benutzte. Noch heute läutet sie verstorbene Gödestorfer Einwohner heim.

Heiligenfelde ist bekannt für seine St.-Michaels-Kirche aus dem 13. Jahrhundert. Die Kirche im Übergang von der Romanik zur Gotik ist aus Feld- und Backsteinen gebaut. Ein romanisches Taufsteinbecken und ein Epitaph aus dem 17. Jahrhundert zählen zu ihren Schätzen. Auffällig sind die alten Grabmäler um den Kirchenbau herum.

Syke verfügt über ein beachtliches Kulturprogramm mit Konzerten, Kabarett und Theateraufführungen. Ein beliebtes Ausflugsziel sowie geschätzter Veranstaltungsort im Sommer ist die von einem dichten Buchenwald gerahmte Wolfsschlucht.

Radeln, Wandern, Reiten

Fünf Themenrouten für Radfahrer führen durch die „fahrradfreundliche Gemeinde". Diese Auszeichnung vergab das Land Niedersachsen vor einigen Jahren an Syke. Die Routen sind bezeichnet als

Das Kreismuseum Syke vermittelt einen Einblick in die Lebens- und Arbeitswelten früherer Generationen. Auf dem baumbestandene Gelände lädt ein ganzes Ensemble von historischen Gebäuden zur Erkundung der Vergangenheit ein.

Fledermausroute, Krötenroute, Bärentatzenroute, Storchenroute oder Sumpfdotterblumenroute. Das Kartenwerk „Unterwegs in Syke“ fasst diese Routen zusammen. Sie sind an einem Tag bequem zu schaffen und beinhalten v. a. die Naturschönheiten der Region. Wer es sportlicher mag, sollte den Syke-Rundweg wählen. Auch Radfernwege wie der Geestweg oder die „Mystischen Routen rund um die Steinzeit“ streifen die Stadtgemeinde Syke oder führen mitten hindurch. Auch geführte Radtouren sind möglich. Das Gästeführerteam stellt auf Anfrage individuelle Routen zusammen.

Wanderer werden überrascht sein, wie hügelig die Geest sein kann. Insgesamt 28 Aussichtspunkte hat die Syker Geest zu bieten. Vor allem vom Hohen Berg aus oder vom Geestrand in Barrien und Okel kann man das Auge schweifen lassen. Von hier aus hat man u. a. einen herrlichen Blick über die Weserniederung. Bei klarem Wetter kann man sogar die Skyline von Bremen erkennen.

Zwischendurch geht es durch das Hachetal unter schattigen Bäumen des Friedewalds entlang, an Schlatts und Feuchtgebieten vorbei, durch Wiesen oder durch die Barrier Schweiz. Einkehrmöglichkeiten sind in den Orten vorhanden.

Auch das Wandern zu Pferd ist ein besonderer Genuss in der Region. Ob auf dem Rücken der Pferde, wo bekanntlich das Glück der Erde liegt oder bequem in einer Kutsche, hier ist alles möglich. Mietpferde, Kutschen oder Planwagen stehen zur Verfügung. Der Wanderreiter kann zudem das Angebot Bett & Box in Anspruch nehmen, eine auf Ross und Reiter zugeschnittene Übernachtungsmöglichkeit.

WAS MAN IN SYKE UNBEDINGT MACHEN SOLLTE

- das Kreismuseum besuchen und die zahlreichen museumspädagogischen Angebote nutzen
- sich von der zeitgenössischen Kunst im Syker Vorwerk inspirieren lassen
- eine Fahrt durch schönste Land- und Ortschaften mit dem „Kaffkieker" machen
- Glühwein und Gebäck auf dem beliebten Weihnachtsmarkt genießen
- die Natur und Landschaft rund um Syke auf den zahlreichen Radwegen ergründen
- in der schönen Steller Heide spazieren und die Natur genießen
- entlang der Hache spazieren
- den Hohen Berg bei Ristedt erklimmen und die Aussicht genießen
- die zahlreichen Einkaufsmöglichkeiten in der Fußgängerzone nutzen
- die Atmosphäre sowie Kaffee und Kuchen an der Wassermühle Barrien genießen
- im Naturerlebnisbereich Krendel spazieren und auf dem Naturlehrpfad wandern
- auf einem Reitausflug das Glück der Erde suchen

Syke wurde vor einigen Jahren als fahrradfreundlichste Kommune in Niedersachsen ausgezeichnet. Mit einem hervorragend ausgebauten Wegenetz lädt die Kommune zu zahlreichen Touren ein.

ADRESSEN

RATHAUS SYKE
Hinrich-Hanno-Platz 1
28857 Syke
Telefon 04242/164220
www.syke.de

KREISMUSEUM SYKE
Herrlichkeit 65
28857 Syke
Telefon 04242/2527
www.kreismuseum-syke.de

WASSERMÜHLE BARRIEN
An der Wassermühle 4b
28857 Syke-Barrien
Telefon 04242/7170
www.wassermühle-barrien.de

SYKER VORWERK – ZENTRUM FÜR ZEITGENÖSSISCHE KUNST
Am Amtmannsteich 3
28857 Syke
Telelfon 04242/577410
www.syker-vorwerk.de

KIRCHENGEMEINDE HEILIGENFELDE
Heiligenfelder Straße 5
28857 Syke
Telefon 04240/242
www.kirche-heiligenfelde.de

WEITERE ADRESSEN:
www.pferdehof-lindhoff.de
www.clueser-eschenhof.de

« Die Stiftskirche St. Mauritius und St. Victor sowie die dazugehörigen Gebäude prägen Bassum bis heute. Das Ensemble liegt auf einem Hügel und blickt auf eine lange Geschichte zurück.

Stadt unter den Linden

Bassum liegt 25 Kilometer südlich von Bremen im Landkreis Diepholz. Die Ortschaften Albringhausen, Apelstedt, Bramstedt, Eschenhausen, Groß Henstedt, Groß Ringmar, Hallstedt, Hollwedel, Neubruchhausen, Nienstedt, Nordwohlde, Osterbinde, Schorlingborstel, Stühren und Wedehorn gehören

seit der Verwaltungs- und Gebietsreform von 1974 zur Stadt Bassum dazu. Die Gesamtfläche beträgt 169 Quadratkilometer, die Stadtgemeinde hat knapp 16.000 Einwohner.

Bassum ist über die B51, WWB61, die A1 sowie per Bus und Bahn gut zu erreichen. Die Landschaft um Bassum herum ist besonders vielfältig. Die hohen Moränen der Elstereiszeit bildeten hier die sogenannte Hohe Geest, ein lebhaft gewelltes Landschaftsbild, das anmutet, als befände man sich

Die Stiftskirche ist ein kunsthistorisch wichtiges Gebäude. Der imposante Backsteinbau mit dem quadratischen Vierungsturm stammt aus dem 13. Jahrhundert.

Während umfangreicher Restaurierungsmaßnahmen wurden in der Stiftskirche zahlreiche alte Wandmalereien freigelegt oder wiederhergestellt. Im südlichen Querschiff befindet sich das Grabmal der 1585 verstorbenen Äbtissin Anna Gräfin von Hoya.

in südlicheren Gefilden. Gewässer und beeindruckende Bruchtäler schaffen weitere Reize. Das bis zu 20 Meter tief eingeschnittene Klosterbachtal gehört zu den schönsten Landstrichen in der Region.

Die höchste landschaftliche Erhebung ist der Utkiek (87 Meter). Allerdings handelt es sich hier um Menschenwerk, nämlich um eine renaturierte Mülldeponie, die begrünt wurde und heute ein beliebter Aussichtspunkt ist. Bei gutem Wetter hat man von hier aus einen grandiosen Blick über die Geest. Noch höher ragt nur der Bassumer Spargel in die Luft. Der 134 Meter hohe Fernsehturm steht im Ortsteil Haft.

Über die Bedeutung des Ortsnamens Bassum wird noch viel gerätselt. In der ältesten Urkunde von 937 heißt der Ort „Birsina“ und später „Bircsinum“, was wohl als Bezeichnung für „bei den Birken“ gedeutet werden darf. Zumindest meinen Heimatforscher, dass dies auf einen Ort hinweise, der ein altsächsisches Heiligtum beherberge. Die Sachsen bevorzugten tatsächlich für ihre Kultstätten Hügel mit lichtem Baumbestand, z. B Birkenwäldchen. In Bassum kreuzten sich wichtige Handelswege, wie die

Lübecker Straße von Bremen nach Münster, die Gemeine Heerstraße und spätere Pilgerstraße von Bremen nach Rom sowie der Folcwech. Es ist durchaus plausibel, dass sich hier ein altsächsischer Versammlungsplatz „bei den Birken" befunden haben könnte, allerdings ist das historisch nicht nachweisbar.

Heute durchkreuzt eine breite „Chaussee" den Ort. Die Hauptstraße, die quer durch Bassum verläuft, wurde von Napoleon in Auftrag gegeben, sehr zum Missfallen der Bürger, denn diese Landstraße von Osnabrück nach Bremen zerschnitt gnaden- und entschädigungslos manchen Besitz. Zur Genugtuung aller geschädigten Bassumer zog auf dieser Straße (kurz nach ihrer Fertigstellung) die geschlagene französische Armee heimwärts.

Das Wahrzeichen von Bassum ist allerdings nicht das Birkenblatt, sondern das Lindenblatt. Die Linde prägt bis heute das Bild der jungen Stadt. Erst am 25. Oktober 1929 verlieh das Preußische Staatsministerium dem Flecken Bassum die Stadtrechte. Zuvor waren die ehemals eigenständigen Flecken Bassum, Freudenberg und Loge am 10. April 1896 zum Hauptflecken Bassum zusammengelegt worden.

Besonders sehenswert sind der Kapitelsaal und das Kanonikerzimmer des Stiftes mit den Fayence-Kachelöfen aus dem 18. Jahrhundert und der prächtigen Wandbespannung. Italienische Wandermaler schufen die eindrucksvollen Rokokomalereien.

Das hochadelige Damenstift

Bis heute prägt das ehemals hochadelige Damenstift das Städtchen Bassum. Zusammen mit der Stiftskirche St. Mauritius und St. Victor liegen die Stiftsgebäude, deren Mittelpunkt die Abtei bildet, auf einem Hügel über der Stadt. Die Geschichte der Kirche und des Stiftes sind aufs Engste miteinander verwoben.

Nach Beendigung der Sachsenkriege im 8. Jahrhundert und nach der Gründung des Bistums Bremen wurde im Bereich des heutigen Kirchenstandortes eine Missionsstation errichtet. 858 wurde das Kanonissenstift Birxinon durch den später heiliggesprochenen Erzbischof Ansgar von Bremen geweiht. Zuvor hatte die sächsische Edeldame Luitgard ihr Erbe für die Gründung der Kirche zur Verfügung gestellt. Sie stammte vermutlich aus dem Hause der Liudolfinger und wurde die erste Äbtissin. Ihre Stiftsdamen waren allesamt Töchter des sächsischen Hochadels und so sollte es lange Zeit bleiben. Ziel dieser „Sammelinghe der Juncfroven" war die Schaffung einer geistlichen Bildungsstätte für adelige junge Frauen. Neben dem Gebet lernten sie sowohl Weben und Sticken als auch Lesen, Schreiben und Latein. Die Stiftsdamen widmeten sich zudem der Armenfürsorge und dem Fürbittgebet.

Im Park der Freudenburg steht seit 2003 „der Wächter" des Syker Künstlers Andreas Frömberg. Mit zahlreichen anderen Figuren und Installationen im öffentlichen Raum zeigt sich Bassum kunstsinnig.

Im Mittelalter wurde aufgenommen, wer von adeliger Abstammung war. Später mussten die angehenden Stiftsdamen sechzehn „bei Helm und Schild geborene“ Ahnen vorweisen. Viele Aufschwörungstafeln mit den Stammbäumen der eintrittswilligen Damen hängen heute noch in der Abtei. Im Allgemeinen führten die Stiftsdamen ein zwar schlichtes, aber weitgehend weltliches Leben. Privatbesitz war erlaubt, wer heiraten wollte, durfte das Stift verlassen. Dies führte zu andauernden Reibereien zwischen Kirche und Adel. Während die Kirche das Stift gerne in ein Nonnenkloster verwandelt hätte, verstanden es die jeweiligen Äbtissinnen durch kluge Politik ihre Freiheiten zu bewahren. Die Äbtissin Sophia Amalia von Marschalk trieb es allerdings zu bunt und wurde 1705 „wegen ihres tollen Lebenswandels“ suspendiert. Anna Frese, auch genannt „Engel Frese“, war die letzte katholische Äbtissin. Sie widersetzte sich bis zu ihrem Tod 1541 der Reformation, die jedoch gleich nach ihrer Beisetzung eingeführt wurde. Ihr folgten zwei Hoyaer Grafentöchter als Äbtissinen. Der Sarkophag von Anna II. steht in der Stiftskirche.

Noch heute besteht das Stift (als ältestes seiner Art in ganz Europa) als adelig-freiweltliches Damenstift in der Tradition der alten Kanonissenstifte. Die Äbtissin hat Residenzpflicht, sie wohnt in der Abtei und verwaltet die Stiftsgüter. Überdies übernimmt sie kulturelle Aufgaben. Offiziell wird sie mit „Frau Äbtissin“ angesprochen.

Stiftskirche St. Mauritius und St. Victor

Gut sichtbar überragt der etwa 40 Meter hohe Kirchturm den Ort. Wer die Stiftskirche umrundet, erblickt auf einem Rasenstück zwei liegende steinerne Köpfe. Die Köpfe tragen Ritterhelme. Es handelt sich bei den Skulpturen um eine Darstellung der Kirchenheiligen Mauritius und seines Gefährten Victor. In der Überlieferung heißt es, dass der Mohrenritter Mauritius auf Seiten der Römer gegen

Auch die ehemaligen Neben- und Wirtschaftsgebäude (Vorwerk) der Freudenburg gehören zum Seminar- und Tagungsbetrieb. Von der mittelalterlichen Anlage ist noch die Amtsstube (Verlies) aus dem 14. Jahrhundert erhalten, in der der Kultur- und Heimatverein ein kleines Museum betreibt.

die Christen gekämpft habe. Er habe sich jedoch bekehren lassen und sei daraufhin zusammen mit seinen Legionären geköpft worden. Ein ähnliches Schicksal ereilte den Kaufmann Victor, den zweiten Schutzpatron der Bassumer Stiftskirche. Der Reliquienschrein aus der Zeit um 1250 ist erhalten und befindet sich im südlichen Querschiff in einer Glasvitrine – allerdings wurde er im Dreißigjährigen Krieg (1628) seiner Edelmetallverzierungen beraubt.

Um 1230 wurde die romanische Basilika als eine der ersten Backsteinkirchen in Norddeutschland auf dem Stiftsgelände erbaut. Höchstwahrscheinlich gab es sowohl eine hölzerne als auch eine aus

Feldsteinen errichtete Vorgängerkirche. Der Kirchenbau verschlang so viel Geld, dass der Erzbischof von Bremen 1287 der damaligen Äbtissin Beatrix mit dem Kirchenbann drohte, falls sie nicht endlich die Schulden tilgte. Kurze Zeit später soll sich ein Blutwunder ereignet haben: Eine Marienfigur weinte blutige Tränen. Der Erzbischof von Avignon erklärte die Bassumer Kirche daraufhin zum Wallfahrtsort, was einen regen Wallfahrtstourismus nach Bassum in Gang setzte. Dies währte jedoch nicht lange. Am Fronleichnamstag 1328 brannte die Kirche ab. Sie wurde etwas bescheidener als dreischiffige Hallenkirche mit Querschiff und Vierungsturm wieder aufgebaut. Im Jahre 1351, nach einer Pestepidemie, wurde die neue Kirche eingeweiht. Am 20. Mai 1797 schlug der Blitz in den Kirchturm ein.

Während umfangreicher Restaurierungsmaßnahmen in den letzten Jahren wurden zahlreiche alte Wandmalereien freigelegt oder wiederhergestellt. Augenfällig ist der prächtig verzierte Gipsfußboden im Altarraum, der das Weltenmeer mit der Arche darstellt. Eindrucksvoll zeigt sich auch der romanische Schaugiebel an der Ostfassade der Kirche. Seit 1932 gehört die Stiftskirche der Landeskirche Niedersachsen. In der Kirche finden regelmäßig Konzerte statt. Musiker loben die gute Akustik der Hallenkirche.

Im Jahre 1388 wurde die befestigte Wehranlage von Bassum erstmals als „Slot“ Freudenberg erwähnt. Heute befindet sich in den alten Fachwerkgebäuden das Seminar- und Tagungshaus Freudenburg. 2009 wurde vor dem alten Haus die moderne Metallskulptur „Schwingkreis“ von der Künstlerin Heidrun Kohnert installiert.

Abtei und angrenzende Gebäude

Die Abtei ist bis heute das Wohnhaus der Äbtissin. Das jetzige Gebäude wurde 1754 von der damaligen Äbtissin von Estorff erbaut. Ihr Wappen prangt über dem Hauptportal. Sehenswert sind der Kapitelsaal und das Kanonikerzimmer mit den Fayence-Kachelöfen aus dem 18. Jahrhundert und der prächtigen Wandbespannung. Italienische Wandermaler schufen die eindrucksvollen Rokokomalereien auf der aus Rupfenstoff bestehenden Wandbespannung. Die vier Elemente Wasser, Feuer, Erde, Luft sind ebenso in Medaillons dargestellt wie die vier Jahreszeiten an den Schmalseiten des Zimmers. Die Supraporten über zwei Türen zeigen das Amtshaus Freudenberg sowie den Stiftsbezirk mit Kirche und dem noch hohen Turm.

In einem kleinen Raum der Abtei sind die wenigen Dinge ausgestellt, die die turbulente napoleonische Zeit überstanden haben. (Das Stift war für kurze Zeit aufgelöst, das Inventar versteigert worden.) Die bedeutendsten Kostbarkeiten sind in einem 2012 eingerichteten Museumsraum zu finden. Erhalten ist u. a. ein Antependium aus dem 13. Jahrhundert mit einer Darstellung der „Luftfahrt des Alexander“ sowie ein weiteres aus dem 8. Jahrhundert mit kostbaren Seide-auf-Seide-Stickereien. Im Kapitelsaal finden heute Konzerte und Trauungen statt.

Die angrenzenden Fachwerkgebäude waren die Wohnhäuser einzelner Stiftsdamen. Die Lateinschule ist hier das älteste Gebäude. Es wurde 1689 von Fräulein von dem Busche als Wohnhaus errichtet und beherbergt heute das Jugendhaus der evangelischen Kirche. Andere Häuser sind vermietet.

Unterhalb der Abtei am Klosterbach steht die ehemalige Wassermühle des Stifts, die schon kurz nach der Gründung im Jahre 858 am Klosterbach errichtet worden sein soll. Das jetzige Gebäude stammt aus dem Jahre 1881. Das Mühlrad treibt heute eine Turbine an, die Strom erzeugt. Die Mühle beherbergt eine Begegnungsstätte des Diakonischen Werkes. Nördlich des Stiftshügels befindet sich die alte Rentei, der ehemalige Amtssitz des Stiftsrentmeisters. Das Fachwerkgebäude brannte 1810 ab und wurde komplett neu aufgebaut. Heute ist hier der evangelische Kindergarten untergebracht.

Das Haus Freudenberg

Dort, wo einmal das altsächsische Dorfe Gerbere gestanden hat, errichteten die Grafen von Oldenburg-Bruchhausen Ende des 13. Jahrhunderts eine befestigte Wehranlage, eine Gräfteburg. Später übernahmen die Grafen von Hoya diese Anlage und bauten Sie zum „Slot“ Freudenberg aus. Zu damaliger Zeit war ein Schloss nicht mehr als ein befestigtes Fachwerkhaus. Unter dieser Bezeichnung ist die Burg 1388 erstmalig urkundlich erwähnt. Rund um dieses Slot, in Sichtweite des Stifts, entwickelte sich der eigenständige Flecken Freudenberg. Die Burg und der dazugehörige Ort sollen ihren Namen übrigens von den Oldenburger Grafen bekommen haben, die im hohen Mittelalter begeisterte Jerusalem- und Romfahrer waren. Es heißt, sie hätten ihre Vogteiburg nach dem „Mons gaudii", dem Freudenberg benannt, von dem aus die Kreuzfahrer und Palästinapilger erstmals Jerusalem erblickten. Allerdings gab es im Amt Freudenberg über Jahrhunderte eher Anlass zum Ärger. Nach dem Aussterben des Hauses von Hoya (1582), dem der Flecken damals angehörte, wurde das Amt verschiedenen Landesherren zugeordnet. Es wurde in schneller Folge tecklenburgisch, hessisch und gehörte dann dem französischen Königreich Westfalen an, bis es 1816 nach dem Abzug der napoleonischen Truppen dem Königreich Hannover zugeordnet wurde.

1967 kaufte die Stadt das Gelände mit der alten Vogteiburg und den dazugehörigen Gebäuden, die aufwändig restauriert wurden. In den Gebäuden des Amtshauses und der Amtsschreiberei befindet sich das Europäische Seminar- und Tagungshaus Freudenburg mit Gästezimmern und gut ausgestatteten Seminarräumen, in denen u. a. die VHS Diepholz Kurse abhält.

Die Alte Oberförsterei in Neubruchhausen wurde um 1780 erbaut. Sie steht auf den Grundmauern der ehemaligen Wasserburg, von der noch Wallanlagen und eine Wassermühle erhalten sind. Heute finden in der Alten Oberförsterei kulturelle Veranstaltungen und Trauungen statt.

Flankiert wird das Tagungshaus von der Heimatstube und dem sogenannten Verlies aus dem 14. Jahrhundert. Beide Gebäude werden vom Kultur- und Heimatverein Bassum genutzt. Der backsteingotische Bau des Verlies diente einst als Amtsstube und beherbergt heute eine heimatkundliche Sammlung, das Archiv des Kultur- und Heimatvereins mit Bibliothek aus kirchlichen Büchern sowie eine originalgetreue Nachbildung einer „Criminalcoje" mit Folterkammer. In der Heimatstube sowie in dem vor wenigen Jahren restaurierten Vorwerk finden Veranstaltungen und Seminare statt.

In Neubruchhausen befindet sich auch das Scheunenviertel mit acht historischen Feldscheunen. Seit dem 17. Jahrhundert wurden Scheunen oftmals außerhalb der Orte errichtet. Alle Gebäude stehen unter Denkmalschutz.

Die Freudenburg (wie sie im Volksmund bezeichnet wird) liegt inmitten eines 2,7 Hektar großen Parks mit Konzertmuschel, Spazierwegen, künstlerischen Objekten (u. a. mit der Bronzeskulptur „Der Wächter" des Syker Künstlers Andreas Frömberg). In einem kleinen Wäldchen an der Zufahrt zur Freudenburg befand sich vermutlich eine alte Thingstätte, eine Gerichtsstätte der Germanen und Sachsen. Ganz in der Nähe im Bassumer Bruch steht die 1.100-jährige Kaffeeeiche, unter der die Stiftsdamen ihr sonntägliches Kaffeekränzchen abgehalten haben sollen.

Tierpark, Kultur und der „Glöckner von Bramstedt“

Um sich einen ersten Überblick zu verschaffen, sollte man zunächst dem kulturhistorischen Pfad folgen, der einige der o. g. Sehenswürdigkeiten verbindet, wie z. B. das Stift, die Stiftskirche und die Freudenburg. Der ca. drei Kilometer lange Weg beginnt und endet auf dem Parkplatz des Freizeitbades. Grüne Lindenblätter weisen den Weg.

Die Wedehorner Mühle ist ein gemauerter Galerieholländer mit Windrose aus dem Jahr 1878. Zu Beginn des 20. Jahrhunderts hat die Mühle den Ort auch mit Strom versorgt. Nachdem das alte Gebäude in den 1970er Jahren immer baufälliger wurde, erstrahlt die Mühle nach umfangreicher Restaurierung heute wieder in frischem Glanz.

Eine unscheinbare Gedenktafel in der Meierkampstraße erinnert an die Synagoge in Bassum, die bis 1935 hier stand. An der B61 Richtung Sulingen liegt der jüdische Friedhof mit 28 Grabsteinen. Auf dem Friedhof liegen auch neun russische Soldaten begraben.

Vom Parkplatz des Sportzentrums aus gelangt man zum Arche-Park Petermoor, einem großzügig angelegten Natur- und Tierpark mit großem Teich und Entenhaus. Vor allem heimische Tierarten gibt es

hier zu sehen, darunter alte und vom Aussterben bedrohte Haustierrassen, um deren Erhalt der Zoo sich bemüht. Aber auch exotische Vögel, Affen und Antilopen bevölkern den Park. Der Tierpark ist ganzjährig geöffnet, der Eintritt ist frei.

Es lohnt sich auch, einen Ausflug in eines der umliegenden Dörfer zu machen. Ein gut ausgebautes Rad- und Wanderwegenetz steht zur Verfügung. In dem malerischen Ort Neubruchhausen befindet sich das unter Denkmalschutz stehende Scheunenviertel mit seinen acht historischen Feldscheunen. Ebenso sehenswert ist die Alte Oberförsterei, erbaut um 1780. Sie steht auf den Grundmauern der ehemaligen Wasserburg in Neubruchhausen, von der noch Wallanlagen und eine Wassermühle erhalten sind. Heute finden in der Alten Oberförsterei kulturelle Veranstaltungen und Trauungen statt.

Eine der ältesten Kirchen in der Bassumer Region, vielleicht die älteste, ist die Dionysius-Kirche in Nordwohlde. Der jetzige Bau stammt aus dem Jahr 1535. Er wurde über einer Holzkapelle aus dem 9. Jahrhundert errichtet.

Ein Kuriosum ist der Glöckner von Bramstedt. Dies ist ein Amt, das noch heute bekleidet wird. Im Jahr 1450 ließen die Bauern in dem kleinen Dorf einen hölzernen Glockenturm mit einer Betglocke errichten, wahrscheinlich als Ersatz für eine eigene

ADRESSEN

STADT BASSUM
Alte Poststr. 10
27211 Bassum
Telefon 04241 / 840
www.bassum.de

KIRCHENBESICHTIGUNGEN
Telefon 04241 / 2402

STIFT BASSUM
Stift 1
27211 Bassum
Telefon 04241 / 2532
www.stift-bassum.de

ARCHE-PARK PETERMOOR
Petermoor 2
27211 Bassum
Telefon 04241 / 5466
www.tierpark-bassum.de

Kirche. 1871 brannte der Glockenturm ab, wurde aber in den 1980er Jahren nach alten Plänen originalgetreu wieder aufgebaut. Bei besonderen Anlässen läutet der Glöckner die Glocke noch heute.

Zudem sollen auch die ehemals 70 Hügelgräber in Stühren erwähnt werden, „Siebenbergen" genannt. Ein besonders gut erhaltenes bronzezeitliches Grab ist auf einem Acker zu sehen, weitere sind im Wald versteckt. Das Gräberfeld liegt an der archäologischen Route Steine, Gräber, Kulte.

Bassum verfügt neben Hotels mit gemütlicher Restauration über zwei gut ausgestattete Campingplätze in Groß Ringmar und Hallstedt. Beide Campingplätze haben einen Badesee und Gastronomie.

WAS MAN IN BASSUM UNBEDINGT MACHEN SOLLTE

- die kunstvollen und farbenprächtigen Malereien in der Stiftskirche bewundern
- an der Klosterbachmuschel einem Konzert unter freiem Himmel lauschen
- alte Haustierrassen und Exoten im Tierpark Petermoor kennenlernen
- auf dem Kulturhistorischen Pfad eine 1.000-jährige Geschichte erwandern
- im Sommer erfrischende Abkühlung im Naturfreibad suchen
- die Kraft und das Alter der 1.000-jährigen Gerichtseiche im Stiftspark spüren
- die Harmonie zwischen altem Fachwerk und modernen Skulpturen auf dem Gelände der Freudenburg ergründen
- den Bassumer Utkiek erklimmen und die Welt von oben betrachten
- an einer Führung durch das Frauenstift teilnehmen
- auf einem der Rundwanderwege Erholung in der Natur finden

Junge Stadt mit alter Tradition

« In der Wildeshauser Geest wurde immer schon Landwirtschaft betrieben. In Twistringen gehörten vor allem der Anbau von Getreide und die Strohverarbeitung zu den wichtigen Erwerbszweigen. Bereits um 1700 wurde hier mit der Herstellung von Strohprodukten begonnen. Noch heute gibt es rund um den Ort weite Getreideflächen.

Twistringen liegt am südöstlichen Rand des Naturparks Wildeshauser Geest im Landkreis Diepholz. Der Ort ist eine sehr junge Stadt und erhielt die Stadtrechte erst 1964. Zur Landgemeinde gehören die ehemals selbständigen Dörfer Abbenhausen, Altenmarhorst, Heiligenloh, Mörsen, Natenstedt, Scharrendorf und Stelle. Auf einer Fläche von 114 Quadratkilometern leben rund 12.500 Menschen. Verkehrstechnisch ist Twistringen über die B51 oder per Bahn gut zu erreichen. Die Stadt macht einen beschaulichen und ruhigen Eindruck. Schmale Gassen, gesäumt von alten Bürgerhäusern, einladende Cafés und eine großzügige Flaniermeile wecken Lust auf einen entspannten Stadtbummel.

Die Stadtgemeinde liegt auf der landschaftlich zauberhaften Geest. Verwunschene Mühlenteiche an romantischen Bachläufen, Moorreste wie das Wietingsmoor, der „heilige Wald“ Heiligenloh oder die Delmequelle lohnen einen Abstecher. Reizvolle Dörfer mit alten Ortskernen und Gänsen vor der Haustür oder die Reste einer frühmittelalterlichen Ringwallanlage sind beliebte Wanderziele.

Unbestrittener Höhepunkt unter den Sehenswürdigkeiten ist das Twistringer Strohmuseum, in dem man zu bestimmten Zeiten Strohhutflechterinnen und Strohhalmschneidern über die Schulter schauen kann. Im Obergeschoss präsentiert sich zudem eine ganz außergewöhnliche Fossiliensammlung mit dem wohl ältesten Tier der Wildeshauser Geest, der „hinia twistringensis“. Diese streichholzkopfgroße Muschel lebte ausschließlich in Twistringen und ist 15 Millionen Jahre alt. Sie wurde in einer Tonkuhle zusammen mit vielen anderen aufsehenerregenden Fossilien gefunden.

Neben der Bewahrung und Pflege alter Traditionen hat Twistringen auch eine sehr moderne Seite.

Künstler schätzen die offene und entspannte Atmosphäre, einige haben sich hier angesiedelt und öffnen auf Anfrage gerne ihre Ateliers. Zudem gibt es am Ort ein buntes Kulturprogramm von Musical bis Kindertheater, von Konzerten in der St.-Anna Kirche bis zu Kunstausstellungen.

Die Geschichte des Ortes Twistringen beginnt mit der Gründung der Pfarrei im Jahre 825. Die erste Kirche dürfte eine einfache Holzkirche gewesen sein. Heute ragt der 56 Meter hohe Turm der St.-Anna-Kirche im neugotischen Stil als Wahrzeichen der Stadt weit über die Dächer Twistringens hinaus.

15 Millionen Jahre alte Einwohnerin

Die ältesten Spuren vom Leben in der Wildeshauser Geest fand man in Twistringen. Hier lebte vor 15 Millionen Jahren die „hinia twistringensis", eine winzige Schnecke. Paläontologen aus der ganzen Welt untersuchten sie, nachdem ihre versteinerten Gehäuse im Jahre 1899 in einer Tonkuhle der Ziegelei Sunder gefunden wurden. Die älteste Bewohnerin der Region ist einmalig, es gab sie tatsächlich nur hier. Zu ihren Lebzeiten existierte die Geest noch gar nicht. Stattdessen bedeckte eine subtropische Ur-Nordsee das Gebiet. Bis zu den Eiszeiten, die die Geest prägten, sollten noch viele Millionen Jahre vergehen. Das Gehäuse der kleinen Schnecke überlebte die Zeiten, gut eingebettet in eine riesige Tonschicht. Heute kann man sie, zusammen mit anderen Fossilien aus der Tertiärzeit, im Obergeschoss des Strohmuseums bewundern.

Erste Spuren menschlichen Lebens datieren auch in Twistringen in die frühe Steinzeit. Allerdings ist von den Steingräbern, die andernorts in der Geest erhalten sind, nicht viel übrig geblieben. Während der französischen Besatzung Anfang des 19. Jahrhunderts wurden sie für den Bau der von Napoleon höchstpersönlich angeordneten Chaussee zwischen Twistringen und Bassum (heutige B51) fast vollständig geplündert. Es sind jedoch einige bronzezeitliche Hügelgräber erhalten. Der aufmerksame Beobachter findet sie auf der Ridderader Heide oder im Wäldchen Harms Holz bei Heiligenloh. Der Ortsname bedeutet soviel wie „heiliger Wald“, was vermuten lässt, dass sich hier eine altsächsische Kultstätte befand. Die Reste einer vorchristlichen Fluchtburg aus dem frühen Mittelalter in Stöttinghausen zeigen, dass das Gebiet durchgängig besiedelt war.

An vielen öffentlichen wie privaten Gebäuden der Wildeshauser Geest gibt es Hausinschriften. Kirchen, Rathäuser, aber auch zahlreiche landwirtschaftliche (Wohn)Gebäude – meist niederdeutsche Hallenhäuser – haben einen Hausspruch am Giebel oder über der Tür.

Die Geschichte des Ortes Twistringen beginnt im 9. Jahrhundert: 825 wurde die Pfarrei gegründet, vermutlich als Tochterkirche der Urpfarrei Sulingen im Bistum Minden. Das erste Gotteshaus dürfte eine einfache Holzkirche gewesen sein. Die nächste schriftliche Erwähnung von „Thuisteringe“ stammt aus einer Urkunde von 1250 über den Unterhalt der Weserbrücke. Twistringen muss zu dieser Zeit eine relativ große Siedlung gewesen sein, denn der Ort steht bei der Höhe der Abgaben an erster Stelle, überdies wurde hier Gericht gehalten.

Ein häufiger Herrschaftswechsel blieb Twistringen im Mittelalter erspart. Das Kirchspiel geriet durch eine Schenkung 1252 an das Bistum Münster, wo es bis 1817 bleiben sollte. Von 1525 bis 1618 war die Twistringer Pfarrei protestantisch. Zu Beginn des Dreißigjährigen Kriegs wurde Twistringen zu einer katholischen Enklave des Bistums Münster. Von 1811 bis 1813 besetzte Napoleon das Gebiet und baute, gegen den Willen der Bevölkerung, seine Chaussee, die heutige B51. Damals zerschnitt die Straße ganze Dörfer, heute ist sie die lebenswichtige Hauptverkehrsader.

Ein Meilenstein in der Geschichte des Ortes war die Eröffnung der Eisenbahnlinie Osnabrück-Bremen am 15. Mai 1873. Mit der Bahnanbindung kam der wirtschaftliche Aufschwung, v. a. für die heimische Strohproduktion. Schon seit 1730 wurden in Twistringer Bauernhäusern Hüte und andere Produkte aus Roggenstroh hergestellt, von dem es hier wie überall auf der Geest, eine Menge gab. Nach der Eröffnung der Bahnlinie entstanden die Twistringer Strohfabriken, die ihre Waren bis nach Amerika lieferten. Bis zum Beginn des Ersten Weltkriegs erlebte der kleine Ort an der Delmequelle seine Blütezeit.

Ab 1894 gab es auch wieder eine evangelische Kirche in Twistringen. Ebenso existierte hier eine jüdische Gemeinde mit eigener Synagoge in der Bachstraße. 45 jüdische Mitbürger lebten damals in dem kleinen Delmedorf. An der Grenze zwischen Twistringen und Abbenhausen an der alten Bremer Heerstraße befindet sich ein jüdischer Friedhof mit 50 Gräbern. Die letzte Bestattung fand hier 1939 statt. Heute erinnert ein Gedenkstein an die Synagoge, die am 10. November 1938, einen Tag nach der Pogromnacht, abbrannte. Im katholisch geprägten Twistringen konnte die NSDAP jedoch nur schwer Fuß fassen.

Eines der wichtigsten Daten in der Geschichte des Ortes ist der 10. Juli 1964. An diesem Tag erhielt Twistringen das Stadtrecht. Zur 750-Jahr-Feier im Jahr 2000 schaffte Twistringen die Aufnahme ins Guiness-Buch der Rekorde mit dem größten Strohhut der Welt. Er hat einen Durchmesser von 5,5 Metern. Der Rekordhut ist im Strohmuseum ausgestellt.

Flanieren in Twistringen

Der 56 Meter hohe Kirchturm der St.-Anna-Kirche ragt als Wahrzeichen weit über die Dächer Twistringens hinaus. Die neugotische Kirche ist der Heiligen Anna geweiht, der Mutter Marias. Der Annenkult war im Mittelalter weit verbreitet. Ein Fresko

ZUR GESCHICHTE DER STROHVERARBEITUNG

Auch die Twistringer Kleinbauern konnten in den vergangenen Jahrhunderten kaum von der Feldarbeit leben. Wer nicht als Hollandgänger im Sommer auswanderte, um im Nachbarland als Mäher oder Handwerker zu arbeiten, suchte sich in der Heimat einen Nebenverdienst. In Twistringen war das die Strohverarbeitung. Wie überall auf der Geest gedieh hier der Roggen besonders gut, so dass zur Erntezeit eine Menge Roggenstroh anfiel. Dieses Stroh war besonders lang und widerstandsfähig, weshalb es sich gut zur Weiterverarbeitung eignete. Um 1700 begannen die Twistringer, in Heimarbeit Strohhüte herzustellen. Später kamen Strohhalme und Matten dazu. Die Eröffnung der Bahnlinie im Jahre 1873 brachte der Strohverarbeitung einen Schub, denn die Produkte konnten jetzt überregional vermarktet werden. Bis nach Amerika wurden Strohprodukte aus Twistringen verkauft. Der Verkaufsschlager war dabei die Verpackungshülse (Malotte) für Glasprodukte. Um 1960 lösten Kunststoffprodukte die Stroherzeugnisse ab. Die Strohindustrie verlor schnell an Bedeutung. Heute arbeiten noch ca. 100 Beschäftigte in der Strohproduktion.

Das Strohmuseum Twistringen dokumentiert das alte Handwerk der Strohverarbeitung und zeigt Produkte sowie Geräte aus verschiedenen Epochen. Das wichtigste und weit gehandelte Twistringer Produkt war die Verpackungshülse für Glasprodukte.

der Anna Selbdritt (Heilige Anna mit Maria und Jesuskind) wurde auch in der hochmittelalterlichen St.-Ansgarikirche in Kirchhatten freigelegt. Die dreischiffige St.-Anna-Kirche in Twistringen wurde 1870 fertiggestellt. Sie steht dort, wo im 9. Jahrhundert eine erste schlichte Holzkapelle errichtet wurde, nachdem die Pfarrei Twistringen von Sulingen aus gegründet worden war. Zu Beginn des 13. Jahrhunderts wich die Kapelle einer romanischen Feldsteinkirche, wie sie typisch ist für die Geest. Aus dieser frühen Periode ist nicht viel erhalten: ein kupfernes romanisches Taufbecken in Glockenform, die Cord-Meiger-Glocke von 1525 (Cord Meiger war einer der wenigen lutherischen Pastoren in Twistringen) sowie ein spätbarockes Holzrelief „Jesus am Ölberg". Die Orgel stammt aus der Orgelbauerwerkstatt von Michael Becke, der sie nach dem Silbermannprinzip baute. Organisten schätzen den Klang dieser 1996 eingeweihten Orgel sehr. Der jährlich stattfindende Twistringer Orgelherbst, zu dem international bekannte Musiker eingeladen werden, strahlt weit über die Stadtgrenze hinaus.

Einige Jahre nach der Einweihung der St.-Anna-Kirche in Twistringen bekamen auch die evangelischen Mitbürger eine eigene Kirche, die Martin-Luther-

Kirche. Sie wurde 1894 erbaut, ebenfalls im neugotischen Stil. Die glasierten Backsteine im Mauerwerk stammen aus der Twistringer Ziegelei Sunder.

Wer Twistringen besucht, darf einen Besuch im Museum der Strohverarbeitung am Kapellenweg nicht versäumen. Das Museum wurde 1998 eröffnet. Seit 2007 gibt es im Dachgeschoss zusätzlich eine Fossilienausstellung mit paläontologischen Funden aus den Tonkuhlen der Ziegelei Sunder. Über drei Jahrhunderte war die Strohverarbeitung einer der wichtigsten Erwerbszweige im Raum Twistringen. Kaum eine Familie war nicht mit der Produktion von Hüten, Matten oder Strohhalmen beschäftigt. In der Ausstellung erfährt man viel über die Herstellungsweise und Entwicklung der Strohverarbeitung in Twistringen. Bei besonderen Gelegenheiten kann man einer Hutflechterin oder einem Strohhalmschneider über die Schulter sehen.

Ganz in der Nähe des Strohmuseums am Kapellenweg befindet sich die Delmequelle. Der Wasserlauf fließt 46 Kilometer weit durch die Geest, leider streckenweise unterirdisch durch Rohre geführt. Die Delme überwindet auf ihrem Weg einen Hö-

Strohhüte zählten und zählen ebenfalls zu den besonderen Produkten Twistringer Handwerks. Bis heute werden die Hüte im Museum und zu besonderen Anlässen gefertigt.

henunterschied von gut 50 Metern, was für einen Geestfluss recht beachtlich ist. Dort, wo die Delme frei fließen darf, bildet sie eine abwechslungsreiche und reizvolle Landschaft. Bei der nach ihr benannten Stadt Delmenhorst mündet sie in die Ochtum.

Die Stelle, an der die Delme entspringt, ist mit einer Skulptur gekennzeichnet, dem sogenannten Delmestein. Die belgische Steinkünstlerin Adelgunde Steinfeld versah den Stein mit einem Kosmogramm, das die „Persönlichkeit der Delme" darstellen soll. Beteiligt an der Neugestaltung des Quellbereichs im Jahre 2004 war auch Johanne Markl vom Institut für Geomantie. Die Delme ist in den Stadtbereichen Twistringen und Delmenhorst unterirdisch kanalisiert.

TEA-time für Wanderer und Radfahrer

Die ausgesprochen schöne Landschaft um Twistringen herum erschließt man sich am Besten zu Fuß oder mit dem Rad. Die Stadt Twistringen hat für diesen Zweck den Rundwanderweg „Twistringer Erlebnisroute Archäologie", kurz TEA erarbeitet. Der Weg ist 66 Kilometer lang, kann aber auch abschnittsweise erwandert bzw. befahren werden. Die Route verbindet historische und archäologische Sehenswürdigkeiten und führt an reizvollen Bachtälern oder Restmooren entlang sowie durch schattige Waldgebiete. Der Rundwanderweg ist mit insgesamt 43 Hinweistafeln gut ausgeschildert, auf den Tafeln erfahren Gäste Wissenswertes über die einzelnen Stationen.

Eines der historisch interessantesten Ziele ist die Hünenburg im Ortsteil Stöttinghausen. Es handelt sich hier um die gut erhaltene Ringwallanlage einer frühmittelalterlichen Fluchtburg. Untersuchungen ergaben, dass sie zwischen 500 und 900 n. Chr. erbaut wurde. Über den Bauherrn ist nichts bekannt. Möglicherweise diente sie dem Schutz der Reisenden auf dem Folcwech, ein wichtiger Handelsweg, der hier vorbeiführte. Er verband u. a. die Wesergebiete mit der Geest. Einer anderen Theorie nach diente die Burg zum Schutz der Bevölkerung gegen die einfallenden Ungarn. Dafür spricht die Tatsache, dass König Heinrich I. an verschiedenen Stellen der Region ähnliche Burgen errichten ließ, von

Eines der historisch interessantesten Ziele in Twistringen ist die Hünenburg im Ortsteil Stöttinghausen.

FOSSILIENFUNDSTELLE TWISTRINGEN

Man kann sich kaum vorstellen, dass vor undenkbar langer Zeit ein warmes Meer, die sogenannte Ur-Nordsee, weite Teile des Nordens bedeckte. Im Erdzeitalter des Mittel-Miozän vor 15 Millionen Jahren gab es die Geest noch nicht. Auch Nordfrankreich, Holland, Belgien und Dänemark lagen unter Wasser. Es herrschte ein subtropisches Klima, die ersten Säugetiere bevölkerten den Kontinent. In der Ur-Nordsee tummelten sich Ur-Wale, Haifische und eine Menge Kleingetier, wie z. B. Schnecken. Unter diesen Schnecken fühlte sich eine besondere, nämlich die „hinia twistringensis“ nur hier wohl, wie es scheint. Diese kleine Schnecke ist ausschließlich in Twistringen anzutreffen und Paläontologen und Geologen aus der ganzen Welt kommen, um sie kennen zu lernen. In der Fachwelt ist Twistringen als eine der artenreichsten Fossilienfundstellen Deutschlands bekannt. In den Tongruben der ehemaligen Ziegelei Sunder hat sich eine ganze Menge (u. a. 250 Schneckenarten) erhalten. Der Twistringer Bürger Ludwig Böhme sammelte in den 1970er und 1980er Jahren allein 6.000 Fossilien. Er schenkte seine Sammlung 1999 dem Heimat- und Bürgerverein, der sie der Öffentlichkeit zugänglich machte.

denen teilweise Reste der Befestigungsanlagen erhalten sind. Alte Heimatschriften berichten, der König habe für den Schutz seiner Untertanen hohe Abgaben verlangt, die die Twistringer Bevölkerung verarmen ließen. Möglicherweise hat die Sage von dem gefräßigen Riesen, der in dem Ringwall hauste (daher der Name Hünenwall) hierin ihren Ursprung.

Die Hünenburg zählt zu den Boden- und Kulturdenkmälern der Geest. Sie hat einen Durchmesser von rund 80 Metern. In ihrem Inneren befanden sich mehrere Häuser, wie eine Untersuchung von 1932 ergab. Das Eingangstor und ein Schuppen wurden in den letzten Jahren rekonstruiert, so dass Besucher einen Eindruck bekommen, wie die Burg ursprünglich ausgesehen haben könnte. 2013 wurde zudem ein Backhaus errichtet, in dem der Heimatverein Scharrendorf-Stöttinghausen zur Hünenburg e.V. zu besonderen Anlässen Brot und Butterkuchen backt.

Archäologisch interessierte Menschen beginnen ihre Tour in Ridderade. Auf dem Rastplatz an der Dorfstraße findet man Informationen zum Dorf und seiner Geschichte sowie über die 10 Silbermünzen von 1575, die hier gefunden wurden. Folgt man von hier aus der TEA-Route, gelangt man zu zwei weniger bekannten Hügelgräberfeldern: Horstmann

SAGE VOM RIESEN IN TWISTRINGEN

Der Ringwall war einst ein großer Backofen, in dem ein Riese hauste. Die Bauern aus der Umgebung mussten dem Riesen immer wieder mehrere Fuder Getreide liefern. Taten sie es nicht, wütete der Riese und zerstörte ihre Häuser. Aus dem Getreide backte er Brote, die so groß waren wie Scheunen. Danach legte er sich in den warmen Backofen und schlief viele Wochen lang, bis er wieder hungrig wurde. Einmal gab es eine Missernte und die Bauern überlegten, wie sie den gefräßigen Riesen loswerden könnten. An einem Sommertag kamen die Bauern aus der Umgebung zusammen und verstopften mit Steinen und Sand das Ofenloch des Backofens, in dem der Riese schlief. Dann schichteten sie Torf und Holz auf den Ofen und zündeten ihn an. Bald stürzte der Backofen ein und begrub den Riesen unter sich. Von nun an waren die Bauern in Twistringen von ihrem Peiniger befreit.

Ridderade in einem Waldstück und etwa 300 Meter weiter das Gräberfeld Ridderader Heide. Das erste Feld zählt fünf sichtbare Hügelgräber aus der älteren Bronzezeit, die zweite Nekropole besteht aus neun gut erhaltenen Gräbern. In einem Register von 1895 ist noch von 42 Hügelgräbern die Rede.

Die Strecke führt durch Bruchwaldgebiet vorbei an einem Schlatt zu den Resten einer Landwehr, die zu einer mittelalterlichen Wehranlage am Bremer Heerweg gehörte. Im Dorfmuseum Ridderade kann man mehr über die o. g. Orte erfahren. Hier sind u. a. Fundstücke aus der Bronzezeit ausgestellt, ebenso gibt es hier eine Sammlung alter landwirtschaftlicher Maschinen und Geräte sowie historisches Handwerkszeug und altes Schriftgut.

Eine Nekropole aus neuester Zeit und zugleich ein geschütztes Kulturdenkmal ist der jüdische Friedhof an der Straße Zur Poggenmühle. Auf einem rund 600 Quadratmeter großen Gelände unter Bäumen sind 47 z. T. ausgesprochen schöne Grabsteine zu finden. Der älteste Grabstein zeigt das Datum 1839, die letzte Bestattung eines jüdischen Twistringers fand hier 1939 statt. Auf dem Gelände liegt auch ein Sammelgrab für russische Kriegsgefangene.

Die katholische St.-Marien-Kirche in Marhorst wurde 1921 gebaut; sie verfügt im Inneren über in Öl gemalte Kreuzwegstationen. Die bemerkenswerte Orgel aus dem Jahre 1993 stammt aus der Werkstatt von Cladders in Badbergen. Die evangelische Martin-Luther-Kirche in Twistringen wurde im neugotischen Stil erbaut und 1894 eingeweiht. Für den Bau wurden rote, in Schrägen und Giebeln glasierte Backsteine aus der Ziegelei Sunder in Twistringen verwendet. Eine Besonderheit ist die spitz zulaufende Holzdecke.

Der Ort Heiligenloh an dem schönen Bachtal Heiligenloher Beeke zählt zu den schönsten Dörfern in der Region Twistringen. Zudem gilt der Alte Kirchweg als einer der reizvollsten Wege in der Region.

Heiligenloh hat eine lange Tradition. Der Name bedeutet so viel wie „heiliger Wald“ und deutet auf eine altsächsische Kultstätte an dieser Stelle hin, die sich in dem Waldstück Harms Holz befunden haben muss. Heiligenloh verfügt auch über einen sehr schönen Ortskern mit gut erhaltenen Bauernhäusern. Das Zentrum bildet die frühgotische Pfarrkirche aus dem 13. Jahrhundert. Aus dieser Zeit stammt auch das Taufbecken, ein riesiger, behauener Sandsteinblock. Der Turm ist jüngeren Datums.

Sehr reizvoll ist das Bachtal der Heiligenloher Beeke. Der Bach fließt durch feuchte Wiesen mit einer vielfältigen Pflanzen- und Tierwelt, die die Herzen von Botanikern höher schlagen lässt. Auch das be-

WAS MAN IN TWISTRINGEN UNBEDINGT MACHEN SOLLTE

- sich im Museum der Strohverarbeitung einen Strohhut kaufen
- die Twistringer Säulen am Rathaus betrachten
- auf der neuen Fossiliensammelstelle nach der „hinia twistringensis“ graben
- den Riesen in der Hünenburg besuchen
- in der St.-Anna-Kirche einem Orgelkonzert lauschen
- entlang der TEA-Route Menschen, Geschichten und Dörfer kennen lernen
- einen Sonntag auf dem Bauernmarkt in Heiligenloh verbringen
- beim Steller Erntefest den Umzug der Erntewagen bestaunen
- sich von Gartenkunst und Wasserläufen im Garten Bellersen inspirieren lassen
- das „Düwwellock“ in der Heiligenloher Kirche finden
- Dorfgeschichte und Funde aus der Bronzezeit in Ridderade erkunden

liebte Naherholungsziel Waldgebiet Dehmse ist ein schönes Ausflugsziel. Es liegt im nördlichen Stadtgebiet von Twistringen und ist das größte zusammenhängende Waldgebiet der Gemeinde. Das Gebiet ist teilweise sehr feucht, deshalb gedeihen Trauben- und Stieleichen sowie Schwarzpappeln und Eschen hier sehr gut. Der westliche Teil der Dehmse ist ein beliebter Laichplatz für Amphibien. Sogar der selten gewordene grüne Laubfrosch fühlt sich hier wohl.

Die Twistringer Gästeführerinnen und Gästeführern bieten ein breites Programm an Touren und Führungen an – zu Fuß, mit dem Rad oder per Bus. Von der klassischen Stadtführung über Walderlebnisrouten bis hin zu Atelierbesuchen (auf Hoch- und Plattdeutsch) ist alles möglich. Auch mehrere außergewöhnliche Lehrpfade gibt es in Twistringen, z. B. den Beeren-Lehrpfad am Abbenhauser Weg. Er wurde im Jahre 2004 angelegt und zeigt heimische Beeren- und Fruchtsträucher. Von der Apfelbeere bis zur Zimthimbeere ist hier alles vertreten. Auf Infotafeln erfährt man einiges über diese Pflanzen. Anschließend bietet sich ein Spaziergang über den Wildrosenlehrpfad an.

ADRESSEN

STADT TWISTRINGEN
Lindenstraße 14
27239 Twistringen
Telefon 04243/413106
www.twistringen.de

DORFMUSEUM RIDDERADE
Ridderade 1
27239 Twistringen
Telefon 04246/263

MUSEUM DER STROHVERARBEITUNG MIT FOSSILIENAUSSTELLUNG
Kapellenweg 2
27239 Twistringen
Telefon 04243/4492
www.strohmuseum.de

ST. MARIENKIRCHE HEILIGENLOH
Am Pfarrgarten 5
27239 Twistringen
Telefon 04246/1350
www.kirche-heiligenloh.de

Gemeinde zwischen Moor und Hunte

Goldenstedt ist die südlichste Gemeinde im Naturpark Wildeshauser Geest. Sie ist umgeben von der Hunte im Osten, dem Staatsforst Herrenholz im Westen und dem Großen Moor im Süden. Auf einer Fläche von rund 88 Quadratkilometern leben knapp 10.000 Einwohner. Die Verkehrsanbindung ist relativ gut. Über die A1, B69 und B51 sowie mit der Bahn kann man bequem anreisen.

Der Ort und die dazugehörigen Bauerschaften liegen auf einem Geestrücken am Rande des Hunteufers. Prägendes Landschaftselement ist hier jedoch das Moor. Das Goldenstedter Moor ist eines der beliebtesten Ausflugsziele der Region. Es bildet den nordwestlichen Zipfel der riesigen Diepholzer Moorniederung, die sich zwischen Dammer Berge und Hunte erstreckt. Das Diepholzer Moor ist trotz massiver Abtorfung auch heute noch eines der größten zusammenhängenden Moorgebiete Deutschlands. Seit den 1980er Jahren wird es in großen Abschnitten erfolgreich wiedervernässt, was man im Goldenstedter Moor sehr gut beobachten kann. Hier bemüht sich in erster Linie der Förderverein Goldenstedter Moor um die Renaturierung des Hochmoorrestes.

« Zwischen Goldenstedt und Vechta, am Rande der Wildeshauser Geest, befindet sich eine der faszinierendsten Landschaften von Norddeutschland: das Goldenstedter Moor. Jahr für Jahr lockt es tausende Touristen an. Bis heute wird hier Torfabbau betrieben. Gleichzeitig werden weite Flächen renaturiert.

In der Gemeinde Goldenstedt treffen Geest und Moor aufeinander. Mitten durch diese Landschaft fließt die Hunte. Sie ist in der Mitte des letzten Jahrhunderts stark begradigt worden. Ein Drittel ihres ursprünglichen Bettes wurde korrigiert, hier und da kann man im Boden den Verlauf der alten Flussschleifen noch erkennen. Dennoch ist die Hunte ein interessanter Naturraum für die Flora und Fauna der Geest, ein beliebtes Wasserwandergebiet und ein Treffpunkt für Angler.

Überdies verfügt die Gemeinde über ein breites Wander- und Radwegenetz. Der Erholungspark Hartensbergsee mit Badesee und Campingplatz, verschiedene Sportstätten, ansprechende Gastronomie und natürlich das Moor inklusive Moorbahn sowie das Haus im Moor ergänzen das Freizeitangebot in Goldenstedt.

„O schaurig ist es, übers Moor zu gehen": Früher war das Moor als lebensfeindliches Ödland ein gefürchteter Ort, heute übt es eine besondere Faszination und Anziehung auf seine Besucher aus.

„Gemixte“ Konfessionen

Goldenstedt ist alt. Im Jahre 1080 wurde das Dorf als „Goldensteti“ erstmals urkundlich erwähnt. Es gibt eine alte Sage über die Entstehung des Ortsnamens: Als der junge Graf Rudolf von Diepholz auf Abenteuer auszog, kam er an den Hof des Königs von Schweden, wo er unbekannt als Küchenjunge sich verdingte, bald aber zu des Königs Kämmerer wurde. Als er sich einmal bei der Verfolgung eines Hirsches im Walde verirrte, traf er eine wunderschöne Jungfrau an, die ihm einen kostbaren mit Edelsteinen verzierten Ring schenkte und ihn auf den rechten Weg geleitete. Als er später einmal beim König Wache hatte und dieser

DAS MOOR: SCHAURIG-SCHÖNER NATURRAUM

Vor 8.000 bis 10.000 Jahren entstanden in unserer Region die Moore. In wasserundurchlässigen Senken sammelte sich der Niederschlag. Pflanzen starben ab, sanken auf den Grund und bildeten erste Torfschichten.

Im Gegensatz zum Niedermoor wird das Hochmoor nicht durch Grundwasser oder einen Wasserzulauf (Bach oder Quelle) gespeist, sondern lediglich durch den Niederschlag. Hochmoore entwickelten sich daher ausschließlich in regenreichen Regionen mit relativ kühlen Sommern. Das Hochmoor dehnt sich nach allen Seiten hin aus, was allerdings sehr langsam geschieht. Abgestorbene Pflanzen, allen voran Moose und Gräser, sinken auf den Boden und werden in dem sauerstoffarmen Milieu nur unvollständig abgebaut. So entsteht Torf. Pro Jahr bildet das Moor eine Schicht von ca. einem Millimeter. Die Torfschichten in den intakten Hochmooren waren je nach Entstehungszeit bis zu 10 Meter dick. In der Mitte des Hochmoores ist das Wachstum größer, daher wölbt es sich leicht nach oben auf.

In dem nährstoffarmen und sehr sauren Hochmoor können nur hoch spezialisierte Pflanzen und Tiere existieren. Hochmoorpflanzen sind in der Regel von schwachem Wuchs. Der fleischfressende Sonnentau, Wollgras, Moose, Binsen und Heidekräuter gehören zu den typischen Moorpflanzen, wobei das Torfmoos (Sphagnum) in erster Linie zur Torfbildung beiträgt. Es bildet nach oben hin Sprossen aus, während es nach unten hin abstirbt. Die toten Pflanzenteile sinken auf den Boden und bilden den Torf.

Auch die Tierwelt hat sich auf diesen speziellen Lebensraum eingestellt. Vor allem die Libelle fühlt sich im Moor wohl. Zwei bis drei Jahre leben die Larven zunächst im sauren Moorwasser, bis sie sich verpuppen. Sie reagieren sehr empfindlich auf Veränderungen ihrer Umgebung und sind daher ein guter Indikator für den ökologischen Zustand eines Moores. Etwa zwanzig verschiedene Arten dieser Flugkünstler kann man im Moor beobachten.

den glänzenden Stein bemerkte, musste er ihm seine Herkunft, und wie er zu dem Ringe gekommen war, erklären. Da gab der König dem Jüngling, den er schon vorher lieb gewonnen, seine Tochter Marina zur Gemahlin. (...) Rudolf kehrte mit seiner Gemahlin und mit großen Schätzen in seine Heimat zurück. Seine Untertanen empfingen ihn an der Grenze des Kirchspiels Goldenstedt, wo die Brücke über die Hunte führt. Die Gräfin warf hier eine Menge Goldmünzen unter das Volk, und von dieser Zeit an führt die Brücke den Namen „Goldene Brücke", wie das ganze Kirchspiel und der Kirchort den Namen Goldenstedt. (Aus: Ludwig Strackerjan, Aberglaube und Sagen aus dem Herzogtum Oldenburg, Band 2. Oldenburg 1909.)

Angepasste Vogelarten wie der flachbrütende Große Brachvogel oder die Uferschnepfe bevorzugen ebenfalls das Moor als Lebensraum.

Ein intaktes Moor ist mit seinem dicken Torfpolster ein riesiger Wasserspeicher. Das Moor reagiert daher langsamer auf Temperaturschwankungen und bildet bei Temperaturstürzen dichte Nebelschwaden. Diese Moornebel waren früher gefürchtet, da sie plötzlich auftraten und sich weit über das Land ausbreiteten. Die Kolke (Moortümpel), die wenige Meter in die Torfschicht hineinreichen, wurden im Volksmund wegen ihres schwarzen, spiegelnden Wassers auch „Augen des Moores" genannt. Kolke sind heute fast vollständig versandet. Das Moor ist „blind" geworden.

Die spärlichen Moorreste in dem einst moorreichsten Landstrich der Erde sind Zeugen einer untergegangenen Welt, denn Moor ist ein ausgesprochen guter Konservator. Zahlreiche Funde aus vergangenen Jahrtausenden wurden im Moor gemacht. Im Hochmoor, das aufgrund seiner extremen Sauerstoffarmut organische Substanzen noch besser konserviert als das Niedermoor, kamen weit über tausend Jahre alte Holzgegenstände und auch Moorleichen zum Vorschein. Interessante Eisenfunde macht man dagegen eher im Niedermoor.

Dass Moore heute eine große Anziehungskraft haben, liegt wohl auch an der Tatsache, dass es sich um eine aussterbende Landschaft handelt. Von den ursprünglich 250.000 Hektar großen Hochmoorgebieten in Norddeutschland existieren heute weniger als 10 Prozent. Von diesen erhaltenen Gebieten sind wiederum nur sehr spärliche Reste intakt. Allerdings gibt es vermehrte Anstrengungen, Moore wiederzuvernässen, denn das Moor, obwohl es für den Menschen eher lebensfeindlich ist, hat für das Gleichgewicht der Natur eine nicht zu unterschätzende Bedeutung. Wiedervernässte Moore erholen sich langsam. Das, was wir heute als „naturnahes" Moor bezeichnen, ähnelt nur dem, was einst Hochmoor war: eine schaurig-schöne Landschaft.

Die Goldene Brücke gibt es immer noch. Sie markiert die Huntefurt an der alten Handelsstraße Reuterweg, der von der Weser bis in die Niederlande führte. Einen Grafen Rudolf von Diepholz hat es auch gegeben. Ob seine Gemahlin tatsächlich derart großzügig war, ist allerdings nicht überliefert. Bisher hat man unter der Brücke keine Goldstücke gefunden.

Blau vor Liebe: Wenn der Moorfrosch im Frühjahr zur Laichzeit Hochzeit hält, wird er blau vor Liebe. Dieses spektakuläre Farbspiel des ansonsten braunen Tieres kann man auch im Goldenstedter Moor beobachten. Die Färbung der Frösche entsteht durch Flüssigkeit im Oberhautgewebe und besondere Lichtbrechungen.

Stein- und Hügelgräber in der Region zeugen von einer frühen Besiedlung, die bis in die Jungsteinzeit vor ca. 5.000 Jahren zurückreicht. Gut 150 sichtbare Hügelgräber und eisenzeitliche Grabfunde u. a. bei Einen an der Hunte lassen vermuten, dass die Gegend ständig bewohnt war. Die Orte Einen und Lahr existierten wahrscheinlich schon in vorgeschichtlicher Zeit. Uralte Gräber und die bevorzugte Lage am Huntetalrand legen den Schluss nahe, dass sie die ältesten Dörfer der Gemeinde sind. Varenesch, Gastrup, Ambergen, Ellenstedt, Lutten und der Hauptort Goldenstedt dürften ebenfalls deutlich älter sein, als ihre erste urkundliche Erwähnung vermuten lässt. Lutten und Ambergen wurden bereits im 9. bzw. 10. Jahrhundert erwähnt.

Goldenstedt selbst hat eine überaus wechselvolle Geschichte, die geprägt ist von seiner Grenzlage zwischen den beiden Territorialgebieten Vechta/Münster und Diepholz/Lüneburg. 700 Jahre lang existierte die „Zweiherrigkeit“ in Goldenstedt, sie führte zu seltsamen Auswüchsen. Irgendwie gelang es keinem Herrscher, die Oberhand zu gewinnen, was dazu führte, dass sich in Goldenstedt seit jeher alles mischte. Münsteraner und Diepholzer Untertanen lebten hier einträchtig nebeneinander, aber sie gehörten verschiedenen Konfessionen an, gingen aber in die gleiche Kirche. Die Goldenstedter im Ortsteil Zwischenbrücken wurden sogar katholisch getauft, getraut und beerdigt, obwohl die meisten von ihnen evangelisch waren. Sie zahlten verschiedene Abgaben und unterstanden unterschiedlichen Gerichtsbarkeiten. Die Goldenstedter übten sich früh in Toleranz und einer gewissen Gelassenheit, die ihnen heute noch zu eigen ist.

Das sogenannte „Simultaneum Mixtum“ ist wohl einzigartig in der Religionsgeschichte. Zwischen 1650 und 1850 feierten Katholiken und Protestanten

Sechs farbige Stahlrohre mit goldenen Münzen in der Mitte überspannen die Hunte bei Goldenstedt in großem Bogen. Die Skulptur „Goldregen“ des Friesoyther Künstlers Alfred Bullermann soll auf die alte Sage der Goldenen Brücke hinweisen.

Im Zentrum von Goldenstedt steht die 1910 geweihte katholische St. Gorgoniuskirche. Sie wurde auf den Fundamenten der 1907 abgerissenen romanischen Feldsteinkirche gebaut, in der zwischen 1650 und 1850 das Simultaneum Mixtum abgehalten wurde. Der stattliche Bau weist Stilelemente des späten Historismus und frühen Jugendstils auf.

zusammen Gottesdienst, wobei ein katholischer Priester und ein evangelischer Küster die Messe gemeinsam abhielten. Dem vorausgegangen war ein ständiges Hin- und Her vor dem und während des Dreißigjährigen Krieges. Mehrmals ließen abwechselnd die lutherischen und katholischen Herren das Schloss oder ganze Türbänder an der Kirchentür austauschen, um den Priester der jeweils anderen Konfession am Feiern der Messe zu hindern. Erst im Jahre 1817 gelangte Goldenstedt endgültig an Oldenburg, womit die Zweiherrigkeit schließlich beendet war. Der gemeinsame Gottesdienst ging noch eine Weile so weiter, bis im Juni 1850 die neue evangelische Kirche eingeweiht wurde. Damit endete auch das Simultaneum Mixtum.

Goldenstedt und das Moor

Zwischen Vechta und Goldenstedt in Richtung Arkeburg liegt eine der interessantesten Landschaften des Naturparks Wildeshauser Geest: das Goldenstedter Moor. Jahr für Jahr lockt es tausende Touristen an, z.B. zum Moormarathon, zum Apfeltag oder zur Kranichwanderung im Spätherbst.

Vor nicht allzu langer Zeit war das Moor eine gefürchtete Landschaft. Niemand wäre auf die Idee gekommen, einen Ausflug ins Moor zu machen, denn es war unberechenbar und tückisch. Nur Ortskundige verstanden es, sich einigermaßen sicher im Moor zu bewegen. Das Moor war ein lebensfeindlicher Ort, eine „Strafe Gottes", wie der niederländische Gelehrte Piwcardt vor 300 Jahren schrieb. Derselbe war allerdings auch der Meinung, dass Riesen aus dem Lande Kanaan die zahlreichen Steingräber in die Geest gebaut hätten. Zugleich bot das Moor Schutz vor Feinden und Eindringlingen. Nicht ohne Grund baute man hierzulande im Mittelalter Fluchtburgen an den Rand von Moorniederungen. Auch als Versteck eignete sich das Moor sehr gut. Nicht nur unliebsame

Seit 2013 verfügt Goldenstedt über einen 2,5 Hektar großen Mehrgenerationenpark in der Nähe des Mehrgenerationenhauses und des Alten- und Pflegeheimes St. Franziskushaus. Die Anlage hat sich schnell zu einem beliebten Treffpunkt für Jung und Alt entwickelt.

Menschen verschwanden in den Moorkuhlen, auch Wagenräder, ganze Einbäume und Gerätschaften, sogar Schätze gingen verloren oder wurden versteckt. Das Moor hat alles gut konserviert. Vieles kam beim Abtorfen wieder zum Vorschein, inklusive der Reste einer Moorleiche.

Anfang der 1980er Jahre wurde der Erholungspark Hartensbergsee angelegt. Darin befindet sich neben der ca. 6 Hektar großen Wasserfläche ein Mobilheimcampingplatz mit etwa 180 Plätzen. Im Sommer kommen viele Jugendgruppen zum Zelten in den Erholungspark. Einmal im Jahr findet hier ein großes Familienfest für die ganze Gemeinde statt.

Heute macht das Moor keine Angst mehr. Im Gegenteil: Es übt eine große Faszination aus. Einen Hauch seiner „Schaurigkeit" hat es behalten, zumal, wenn die Novembernebel über den Moortümpeln stehen oder der Mond sich im schwarzen Wasser spiegelt. Ansonsten ist eine Wanderung durchs Moor inzwischen völlig gefahrlos, denn die Wege sind bequem und gut ausgebaut.

Der Naturpark Wildeshauser Geest ist voll von Moorresten. Sie sind zumeist nur noch mikroskopisch klein im Vergleich zu dem, was Moor einst war. Der Großteil ist heute entwässert, abgetorft und urbar gemacht. In den vergangenen Jahrhunderten wurde fruchtbares Ackerland knapp. Was lag da näher,

als brachliegendes Land zu kultivieren. Der Wald hatte schon im Mittelalter stark gelitten. Also wich man ins Moor aus. Scharen von nachgeborenen Bauernsöhnen, die bei der Erbfolge leer ausgegangen waren, wanderten entweder aus oder siedelten sich mit ihren Familien auf Moorparzellen an.

Vor zweihundert Jahren begann man auch in Goldenstedt mit der Kultivierung des Moores. Bisher hatten Bauern hier im Handstich Torf für den eigenen Gebrauch gestochen. Der Torf diente in erster Linie als Brennmaterial und Einstreu für die Viehställe. Die Kultivierung einer Moorparzelle war äußerst mühsam. Es brauchte mehrere Generationen, um aus einem Stück Moor fruchtbares Ackerland zu machen. Im Haus im Moor in Goldenstedt hängt ein Spruch, der dies verdeutlicht: „Den ersten sien Doot, den tweeten sien Not, den dritten sien Brot." Auf alten Fotografien vom Beginn des 20. Jahrhunderts kann man sie sehen, die ersten Moorkolonisten: Familien, die vor notdürftigen Moorkaten stehen, deren Dach und Wände nur aus Balken und Torfsoden bestehen. Die Armut schreit einem hier geradezu entgegen.

Nach dem Ersten Weltkrieg wurde die Moorkultivierung auch in Goldenstedt intensiviert. Inzwischen standen schwere Maschinen zur Verfügung, die die Arbeit erheblich erleichterten. Einige, zum Teil haushohe Nutzfahrzeuge kann man im Museumsdorf Cloppenburg besichtigen. Während der Zeit des Nationalsozialismus wurde in Reichsarbeitsdienstlagern wieder mit dem Spaten abgetorft. Nach 1945 begann der industrielle Torfabbau. Torf war nach dem Krieg als günstiges Brennmaterial begehrt.

Heute wird Torf noch zu Blumenerde oder Dämmmaterial verarbeitet. Als Brennstoff hat er weitgehend ausgedient. Die Abtorfgenehmigung im Goldenstedter Torfwerk läuft in einigen Jahren aus.

Das Goldenstedter Moor steht seit 1987 unter Naturschutz. Nicht mehr bewirtschaftete Flächen werden seit dieser Zeit erfolgreich wiedervernässt. Hochmoortypische Pflanzen und Tiere haben sich wieder angesiedelt, z. B. der Sonnentau, Mooreidechsen oder seltene Insekten wie die Hochmoor-Mosaikjungfer. Im Frühjahr wogen hier die Wollgrasteppiche und im Herbst rasten die scheuen Kraniche in den Moortümpeln. Das Goldenstedter Moor gehört zu den wertvollsten Moorresten Deutschlands mit internationaler Bedeutung.

Anfang der 1990er Jahre baute der Förderverein Goldenstedter Moor das Haus im Moor. Es ist Domizil des NIZ (Naturschutz- und Informationszentrum) und beherbergt zudem ein Café, in dem regionale Spezialitäten wie der Buchweizenpfannkuchen angeboten werden. Nach einem Spaziergang durch das Moor oder einer Fahrt mit der Moorbahn lohnt die Einkehr in das Café. Bei schönem Wetter kann man den Panoramablick über das Moor von der Terrasse aus genießen. Auch der Moorerlebnispfad ist von hier aus zu sehen. Über eine ca. fünf Hektar große, wiedervernässte Fläche führt ein Bohlenweg vorbei an Moortümpeln mit typischen Pflanzen. Auf Schautafeln wird der Naturraum Moor anschaulich erklärt. Nicht nur Kinder dürfen dann auf dem Barfußpfad das Moor hautnah spüren.

JAN SPIEKER, KIEPENKERL AUS DEM GOLDENSTEDTER MOOR

Jan Spieker war ein fahrender Händler. Auf dem Rücken trug er immer eine Kiepe (Tragekorb) mit sich, in der er seine Waren verstaut hatte. Er wanderte über die Dörfer und machte Haustürgeschäfte. Von Nähgarn bis zu einfachen Werkzeugen handelte er mit allem, was er tragen konnte. Ein blaues Hemd und Holzschuhe waren neben der Kiepe sein Markenzeichen. Im Jahre 1828 kam er aus ungeklärten Umständen ums Leben. Im Totenregister der katholischen Kirchengemeinde steht folgender Eintrag: „1828, 26. September. Johann Spieker (...) wurde den 14. August vermisset, und am 24. September im Goldenstedter Moore tot gefunden. (...) Weil die Leiche weit im Moor lag, und wegen der Nässe nicht möglich war, dieselbe nach Goldenstedt zu transportieren, so musste sie an Ort und Stelle am 26. September im Moore begraben werden." Jan Spieker war 46 Jahre alt. Erst 150 Jahre später, im Jahre 1978, wurde seine Leiche geborgen. Die Jacke war fast unversehrt, sogar die grüne Farbe konnte man am Kragen noch erkennen.

Zum NIZ gehört auch der Moortunnel. Er ist 15 Meter lang. Hier werden dem Besucher Einblicke in die „Unterwelt" des Moores gewährt. Themen sind Arbeiten im Moor und Moorbesiedlung. Eine ganz besondere Attraktion ist die Jacke von Jan Spieker, der 1828 im Moor umkam. Über ihn und sein Leben kann man hier einiges erfahren. Vom Frühjahr bis in den Herbst hinein gondelt auch die Moorbahn durch die faszinierende Landschaft. Sie startet am Haus im Moor und fährt ca. 90 Minuten lang durch Moor, Wald und Wiese sowie über die Hunte hinweg. Mitreisende erfahren viel über die Landschaft und über das Leben von Jan Spieker.

Das Haus im Moor bietet Führungen und Veranstaltungen zu verschiedenen Themen an. Ein Garten mit alten, vom Aussterben bedrohten Obstbäumen wurde vor einiger Zeit angelegt, hier findet alle zwei Jahre der Apfeltag statt. Ein Moormarathon, Kranichwanderungen und vieles mehr gibt es im Goldenstedter Moor zu sehen und zu erleben.

Vom Frühjahr bis in den Herbst gondelt die Moorbahn durch die faszinierende Landschaft des Goldenstedter Moores. Sie startet am Haus im Moor und fährt ca. 90 Minuten. Mitreisende erfahren hierbei viel über die Landschaft und das Leben im Moor.

Burgen, Mühlen und sagenumwobener Wald

An der Arkeburger Straße, die zum Moor führt, liegt die Arkeburg im Wald versteckt. Ein etwas unscheinbares Schild weist den Weg zu der frühmittelalterlichen Ringwallanlage. Der Burgwall ist bewachsen und für ungeübte Augen erst auf den zweiten Blick als solcher zu erkennen. Bei den Einheimischen wird die geheimnisumwitterte Burg auch Harkenbörg genannt.

Die Arkeburg ist fast völlig in Vergessenheit geraten. Kaum mehr als ihr Name ist uns überliefert. Bei einer Grabung im Jahre 1906 fand man u. a. Tonscherben aus dem 5./6. Jahrhundert. Es ist nicht geklärt, ob die Burganlage bereits während der vorrömischen Eisenzeit existierte. Vieles spricht dafür, z. B. die Größe des Innenwalls. Zur Zeit der Sachsenkriege Ende des 8. Jahrhunderts, als Karl der Große gegen den Sachsenherzog Widukind zu Felde zog, diente sie wahrscheinlich als Sammelplatz für das Heer. Im Innenraum der von zwei Wällen umgebenen Burganlage fand man keine Wohnräume, dafür jedoch alte Feuerstellen. Die Burg liegt auf einer Geestsandzunge am Rande des Großen Moores. Sie war rundum durch Moor- und Bruchniederungen geschützt. Die Arkeburg ist über die Route 7 der archäologischen Erlebnisrouten Faszination Archäologie zu finden.

Im Goldenstedter Moor befindet sich das Haus im Moor, zu dem das Naturschutz- und Informationszentrum (NIZ) gehört. Hier gibt es nicht nur leckere Buchweizenpfannkuchen und -torte, sondern auch Einblick in die ‚Unterwelt': Im Moortunnel ist die Jacke von Jan Spieker ausgestellt, der 1828 im Moor umkam. Über ihn und sein Leben erfährt man in der Ausstellung viel Wissenswertes.

Im Goldenstedter Moor lässt sich der Einzug von Kranichen gut beobachten. Auf ihren Zugrouten im Frühjahr und Herbst rasten die Tiere oft mehrere Wochen auf den feuchten Moorflächen. Das NIZ bietet Führungen zur Kranich-Beobachtung an.

Goldenstedt liegt seit 2008 auch an der Niedersächsischen Mühlenstraße, u. a. wegen der Dampfmühle in Einen. Sie wurde 1881 als Getreidemühle und zugleich als Dampfkornbrennerei betrieben. Das Gebäude ist ein für damalige Zeiten typischer Ziegelbau.

Herrenholz und Erholungspark Hartensbergsee

Eines der beliebtesten Wanderziele in der Gemeinde Goldenstedt ist der Staatsforst Herrenholz mit dem Urwald Herrenholz, der mit seinen uralten Eichen unter Naturschutz steht. Der Wald ist fast so geheimnisvoll wie die Arkeburg. Eine alte Urkunde aus dem 14. Jahrhundert spricht von einem Dorf mit vier Höfen: Hollwedehusen. Hochäcker und Reste einer alten Wassermühle an der Schlochterbäke zeugen davon, dass hier einst Menschen lebten. Warum das Dorf unterging, ist nicht bekannt.

Neueren Datums ist der Erholungspark Hartensbergsee. Nicht nur Einheimische tummeln sich hier im Sommer und nehmen ein erfrischendes Bad, auch von weiter her kommen die Gäste. Vor allem bei Campern ist ein Kurzurlaub am Hartensbergsee beliebt. Der Campingplatz liegt idyllisch von hohen Bäumen umrahmt direkt am See. Der 1980 fertiggestellte Erholungspark hält für Gäste zudem Grill- und Tennisplätze sowie eine Minigolfanlage bereit. Auf einer Freilichtbühne finden im Sommer Konzerte und Theatervorführungen statt. Neu am Hartensbergsee ist das Hunteinformationszentrum HIZ. Interessante Fakten und Wissenswertes über den Fluss wurden hier zusammen getragen.

Goldenstedt selbst ist ein moderner und dennoch beschaulicher Ort. Im Zentrum, dem ehemaligen Ortsteil Zwischenbrücken, steht die 1910 eingeweihte katholische St. Gorgoniuskirche. Sie wurde auf den Fundamenten der 1907 abgerissenen romanischen Feldsteinkirche gebaut, in der zwischen 1650 und

Im Ortskern von Goldenstedt auf dem Neuen Markt befindet sich die Skulptur „Zeitbrücke“ des Goldenstedter Künstlers Uwe Oswald. Der Neue Markt wird eingerahmt wird vom katholischen Pfarrheim, der Freiwilligen Feuerwehr und der stattlichen St. Gorgonius Kirche. Ganz in der Nähe befinden sich das Schulzentrum und das Rathaus mit dem Bürgersaal.

1850 das Simultaneum Mixtum abgehalten wurde. Heinrich Flüger entwarf die neue katholische Kirche. Der stattliche Bau weist Stilelemente des späten Historismus und des frühen Jugendstils auf. Damit der Turm besser zur Geltung kommt, steht er entgegen kirchlicher Tradition im Osten.

Die evangelische Martin-Luther-Kirche in Goldenstedt wurde 1850 geweiht und beendete das Simultaneum Mixtum. Sie gleicht in Form und Ausmaßen der Mutterkirche, die 1907 der neuen katholischen Kirche weichen musste. Hero Dietrich Hillerns entwarf den Bau. Der Innenraum ist betont schlicht gehalten.

Mitten in Goldenstedt steht der Aqua-Tours-Brunnen. Er ist Ausgangspunkt für vier interessante Wander- und Radwandertouren - von einfach bis anspruchsvoll. Die Touren sind zwischen einem Kilometer bis rund 33 Kilometer lang und mit Schildern gekennzeichnet, auf denen ein Eisvogel zu sehen ist. Schließlich präsentiert sich Goldenstedt

» Spektakulär sind auch die Sonnenuntergänge in den weiten Moorflächen von Goldenstedt. Vor allem zum Herbst, wenn Zugvögel (wie der Kranich) auf den feuchten Ebenen rasten, bieten sich beeindruckende Naturschauspiele.

auch als kunstsinnige Gemeinde: Die Skulpturenmeile ist ein Weg durch den Ort, der an verschiedensten Kunstobjekten vorbei führt. Zudem befindet sich im Zentrum von Goldenstedt, in direkter Anbindung an Kindergarten, Seniorenwohnanlage und Mehrgenerationenhaus, der Mehrgenerationenpark, der Besuchern aller Altersstufen verschiedene Nutzungsmöglichkeiten und -formen bietet. Neben der Bühne befindet sich u. a. ein Bewegungsband mit Spielmöglichkeiten für geistige und körperliche Fitness. Bäume von verschiedenen Kontinenten, eine Streuobstwiese und ein Strauchlehrpfad sind wichtige Bestandteile des Parks.

TIPPS

WAS MAN IN GOLDENSTEDT UNBEDINGT MACHEN SOLLTE

- das Goldenstedter Moor besuchen und mit der Moorbahn fahren
- an den Gartenmärkten im Naturschutz- und Informationszentrum (NIZ) teilnehmen
- den Moormarathon laufen
- den Erholungspark Hartensbergsee genießen, im See schwimmen, Minigolf spielen und das Familienfest besuchen
- alle möglichen Freizeitaktivitäten im Mehrgenerationenpark ausüben
- auf den Kunsthandwerkermärkten am ersten März- und am Adventswochenende stöbern
- entlang der Skulpturenmeile im Ortskern spazieren und den „Goldregen“ an der Goldenen Brücke bestaunen
- das Herrenholz mit seinem Urwald zu Fuß oder mit dem Fahrrad erkunden
- Spaziergänge oder Radtouren durch die Natur und entlang der Hunte unternehmen
- in farbenfroher Verkleidung den Goldenstedter Karneval feiern und den großen Festumzug besuchen

ADRESSEN

GEMEINDE GOLDENSTEDT
Hauptstraße 39
49424 Goldenstedt
Telefon 04444/20090
www.goldenstedt.de

HUNTE-INFORMATIONSZENTRUM AM HARTENSBERGSEE (HIZ)
Telefon 04444/989347

NATURSCHUTZ- UND INFORMATIONS-ZENTRUM (NIZ)
Arkeburger Str. 20
49424 Goldenstedt-Arkeburg
Telefon 04444/2694
www.niz-goldenstedt.de
www.goldenstedter-moor.de
www.radtouren-goldenstedt.de

LEB GOLDENSTEDT
Harmann-Wessels-Haus
Barnstrofer Str. 18
49424 Goldenstedt
Telefon 04444/2760

DAMPFMÜHLE EINEN
Habichtsweg 2
49424 Einen
Besichtigungen
und Telefon:
04444/716

GÄSTE- UND TOURISTIKVEREIN
Tiefer Weg 14
49424 Goldenstedt
Telefon 04444/9679743
www.campingplatzhartensbergsee.de

Landwirtschaft und Moderne

« Zu den bekanntesten Großsteingräbern zählen die Visbeker Braut und Bräutigam mit Brautwagen und Heidenopfertisch. Sie stammen aus der Zeit um 4.000 v. Chr. und gehören zu den bedeutendsten archäologischen Denkmälern in Norddeutschland. Den Namen verdanken die Steingräber einer Sage aus dem 19. Jahrhundert. Der Visbeker Bräutigam verfügt mit mehr als 100 Metern Länge über das größte Hünenbett in Niedersachsen.

Visbek war bereits im 9. Jahrhundert ein wichtiges religiöses Zentrum der Christen. In der Ortsmitte steht die katholische Pfarrkirche St. Vitus auf einem Geesthügel. Sie ist nach dem bisherigen Stand der archäologischen Forschungen die siebte Kirche an dieser Stelle. Der 65 Meter hohe Turm ist schon von Weitem zu sehen.

Original oldenburgisch-münsterländische Gemütlichkeit lernt man in der kleinsten Gemeinde im Süden des Naturparks kennen, in Visbek. Knapp 10.000 Menschen leben in der rund 84 Quadratkilometer großen Gemeinde, deren nördliche Hälfte auf den Ausläufern der Wildeshauser Geest liegt. Der Hauptort Visbek ist von 13 zum Teil sehr ursprünglichen, zum Teil aber auch von moderner Landwirt-

schaft geprägten Bauerschaften umgeben, darunter einige Gewinner im Wettbewerb „Unser Dorf hat Zukunft", nämlich Erlte, Halter, Hagstedt, Hogenbögen und Astrup.

Bei der Anreise nach Visbek fallen gleich die riesigen Obstplantagen und Gemüsefelder auf. Von Apfelwiesen bis zu Grünkohlplantagen – in Visbek wächst (fast) alles. Frisches Obst und Gemüse kann man in einem der vielen Hofläden einkaufen. Begibt man sich ein wenig abseits der großen Straßen, erschließen sich herrliche und stille Wanderwege. Sie führen u. a. durch alte Ortschaften mit schönen Fachwerkbauten, an stillen Bächen entlang zu den Resten historischer Mühlenanlagen oder zu den berühmtesten Hünengräbern Norddeutschlands. Die Geest zeigt sich in ihren südlichen Ausläufern noch einmal von der besten Seite: Zwischen flachen Wiesen und Waldflächen sorgen kleinere Erhebungen für Abwechslung. Bäche wie die Engelmannsbäke (Aue) oder die Twillbäke schlängeln sich verträumt und fast unberührt durch die Landschaft, sie zählen zum Naturschutzgebiet „Bäken der Endeler und Holzhauser Heide". Innerhalb dieses Naturschutzgebietes befinden sich die Überbleibsel mittelalterlicher Mühlenanlagen, an den Teichen haben sich Biotope für seltene Pflanzen und Tiere entwickelt. Und immer wieder kommt man durch Orte oder an Gehöften vorbei, denen die Zeit nichts anhaben konnte. Imposante Fachwerkgiebel, großzügige Innenhöfe mit freilaufenden Gänsen, ausladende Eichen und Buchen, die die Gebäude umsäumen wie ein Schutzwall, verschlungene Wege, teilweise ungepflastert, das alles ist ebenso charakteristisch für die Gegend wie die modernen Agrarbetriebe. Neu und alt begegnet sich hier und lebt neben- und miteinander.

Das gilt auch für den Hauptort Visbek. Seit der Sanierung des Ortskerns vor einigen Jahren gibt es hier so etwas wie eine Flaniermeile. Häuser mit gepflegten alten Fassaden, in denen Geschäfte, Cafés und Restaurants untergebracht sind, reihen sich aneinander. Nur wenige Meter von der Hauptstraße entfernt ragt der Turm der St. Vitus-Kirche in den Himmel. Der Platz um die Kirche lädt zum Verweilen ein. Auch Geschäfte kann man gut in Visbek machen: Am Ort befinden sich zahlreiche Firmen und Gewerbebetriebe, die hier produzieren und weltweit operieren.

Gründer der Visbeker Urkirche war Abt Gerbert Castus (784-819). Eine Figurengruppe aus der Werkstatt des Osnabrücker Dombildhauers Willi Witte erinnert an der St. Vitus Kirche daran. Sie stellt Abt Gerbert Castus und seine Begleiter Priester Folcard und Graf Emmig dar.

Heidnische Gräber und christliche Kirchen

Als „fiscbechi“ wurde Visbek erstmals am 1. September 819 urkundlich erwähnt. Der Ort zählt damit zu den ältesten Siedlungen der Region. Der Name bedeutet so viel wie „Fischbach“, deshalb führt die Gemeinde einen Fisch im Wappen. Die Region an den Fischbäken war jedoch schon vor 5.000 Jahren ein beliebter Wohnplatz für die Menschen der Jungsteinzeit. Die eindrucksvolle Häufung von Großsteingräbern lässt vermuten, dass sich hier

sogar eine steinzeitliche Kultstätte befunden hat. Auch die frühen Christen des Nordens machten Visbek zu ihrem religiösen Zentrum und zu einer der wichtigsten Missionszellen im Nordwesten. In diesem Zusammenhang erscheint der Ort auch das erste Mal in Urkunden. Am 1. September 819 befreite Kaiser Ludwig der Fromme, Sohn und Nachfolger Karls des Großen, die Missionszelle fiscbechi von allen Abgaben und gewährte ihr eine eigene Gerichtsbarkeit. Dies galt auch für alle Tochterkirchen in den umliegenden sächsischen Gebieten. Abt Gerbert Castus war der Gründer der Visbeker Urkirche. Sie befand sich dort, wo heute die neugotische St. Vitus Kirche von 1876 steht. Eine Figurengruppe mit dem Abt Gerbert Castus erinnert an den frühen Missionar.

Visbek war, ähnlich wie Wildeshausen, auch deshalb ein herausragender Ort, weil sich hier zwei wichtige Handelswege kreuzten, nämlich der von Osten nach Westen verlaufende Reuterweg und der nordsüdliche Pickerweg. Ob Napoleon einen dieser Wege nahm, als er 1811 in Varnhorn bei Visbek eine Wagenpanne hatte, ist nicht bekannt. Ebenso wenig weiß man, ob die Anekdote, dass er daraufhin in dem nahegelegenen Schafstall übernachten musste, wahr ist. Möglich wäre es.

Grotte und Steingräber

Der Hauptort Visbek hat mit seiner Geschäftsstraße, den gemütlichen Cafés und Restaurants sowie gepflegten großbürgerlichen Häusern fast schon etwas Städtisches. Die umfangreiche Sanierung hat dem Ort gut getan. Im Zentrum, auf dem Klosterplatz, überragt die katholische Pfarrkirche St. Vitus den Ort. Sie steht auf einem Geesthügel und ist nach dem bisherigen Stand der archäologischen Forschungen die siebte Kirche an dieser Stelle. 1876 fand die Einweihung der neugotischen Kirche statt, die der aus dem Oldenburger Münsterland stammende Architekt und Dombaumeister Hilger Hertel

» Der Heidenopfertisch ist eine geheimnisumwitterte Megalithanlage. Der große Deckstein, der wie ein Tisch aussieht, gab dem Steingrab seinen Namen. Zudem wurden die natürlichen Einkerbungen als Blutrinne gedeutet, so dass dem Steingrab früher die Funktion eines heidnischen Altars für Menschen- und Tieropfer zugesprochen wurde.

entworfen hatte. 1881/82 kam der 65 Meter hohe Turm dazu. Er ist von allen Bauerschaften der Gemeinde aus zu sehen. 900 Menschen finden in der dreischiffigen Hallenkirche Platz.

An der Nordseite der Pfarrkirche befindet sich eine eindrucksvolle Bronzeplastik. Sie zeigt den Kirchengründer und Missionar Abt Gerbert Castus, seinen Begleiter Priester Folcard und einen weiteren Gefolgsmann. Die Personengruppe wurde 1984 von dem Dombildhauer Willi Witte aus Osnabrück geschaffen. Wer mehr über die Kirche und Missionszelle Visbek erfahren möchte, sollte unbedingt eine Kirchenführung einplanen.

Eine etwas andere sakrale Sehenswürdigkeit befindet sich am Ortsausgang Astruper Straße: die Mariengrotte. Ein Visbeker Bürger stiftete zum Dank für die Heilung seiner schwerkranken Frau im Jahre 1906 die Grotte mit der holzgeschnitzten

DIE SAGE VON DER VISBEKER BRAUT UND DEM BRÄUTIGAM

Inmitten der Ahlhorner Heide lag in alter Zeit ein großer Bauernhof. Der Besitzer war stolz und habgierig und hätte seine einzige Tochter gern mit einem reichen Bauernsohn aus der Umgebung verheiratet. Aber das Mädchen liebte einen armen Schäfer, der ihr Jugendfreund gewesen war. Der hartherzige Vater kümmerte sich nicht um die Bitten seines Kindes, sondern setzte gegen den Willen des Mädchens den Hochzeitstag fest. Am Hochzeitsmorgen bewegte sich ein Zug festlich gekleideter Menschen über die Heide auf Visbek zu. Voran schritt die geschmückte Braut mit ihren Eltern, dahinter das Gefolge der Verwandten und Nachbarn. Die Braut war totenblass, in ihren Augen standen Tränen. Immer näher kam sie dem Kirchdorf; schon hörte man die Glocken von Visbek läuten. Da richtete das Mädchen in seiner Verzweiflung die Blicke gen Himmel und rief flehend: „Hilf, o Gott! Lieber will ich auf der Stelle zu Stein werden, als einem Manne gehören, den ich nicht lieben kann." Kaum hatte sie diese Worte ausgesprochen, da erstarrte der Brautzug. Wo eben noch Menschen von Fleisch und Blut ihres Weges gezogen waren, erhoben sich mächtige Steine in zwei Reihen nebeneinander. Der Myrtenkranz, die Blumen und Bänder verwandelten sich in graue Flechten und Moose. Auch der Zug des Bräutigams erlitt das gleiche Schicksal und erstarrte zu Stein. Die mächtigen Findlinge geben davon Kunde. (Aus: Etta Bengen, O Wunner, o Wunner. Wat ligg hier woll unner? Großsteingräber zwischen Weser und Ems im Volksglauben. Oldenburg 2000.)

Muttergottesfigur. Die Grotte ist eine Nachbildung der Mariengrotte im südfranzösischen Lourdes. Die Steine der Visbeker Mariengrotte stammen ebenso aus Südfrankreich, die Muttergottesfigur wurde in Oberammergau gefertigt.

In den Reigen der sehenswerten sakralen Bauten gehört auch die Kapelle in der Bauerschaft Endel. Die Endeler Kapelle stammt aus dem 16. Jahrhundert. Sie wurde während des Dreißigjährigen Krieges zerstört und 1694 als barocke Beichtkapelle wieder aufgebaut. Die Kapelle ist tagsüber geöffnet.

Am Ortsausgang Astruper Straße befindet sich die Mariengrotte. Zum Dank für die Heilung seiner schwerkranken Frau im Jahre 1906 stiftete ein Visbeker Bürger die Grotte mit holzgeschnitzter Muttergottesfigur. Die Anlage ist eine Nachbildung der Mariengrotte im südfranzösischen Lourdes.

Das Pfund, mit dem Visbek wuchern kann, ist das Großsteingrabensemble Visbeker Braut und Bräutigam mit Brautwagen und Heidenopfertisch. Sie stammen allesamt aus der Zeit um 4.000 v. Chr. In einem Umkreis von ca. vier Kilometern und genau auf der Grenze zwischen Visbek, Wildeshausen und Großenkneten befinden sich diese und weitere Megalithanlagen, die zu den bedeutendsten archäologischen Denkmälern in Norddeutschland zählen. Streng genommen liegt die Visbeker Braut auf Wildeshauser, der Bräutigam auf Großenkneter und

lediglich der Heidenopfertisch auf Visbeker Seite. Vom Landgasthof Engelmannsbäke in der Bauerschaft Endel gelangt man über einen ausgeschilderten Wanderweg zum Visbeker Bräutigam. Den etwas seltsamen Namen haben die Steingräber von einer Sage, die im 19. Jahrhundert aufkam.

Der Visbeker Bräutigam hat das größte Hünenbett Niedersachsens vorzuweisen. Es ist 104 Meter lang und zwischen acht und neun Meter breit. Ursprünglich waren es 135 (heute 130) Findlinge, die den Bräutigam umringten. Im Westen befindet sich eine 10 Meter lange Grabkammer mit fünf Decksteinen. An der östlichen Seite ragen die riesigen Wächtersteine auf. Die Grabkammer ist unberührt, archäologische Grabungen haben bisher nicht stattgefunden.

Rund 50 Meter weiter steht der Brautwagen. Dieses Steingrab ist sehr viel kleiner, allerdings ist es in einem erstaunlich guten Zustand. Die Steine befinden sich fast alle an ihren Originalplätzen, die Grabkammer liegt unter der Erde und scheint ebenfalls unberührt. Zwei weitere Steingräber sind ohne Namen.

Ebenfalls auf dem Terrain steht der geheimnisumwitterte Heidenopfertisch. Auffälligstes Merkmal ist der gigantische Deckstein, der dem Steingrab seinen Namen gab. Wie ein Tisch sieht das Steingrab tatsächlich aus. Natürliche Einkerbungen wurden als Blutrinne gedeutet, die Funktion des Steingrabes wurde daher als heidnischer Altar für Menschen- und Tieropfer gesehen. Dies kann allerdings nicht belegt werden – vielmehr dürfte es sich um ein weiteres Steingrab handeln, das allerdings zerstört ist. Viele Steine fehlen. Die ursprüngliche Überhügelung ist jedoch noch zu erkennen.

Etwas weiter entfernt, versteckt in einem Waldstück, befinden sich zwischen Braut und Bräutigam die Kellersteine. Es handelt sich hier um zwei sehr gut erhaltene Steingräber. Das westliche der beiden ist fast vollständig, es fehlen lediglich zwei Tragsteine. Das östliche Hünengrab ist stärker zerstört, viele Findlinge fehlen. Bei der Grabkammer kann man Reste der Überhügelung erkennen.

Am Ende des Brautweges gelangt man zur Visbeker Braut. Sie ist auch über die B213 zu erreichen. Zwischen Wildeshausen und Ahlhorn zweigt hinter einem Wanderparkplatz ein beschilderter Feldweg ab. Die Visbeker Braut liegt ebenfalls im Wald. Zwar hört man hier die Autobahn rauschen, dennoch hat der Platz etwas Mystisches. Das Steingrab ist mit 80 Metern Länge unwesentlich kleiner als der Bräutigam. Am westlichen Ende recken sich drei Meter hohe Findlinge in die Höhe, sie bilden die sogenannten Wächersteine. Die gesamte Megalithgruppe Visbeker Braut und Bräutigam steht unter Denkmalschutz.

Visbek ist reich an Gewässern und kleinsten Bachläufen. Besonders reizvoll ist ein Spaziergang an der Engelmannsbäke, wenn die Sumpfdotterblume an ihren feuchten Standorten im Frühjahr blüht.

Wassermühlen

Visbek ist nicht nur reich an Steinen, sondern auch an Wassermühlen. Nirgendwo sonst in der Wildeshauser Geest haben sich so viele Mühlen und Mühlenteiche erhalten. Südöstlich befand sich im Bruchtal der Twillbäke auf dem Hof Hubbermann in Siedenbögen die Hubertusmühle. Sie war die älteste Mühle in der Gemeinde Visbek. Zwar wurde sie zusammen mit der Neu- und Stüvenmühle 1501 erstmals erwähnt, aber man fand im Mühlenteich Reste einer viel älteren Mühle aus dem 14. Jahrhundert. Das bekannte Münsterländer Schwarzbrot wurde hier noch bis 1950 gebacken. Im Jahre 2007 brannte die Mühle bis auf die Grundmauern ab. Der malerische Mühlenteich ist erhalten. Das Gebäude wurde in moderner Form wieder aufgebaut, darin befinden sich heute Ferienwohnungen.

Folgt man dem Lauf der Twillbäke, die den Mühlenteich der Hubertusmühle speist, erreicht man in Höhe der Ortschaft Varnhorn die idyllische Teichanlage der Bullmühle. Die Mühle selbst brannte im Mai 1998 ab. Als Gut Bullmühle wurde sie 1474 erstmals erwähnt. Hier wurden Korn und Öl gemahlen. Bereits in den 1930er Jahren stellte der damalige Inhaber den Mahlbetrieb ein. Nach dem Zweiten Weltkrieg wurde die Mühle umgebaut zum Gasthaus. Seit 2012 ist die Mühle als Gasthaus Bullmühle wieder in Betrieb. Sehenswert ist der Teich mit dem hohen Schott und Wasserfall.

Von hier aus kann man einen Abstecher machen zum sagenumwobenen Schafstall von Varnhorn. Angeblich blieb Napoleon im Jahre 1811 nichts anderes übrig als in dem Schafstall zu übernachten, nachdem seine Kalesche mit einer Panne liegen geblieben war.

Vom Wanderparkplatz Engelmannsbäke gelangt man nicht nur zu den Steingräbern, sondern auch zur Kokenmühle. Auffällig ist das Mauerwerk aus Feldsteinen. Die Mühle wurde 1540 erstmals erwähnt. Beeindruckend ist das riesige mittelschlächtige Wasserrad, es hat einen Durchmesser von neun Metern. Die Mühle wurde mehrmals restauriert, heute dient sie als Feriendomizil und als Veranstaltungsort. Auf dem Mühlenteich, der von der Engelmannsbäke gespeist wird, tummeln sich Wasservögel und weiße Schwäne. Ebenfalls an der Engelmannsbäke in Endel liegt die Neumühle. Auch sie wurde im Jahre 1501 erstmals erwähnt. Sie befin-

In Endel an der Engelmannsbäke liegt Neumühle. Die Anlage wurde bereits 1501 erwähnt. In den 1960er Jahren musste der Mahlbetrieb eingestellt werden. Seit 1972 wird die Mühle als Restaurant (heute mit gehobener Gastronomie) geführt. Die Mühle verfügt noch über ein Wasserrad mit einem Durchmesser von fünf Metern.

det sich seit vielen Generationen im Besitz der Familie Niemöller und mahlte sowohl Getreide als auch Knochenmehl, das gern als Düngemittel eingesetzt wurde. Der Mahlbetrieb wurde in den 1960er Jahren während des großen Mühlensterbens eingestellt. 1972 bauten die Inhaber die Mühle zu einem Restaurant um, in dem heute gehobene Gastronomie betrieben wird. Die Mühle verfügt noch über ein Wasserrad mit einem Durchmesser von fünf Metern.

Eine weitere Mühle befindet sich an der südlichsten Stelle von Engelmannsbäke, die Stüvenmühle. Sie ist ebenfalls 1501 erstmals erwähnt, ihre Wurzeln gehen jedoch ins 14. Jahrhundert zurück. Von der

WAS MAN IN VISBEK UNBEDINGT MACHEN MUSS

- der Christianisierung des Oldenburger Münsterlandes auf den Spuren von Abt Gerbert Castus nachspüren
- die wunderschönen Gold- und Silberdörfer auf ausgewiesenen Radwegen entdecken
- im Staatsforst Herrenholz durch alte Baumbestände wandernd die Stille genießen
- sich in der Hofkäserei Michelbrand über die Produktion von Ziegenkäse informieren
- bei der Trauerbuche in Hagstedt einen Augenblick verweilen
- sich bei der Lourdes-Grotte in Visbek wie in Südfrankreich fühlen
- den Hauch des Hünengeistes bei den Großsteingräbern nahe Engelmannsbäke auf sich wirken lassen
- nach einer ausgedehnten Wanderung entlang der Wassermühlen bei einem Spitzenkoch im Restaurant Neumühle einkehren
- in den Sommermonaten mit dem Fahrrad durch rot-leuchtende Erdbeerfelder fahren
- im Park der Familie Osterloh eine geführte Besichtigung miterleben
- sich mit den lokalen Spezialitäten Spargel, Grünkohl, Wild und Fisch verwöhnen lassen
- mit väle Lüe eis endlick weller Plattdütsch schnacken!

spätmittelalterlichen Wassermühle ist nichts mehr zu erkennen, lediglich der achteckige Unterbau einer späteren abgebrannten Windmühle ist übrig geblieben. Hier wurde noch lange in drei Steinöfen Schwarzbrot gebacken. Die Stüvenmühle ist bekannt durch das Stüvenmühler Landbrot, das hier in einem mittlerweile modernen Betrieb immer noch gebacken und bundesweit vertrieben wird.

Die meisten der oben genannten Mühlen liegen im Naturschutzgebiet Bäken der Endeler und Holzhauser Heide, ein Gebiet, das sich durch naturnahe Bachtäler und Bruchwälder auszeichnet, in denen gefährdete Tiere und Pflanzen einen Schutzraum finden.

Wegen der vielen historisch und archäologisch interessanten Anlaufpunkte empfiehlt sich eine Gästeführung. Das rührige Visbeker Gästeführerteam bietet verschiedene Touren zu unterschiedlichen Themen an: Vom Obsthof bis zur Ziegenkäserei, von der Kirchenführung bis zur Mühlentour – alles zweisprachig: auf Hoch- und Plattdeutsch. Auch Kostüm- und Erlebnisführungen sind dabei, so kann man sich beispielsweise vom „Hauch des Hünengeistes" umwehen lassen. Bei Fackelschein, Sagen, Geschichten und Liedern geht es zurück in die Zeit der Megalithkultur. Zum Abschluss gibt es ein Essen.

ADRESSEN

GEMEINDE VISBEK
TOURIST-INFORMATION
Rathausplatz 1
49429 Visbek
Telefon 04445/890035
www.visbek.de

KIRCHENGEMEINDE ST. VITUS
Inseldamm 2
49429 Visbek
Telefon 04445/96960
www.st.vitus-visbek.de

TOURIST INFORMATION
NORDKREIS VECHTA E.V.
Kapitelplatz 3
49377 Vechta
Telefon 04441/858612
www.nordkreis-vechta.de

VERBUND OLDENBURGER
MÜNSTERLAND E.V.
Oldenburger Str. 246
49377 Vechta
Telefon 04441/95650
www.oldenburger-muensterland.de

Von Fischen und Fliegern

In Großenkneten lässt es sich gut leben. Rund 15.000 Menschen wohnen in der westlichsten Gemeinde des Naturparks Wildeshauser Geest – und jedes Jahr werden es mehr. Ebenso kann die Kommune steigende Gästezahlen verbuchen. Drängeln muss man sich hier dennoch nicht, denn Großenkneten ist, wie der Name schon sagt, groß – rund 176 Quadratkilometer. Der überwiegende Teil besteht aus landwirtschaftlicher Nutzfläche, knapp 40 Quadratkilometer sind bewaldet.

Insgesamt 26 Orte und Bauerschaften gehören zum Gemeindeverbund, wobei Ahlhorn, Großenkneten, Huntlosen und Sage die größten Orte sind. Die Region ist deutlich ländlich geprägt, die Orte liegen anmutig eingebettet zwischen Wald, Feld, Moor und Wasserläufen. Wunderschöne Fachwerkhäuser im Niedersachsenstil verstecken sich unter hohen Eichen, in einigen Ortskernen, z. B. in Westrittrum, scheint die Zeit stillzustehen. Das Bodenrelief ist hier bisweilen gewellt und verleiht der Landschaft ihren besonderen Reiz.

Großenkneten hat neben seiner heimeligen Beschaulichkeit auch eine moderne Seite. In Sage steht eine der größten Erdgasaufbereitungsanlagen der Welt. Laut Betreiber ist sie zugleich eine der umweltfreundlichsten. Die Anlage wurde in den 1970er Jahren erbaut und stetig modernisiert. Hier wird saures Erdgas (das in Nordwestdeutschland häufiger vorkommt) gereinigt, bevor es zum Verbraucher weitergeleitet wird.

« Die Buchenallee ist eine der schönsten Straßen in der Wildeshauser Geest. Der von hohen Bäumen gesäumte und zumeist gepflasterte Weg von Großenkneten über Heinefelde zur B213 ist etwa zwei Kilometer lang. Die Buchen wurden 1840 gepflanzt und sind leider nicht mehr alle erhalten.

Ahlhorn gibt sich ebenfalls modern. Mit seiner breiten Geschäftsstraße wirkt es fast kleinstädtisch. Bis 1995 prägte ein NATO-Militärflughafen den Ort. Der Flughafen hat eine wechselvolle Geschichte, vom kaiserlichen Luftschiffhafen bis zum Gewerbegebiet Flugpark Ahlhorn. Darüber informiert ein kleines Museum, das von der Traditionsgemeinschaft Fliegerhorst Ahlhorn e. V. im Gasthof Altes Posthaus betrieben wird.

Die Beliebtheit der Gemeinde mag an der bürgerfreundlichen Infrastruktur liegen, aber auch daran, dass die Region Großenkneten einen hohen Freizeitwert hat. Idyllisch liegt sie inmitten der herrlichen Flussniederungen von Hunte und Lethe. Überregional bekannte Naturschutzgebiete sind die Ahlhorner Fischteiche sowie das Sager Meer, in dem eine ganze Schafherde versunken sein soll. Auf Schafe und auf alles, was damit zusammenhängt, stößt man in Großenkneten häufig. Tatsächlich gibt es in der Gemeinde noch zahlreiche Schafkoben. Und passend dazu kann man hier auch ein „Schäferstündchen“ buchen. Mit Liebelei hat das allerdings nichts zu tun, vielmehr handelt es sich um ein unterhaltsames Gruppenangebot, bei dem

Schafkoben (wie dieser in Bissel) waren in der Wildeshauer Geest früher weit verbreitet. Auf den zusammenhängenden Heideflächen der kargen Geestböden gab es zahlreiche Schafherden, weil sich die genügsamen Tiere auf den Heideflächen ernähren konnten. Allein auf der Ahlhorner Heide wurden ehemals 62 Schafkoben gezählt. Diese Bauten, deren Fundamente und Außenmauern meist aus Findlingen bestanden, sind für die Wildeshauser Geest wichtige landschaftsprägende Bauten.

das Schaf Marlene geschoren werden muss. Der Visbeker Bräutigam kam leider nicht mehr zum Schäferstündchen mit seiner Braut. Beide schweigen, denn sie sind aus Stein. Hinter dem Brautpaar verbergen sich zwei der bekanntesten Steingräber auf der Wildeshauser Geest, wobei die Visbeker Braut streng genommen auf Wildeshauser Gebiet steht und auch der Bräutigam eher von Visbek aus erreicht wird. Die Liste der Ausflugsziele und Attraktionen in Großenkneten ist dennoch lang. Von Steingräbern bis Geo-Caching, vom Wasser-Lehrpfad bis zur plattdeutschen Gästeführung reicht das Angebot. Die Gemeinde Großenkneten ist über die A1, A29 und B213 mit dem PKW zu erreichen. Überdies hält die Bahn in Großenkneten, Huntlosen und Ahlhorn. Auch das Radwegnetz ist in der Gemeinde gut ausgebaut.

Was von Früher

Auch in Großenkneten haben die ersten Bauern der frühen Steinzeit ihre Spuren hinterlassen. Steingräber wie der Visbeker Bräutigam, die Kellersteine oder der Heidenopfertisch sind Zeugen einer frühen Besiedlung. Um 3.000 v. Chr. errichteten die Menschen der Jungsteinzeit hier (wie in der gesamten Wildeshauser Geest) ihre gigantischen Begräbnisstätten. Auch später, während der Bronzezeit, lebten Menschen zwischen Hunte und Lethe. Davon zeugt das Hügelgräberfeld Hespenbusch.

Was zwischen der Bronzezeit und dem Mittelalter geschah, liegt im Dunkel der Geschichte. Aber schon im 9. Jahrhundert tauchen erste Orte der Gemeinde in Urkunden auf: Großenkneten wird 890 n. Chr. als „Gnettum“ erstmals erwähnt, Huntlosen schon im Jahre 827 als „Huntloun“ und Sage erscheint 872 in einem Schriftzeugnis. Die Orte gehören zu den uralten Eschdörfern, in denen sich Menschen schon während der Bronzezeit an den Eschen (alte Bezeichnung für lehmigen Boden = fruchtbares Ackerland) ansiedelten.

In Großenkneten stand eine der ersten Kirchen in der Wildeshauser Geest, eine Vorgängerkirche der Marien-Kirche. Ursprünglich war sie dem Drachentöter Michael geweiht. Die heutige Kirche hat die heilige Maria zur Schutzpatronin. Wann sie umgeweiht wurde, ist nicht bekannt. Auf jeden Fall wurde die Christianisierung auch von Großenkneten aus betrieben. Die Huntloser St. Briccius-Kirche wurde von Großenkneten ausgepfarrt. Eine erste Holzkirche stand in Huntlosen bereits in der zweiten Hälfte des 9. Jahrhunderts. Sie besaß einen Meyerhof, aus dem das Gut Huntlosen hervorging.

In Sage steht eine der größten Erdgasaufbereitungsanlagen der Welt. Laut Betreiber ist sie zugleich eine der umweltfreundlichsten. Die Anlage wurde in den 1970er Jahren erbaut und stetig modernisiert. Hier wird saures Erdgas gereinigt, bevor es zum Verbraucher weiter geleitet wird.

Der schwedische Graf von Wasaburg, Gustav Gustavson, der nach dem Ende des Dreißigjährigen Krieges das Amt Wildeshausen regierte, zog es vor, in Huntlosen zu wohnen, da er die Gegend liebte. Er kaufte das Gut Huntlosen und ließ in der Nähe der St. Bricciuskirche ein prächtiges Schloss mit vier Ecktürmen bauen. Der Graf konnte sein Schloss nur kurz genießen, denn er starb mit 37 Jahren an den Folgen seiner außerordentlichen Leibesfülle. Seine

Inmitten eines Waldgebietes erstrecken sich die Ahlhorner Fischteiche, die über ein weit verzweigtes Grabensystem von der Lethe aus mit Wasser versorgt werden. Seit 1993 stehen die Ahlhorner Fischteiche als eines der wenigen von Menschenhand geschaffenen Biotope unter Naturschutz. Sie sind eine Oase für selten gewordene Pflanzen und Tiere.

Witwe hatte dagegen umso mehr von dem Gebäude, nämlich einen Haufen Schulden. Das Schloss Huntlosen wurde schon 1675 von dem münsterschen Fürstbischof von Galen erobert und zerstört. Die Grafenfamilie von Wasaburg blieb der Region dennoch bis ins 18. Jahrhundert treu. Die letzte Gräfin wurde 1777 in der St. Bricciuskirche beerdigt.

Im Jahre 1803 fielen das Amt Wildeshausen und damit die Kirchspiele Großenkneten, Ahlhorn und Huntlosen endgültig an das Herzogtum Oldenburg. Zu dieser Zeit bestand der Großteil der Region aus Brachland. Lediglich 10 Prozent der Fläche wurden bewirtschaftet, denn ganze Landstriche waren schlicht unfruchtbar. Das Herzogtum Oldenburg verordnete die Urbarmachung von Brachland, um Land für die zunehmende Bevölkerung zu schaffen. Die alteingesessenen Bauern sahen das nicht gern, denn sie nutzten das Brachland als Viehweide oder

für die Gewinnung von Plaggendung. Gegen ihren Widerstand entstanden auf dem Ödland neue Orte, sogenannte Kolonate. Zu den jungen Siedlungen zählen Steinloge, Pallast und Hespenbusch.

Im 20. Jahrhundert hinterließen die beiden Weltkriege ihre Spuren. 1916, mitten im Ersten Weltkrieg, wurde in Ahlhorn der Luftschiffhafen der kaiserlichen Marine eröffnet mit sechs riesigen Hallen für Zeppeline. Im Jahre 1918 wurde ein Großteil der Hallen durch eine Explosion zerstört.

Im Zweiten Weltkrieg verlief quer durch die Gemeinde eine der Hauptkampflinien der Alliierten Streitkräfte, die sich von Groningen bis in die Lüneburger Heide zog. Viele Soldaten fielen in den letzten Kriegstagen. Kreuz an Kreuz reiht sich auf dem Sage War Cementery, einem britischen Ehrenfriedhof in Sage. Insgesamt 970 gefallene alliierte Soldaten sind hier bestattet.

„Da, Da, Da" gibt´s was zu sehen!

Überregional bekannt wurde Großenkneten Anfang der 1980er Jahre durch die Band Trio. Die Musiker wohnten in Großenkneten. Mit dem Titel „Da, Da, Da" landeten sie einen internationalen Hit. Auf dem Cover der LP war die Adresse des Trios abgedruckt. Noch heute soll es Fans geben, die in die Regenter Straße pilgern.

Um einiges interessanter als die Regenter Straße sind jedoch die zahlreichen Naturschutzgebiete. Die Pflege und der Schutz bedrohter Naturräume sowie seltener Tiere und Pflanzen liegt der Gemeinde Großenkneten sehr am Herzen. Davon zeugen die zahlreichen Schutzgebiete wie das Huntloser Moor, das verwunschene Sager Meer oder die Ahlhorner Fischteiche. Letztere zählen zu den beliebtesten Ausflugszielen im Naturpark Wildeshauser Geest. Die weitläufige Teich- und Waldlandschaft in der Revierförsterei Baumweg lädt mit einem weit ver-

In den Ahlhorner Fischteichen tummeln sich u. a. Karpfen, Hechte, Zander, Schleien und Forellen. Von den über 40 Seen und Teichen werden 35 noch bewirtschaftet.

zweigen Wegenetz zum Spazierengehen, Wandern oder Radfahren ein. Vor der Räucherei kann man sich inmitten von Fischteichen bei einem gemütlichen Picknick mit frischen Fischbrötchen erholen. Das Gebiet des Sager Meeres darf dagegen nicht betreten werden und hat wegen der Unterschutzstellung auch keinen Zugang.

Die staatliche Teichwirtschaft der Ahlhorner Fischteiche gibt es seit 1906. Der damalige Landeskulturfond, eine Behörde des Oldenburgischen Staatsministeriums, kümmerte sich um die Kultivierung von Brachland, von dem es gerade in der Gemeinde Großenkneten eine Menge gab. Ein weitläufiges Heidegebiet zwischen Sage und Ahlhorn wurde von den Bauern zur Schafweide und zur Gewinnung von Plaggendung genutzt. Die sandige, heidebewachsene Fläche war zu mager für den Anbau von Getreide oder sonstigen Feldfrüchten. 1898 kaufte die Oldenburger Behörde das Gelände auf. Acht Jahre später begann man mit der Aufforstung der Heidefläche. Zunächst pflanzte man anspruchslose Bäume wie Kiefern, Fichten und Roteichen, die mit dem mageren Boden gut zurecht kamen. In den tro-

ckenen oder moorigen Senken wollte jedoch kein Baum gedeihen. Aus diesem Grunde entschied man, hier Fischteiche anzulegen. In den 1930er Jahren waren die Arbeiten abgeschlossen und insgesamt 64 Fischteiche mit einer Wasserfläche von 200 Hektar geschaffen. Heute werden davon noch rund 120 Hektar bewirtschaftet.

Wegen der naturnahen Aufzucht ist Fisch aus den Ahlhorner Fischteichen weit über die Region hinaus beliebt.

Das umfangreiche Teichsystem versorgt sich über ein weit verzweigtes Grabensystem von dem Flüsschen Lethe mit Wasser. Zusätzlich gibt es zwei Schöpfwerke. In den Teichen tummeln sich u.a. Spiegel-und Schuppenkarpfen, Hechte, Zander, Schleien und Forellen. Aufgrund der naturnahen Aufzucht ist Fisch aus den Ahlhorner Fischteichen weit über die Region hinaus beliebt. Gerade zu Weihnachten kommt in vielen Familien Ahlhorner Karpfen auf den Tisch.

Seit 1993 stehen die Ahlhorner Fischteich als eines der wenigen von Menschenhand geschaffenen Biotope unter Naturschutz. Sie sind zudem Bestandteil von NATURA 2000 und eine Oase für selten gewordene Pflanzen und Tiere. An den Ahlhorner Fischteichen gibt es z. B. eine für Nordwestdeutschland einzigartige Amphibienpopulation. Pflanzen wie Standlings- und Zwergbinsen, die nur an Geestseen vorkommen, wachsen hier ebenso wie der Sonnentau oder der Gagelstrauch. An den Teichen rasten der Eisvogel, der Fischadler und ebenso der Weiß- und Schwarzstorch. Man könnte die Liste der seltenen Pflanzen und Tiere beliebig fortführen.

Wer hier spazieren geht, kann über weitere von Menschenhand geschaffene Anziehungspunkte staunen, z. B. über eine Windharfe oder einen Summstein. Die Ahlhorner Fischteiche sind über die Autobahnausfahrt Ahlhorn von der A29 auf der B29/B213 gut zu erreichen.

Großenkneten hat nicht nur viele Teiche vorzuweisen, sondern sogar zwei Meere, das große und das kleine Sager Meer. Die Gewässer liegen gut zwei Kilometer nordwestlich der Bauernschaft Bissel am Sager Meerweg. Die beiden Seen stehen zusammen unter Naturschutz, zu dem geschützten Komplex gehören auch das in der Nähe liegende Gebiet Kleiner Sand und das Heumoor. Das Sager Meer liegt oberhalb der Ahlhorner Fischteiche in Bissel. Das große Sager Meer ist 33 Meter tief, wobei

SAGE VOM SAGER MEER

Einst im Winter hütete ein Schäfer aus Sage seine Schafe am Sager Meer, und als er eintreiben wollte, kam ihm der Gedanke, er wolle einmal seinen Weg über die Eisdecke des Meeres nehmen, was er dann auch tat. Als er die Mitte des Sees erreicht hatte, brach das Eis. Die erschreckten Schafe sprangen auf einen Haufen und versanken im Abgrund. Mit Hilfe seiner schnellen Füße erreichte der Schäfer glücklich das Ufer und auch ein Schaf, welches ihm nachgelaufen war. Er trieb es in den Koben und hing seinen Hoiken (Schäfermantel) vor demselben auf; dann verließ er aus Verzweiflung seine Heimat und wanderte aus nach Amerika. Als am andern Morgen die Eigentümer der Herde Nachsuchung hielten, fanden sie das eine Schaf. Die andern aber sind noch auf dem tiefen Grunde, wo sie immerdar grasen, blöken und mit ihren Glöckchen klingeln. (Aus: Ludwig Strackerjan: Aberglaube und Sagen aus dem Herzogtum Oldenburg, Band 2. Oldenburg 1909.)

die unteren 8 Meter aus Faulschlamm bestehen. Er ist somit der tiefste See Niedersachsens und gehört zusammen mit dem kleinen Sager Meer zu den Erdfallseen. Sie verdanken ihre Entstehung der Auswaschung eines unter ihnen liegenden Salzstocks.

Das Naturschutzgebiet Huntloser Moor hat, wie das Sager Meer, etwas Mystisches an sich. Wenn die Nebel über den Senken tanzen, ahnt man, wie Geistergeschichten zustande kommen. Das Huntloser Moor ist eines der ältesten Naturschutzgebiete in der Region, es wurde bereits 1942 unter Schutz gestellt. Es ist zugleich mit einer Fläche von 150 Hektar eines der größten Moorreste in der Region. Es war Teil des einst riesigen Großen Moores. Weite Flächen wurden im Zuge der Moorkolonisation urbar gemacht bzw. abgetorft. 1978 begann die Wiedervernässung.

Die Ahlhorner Kellersteine sind zwei Großsteingrabanlagen aus der Zeit von 3.500-2.800 v. Chr. Zahlreiche Trägersteine sowie die mächtigen Decksteine sind noch erhalten.

Archäologisches

Nicht umsonst führt die Straße der Megalithkultur durch Großenkneten. Auf dem Gebiet der Gemeinde befinden sich zahlreiche Großsteingräber wie der Visbeker Bräutigam, die Kellersteine oder das Bakenhuser Hünengrab. Auch bronzezeitliche Nekropolen wie das Hespenbuscher Gräberfeld sind Zeugen längst vergangener Zeiten.

Der Visbeker Bräutigam liegt ca. vier Kilometer westlich von seiner Braut entfernt. Ein kurzer Wanderweg (der sogenannte Brautweg) führt von der Gaststätte Engelmanns Bäke in Visbek zu diesem Steingrab, das malerisch unter hohen Buchen liegt. Staunend steht man vor dieser wohl beeindruckendsten Megalithanlage in ganz Nordwestdeutschland. Der Bräutigam misst in der Länge 104 Meter, die Breite beträgt zwischen 8 und 9 Meter. Der größte Stein, einer der sogenannten Wächtersteine, ragt stolze drei Meter in die Höhe. In der Mitte befindet sich der Thronstein. Die Megalithanlage hat ihren Namen von einer Kunstsage aus dem 19. Jahrhundert, nach der eine Brautgesellschaft versteinert wurde, weil die Braut den ungeliebten Bräutigam nicht heiraten wollte. Weitere Steinsetzungen liegen ganz in der Nähe, z. B. der ebenfalls bekannte Heidenopfertisch. Er gehört zur Gemeinde Visbek. Einige der Gräber wurden archäologisch untersucht, Funde können im Landesmuseum Natur und Mensch in Oldenburg besichtigt werden.

Etwas weiter südöstlich vom Bräutigam entfernt liegt das Steingrab Brautwagen. Es ist sehr viel kleiner, aber nicht weniger interessant. Die Decksteine liegen, meist eingefallen, wie für einen Hindernislauf drapiert. Radwanderer erreichen die Steingräber über die Routen 7 und 8 der archäologischen Erlebnisrouten Faszination Archäologie.

Aus der Bronzezeit stammt das Hespenbuscher Gräberfeld. Es liegt nahe der Ortschaft Hespenbusch. Der Weg ist ausgeschildert. Das Gräberfeld kommt zwar mit seinen 52 Grabhügeln bei weitem nicht an die Größe des Pestruper Gräberfeldes heran, es strahlt jedoch eine besondere Atmosphäre aus und ist so etwas wie ein Geheimtipp für archäologisch interessierte Besucher der Wildeshauser Geest. Still ist es hier und fast mystisch, wenn man vom Gräberfeld aus seinen Blick über die Hunteniederung schweifen lässt. Die Hügelgräber liegen auf einem Heideplateau inmitten von Feldern, heidebewachsen reihen sie sich aneinander. Bestattet wurde hier in der späten Bronze- und frühen Eisenzeit, also zwischen 800 und 400 v. Chr. Es werden überwiegend bronzezeitliche Urnengräber unter den Hügeln vermutet. Die Nekropole hat die Jahrhunderte weitgehend ungestört überstanden. Das Hespenbuscher Gräberfeld steht unter Naturschutz.

Eine bemerkenswerte Anordnung von Findlingen weisen die sogenannten 12 Apostel bei den Ahlhorner Fischteichen auf, die vermutlich als Überreste einer Grabanlage erhalten sind. Wegen ihrer kreisförmigen Anordnung wurden sie schon als Kalendersteine und vorgeschichtliches Observatorium zur Bestimmung der Jahreszeiten interpretiert.

In Großenkneten sind zahlreiche alte Fachwerkbauten und große Höfe erhalten. Gegenüber der Kirche befindet sich das sogenannte Karkenhus (Kirchenhaus) von 1838, das unter Denkmalschutz steht.

Wandern und Radfahren

Die Gegend um Großenkneten eignet sich wunderbar zum Wandern und Radfahren. Die Wege sind gut ausgeschildert und über weite Strecken bequem zu befahren. Insgesamt 12 ausgearbeitete Routen mit unterschiedlichen Themen und Anforderungen führen u. a. zum traditionsreichen Gut Lethe, durch den Hegeler Wald oder zur Windmühle in Hengstlage. Ein Geheimtip ist zudem der naturkundliche Rundwanderweg „Heidegrashüpfer", der zu den verborgenen und weniger bekannten Schätzen der Gemeinde führt. Auf einer Strecke von 32 Kilometern geht es vorbei am Hespenbuscher Gräberfeld, das auf einer Heidefläche einsam zwischen den Äckern liegt. Der unbekannte Findling „König Och", Kratteichen am Rickensand oder die 12 Apostel, eine Steinsetzung bei den Ahlhorner Fischteichen, sind nur einige Stationen dieses Rundweges. Die Wanderung ist nach dem kleinen Heidegrashüpfer (Stenobothrus stigmaticus) benannt, ein unscheinbares Insekt zwar, aber ein „Lebenskünstler der Heide".

Wandern ist „in" – z. B. quer durch den Hegeler Wald. Auf Schusters Rappen lässt sich das weitläufige Waldstück am besten genießen. Es liegt hinter dem Ortsteil Hosüne. Dem Bankdirektor August Hegeler gehörte hier ein gut 750 Hektar großes Heidegrundstück.

Baden unter blauem Himmel und in freier Natur – dazu lädt die ehemalige Sandgrube in Westrittrum ein, die als Baggersee über einen breiten und feinen Sandstrand verfügt.

Im Zuge der Urbarmachung von Brachland ließ er das Gelände 1878/79 aufforsten. Von der Brache ist heute nichts mehr zu erkennen. Unter einem dichten Blätterdach kann man hier hervorragend wandern. Am Rande des Waldes befinden sich Überreste von Großsteingräbern, die leider stark zerstört sind. Im Sommer bieten die Löschteiche Abkühlung. Baden ist erlaubt.

Wunderbar baden und in freier Natur am Wasser liegen kann man auch am Westrittrumer Baggerssee, einer ehemaligen Sandgrube, die heute als Badesee mit großzügigem Strandareal angelegt ist.

Pilgern

Pilger können in Großenkneten auf den Spuren des Missionars und Abtes Gerbert Castus wandern, der zwischen 784 und 819 in der Region wirkte. Er war ein Schüler Liudgers, der auch „Apostel der Friesen" genannt wurde. Castus bedeutet „der Keusche". Er war Abt der Visbeker Missionskirche. Der Pilgerweg führt abseits großer Straßen durch einsame Wälder, vorbei an uralten Bäumen und noch älteren

Die St. Briccius Kirche in Huntlosen wurde um 1250 eingeweiht. Sie steht auf den Fundamenten einer Vorgängerkirche aus Findlingen, die auf einer ehemaligen Holzkirche aus dem 9. Jahrhundert errichtet wurde. Der achteckige Turm mit den kleinen Fenstern wirkt wie ein Burgturm.

Großsteingräbern sowie an den Ufern von Hunte und Lethe entlang. Zu bestimmten Terminen werden geführte Wanderungen angeboten. Die Tagestouren sind ca. 20 Kilometer lang und führen zu den alten Wallfahrtsorten zwischen Wildeshausen, Wardenburg und Bethen. Die mittelalterlichen Kirchen in Huntlosen und Großenkneten sind Stationen auf diesem Pilgerweg.

Baudenkmäler

Klein, ein wenig unscheinbar, aber spätestens auf den zweiten Blick überaus interessant ist die St. Briccius-Kirche in Huntlosen. Sie steht auf den Fundamenten einer Vorgängerkirche aus Findlingen, die wiederum auf einer frühen Holzkirche aus dem beginnenden 9. Jahrhundert errichtet wurde. Der Namenspatron der Huntloser Kirche, St. Briccius, war im 5. Jahrhundert Bischof von Tours und Nachfolger des berühmten St. Martin, der der Legende nach seinen Mantel mit einem Bettler teilte. Briccius war aus anderem Holz geschnitzt. Er machte v. a. mit seinem ausschweifenden Lebenswandel von sich reden. Seinen Vorgänger Martin von Tours nannte er despektierlich „Himmelsgaffer". Es ist nicht bekannt, aus welchem Grund er heilig gesprochen wurde, ebenso wenig weiß man, warum die Huntloser ihn zum Namenspatron wählten. Möglicherweise hing das mit dem Kirchweihtag zusammen, der auf den St. Bricciustag fiel. Er ist der Schutzheilige der Richter.

Auffällig an der St. Briccius Kirche ist ihr achteckiger Turm mit den kleinen Fenstern, der wie ein Burgturm wirkt. Aus diesem Grunde nimmt man an, dass die Kirche eine Wehrkirche war, in der die Bevölkerung bei feindlichen Angriffen Zuflucht fand. Dies war im Mittelalter durchaus üblich. Die St. Briccius Kirche war früher eine Filialkirche der Großenkneter Marienpfarrei. Der heutige Bau ist der dritte an dieser Stelle, wobei die Findlinge im unteren Bereich von einer Vorgängerkirche aus Stein stammen. Die Urkirche bestand aller Wahrscheinlichkeit nach aus einem schlichten Holzbau. Die Steinkirche stammt aus romanischer Zeit um 1120. Die Findlinge wurden den umliegenden Steingräbern entnommen.

Der heutige Bau wurde um 1250 errichtet, wobei der untere Teil der älteren Kirche als Fundament benutzt wurde. Für die neuen Mauern verwendete man Ziegelsteine im Klosterformat, die höchstwahrscheinlich an Ort und Stelle gebrannt wurden. In der Nähe der Leichenhalle stieß man auf Reste mittelalterlicher Ziegelbrandöfen. Aufgrund der verschiedenen Bauzeiten hat der Kirchenbau sowohl romanische als auch gotische Anteile. Die neue Kirche wurde um 1250 eingeweiht; sie wurde relativ spät zusammen mit der Wildeshauser Kirche im Jahre 1699 protestantisch.

Der Innenraum ist der einer einfachen Saalkirche. Optischer Mittelpunkt ist das Triumphkreuz mit dem lebensgroßen Christus aus dem 15. Jahrhundert. Im Zuge der Restaurierungsmaßnahmen nach dem Zweiten Weltkrieg wurde das Kreuz ausgetauscht, es hängt seitdem über dem Altar. Darüber, in einem Deckengewölbe, wurde bei Renovierungsarbeiten in den 1990er Jahren eine spätmittelalterliche Christusdarstellung freigelegt, die Anlass zu mancherlei Spekulationen gab, denn aus dem Mund des Erlösers sprießen ein Schwert und eine Lilie. Drei Glocken hängen im Turm, die große Betglocke von 1509, die Totenglocke von 1530 und eine weitere Glocke von 1644. Die Glocken sollten im Zweiten Weltkrieg für Kriegszwecke eingeschmolzen werden. Der Huntloser Zimmermann August Müller wurde damit beauftragt, die Glocken aus dem Turm zu nehmen. Er weigerte sich jedoch und verhinderte den Transport in die Schmelzöfen nach Hamburg. Der Taufstein ist ein Geschenk des Fürstbischofs von Münster, Ferdinand II., aus dem Jahre 1680.

Großenkneten hat nicht nur zahlreiche Teiche, sondern auch zwei Meere vorzuweisen: das große und das kleine Sager Meer. Die Gewässer stehen unter Naturschutz, die Ufer sind nicht begehbar. Das große Sager Meer ist mit 33 Metern Tiefe der tiefste See Niedersachsens.

Noch älter ist die St. Marienkirche in Großenkneten. Sie hat ihren Ursprung wohl im 8. Jahrhundert. Ein erster sakraler Bau an dieser Stelle war vermutlich eine einfache Holzkapelle, die ursprünglich St. Michael geweiht war. Im 10. Jahrhundert entstand an ihrer Stelle eine Feldsteinkirche, die mehrmals umgebaut und saniert wurde. Im Jahre 1819 erhielt sie ihre heutige Gestalt. Der hölzerne Glockenturm wurde erst 1873 abgerissen und durch einen 27 Meter hohen Kirchturm ersetzt. Das Kircheninnere wurde ebenfalls mehrfach umgestaltet und erhielt 1960 seine heutige Form.

Mühlen

Hengstlage ist ein altes Brinksitzerdorf, in dem eine Windmühle aus dem 19. Jahrhundert steht. Sie gehört zur Gattung der Wall- oder Erdholländer und ist von einem Wall umgeben. Sollte sie mahlen, musste der Müller die Flügelkappe mit dem Steert (Schwanz) in den Wind drehen. Die Mühle wurde 1876 erbaut. In den letzten Kriegstagen brannte sie ab, wurde aber bald darauf wieder aufgebaut. Bis 1980 mahlte sie Korn und war noch lange funktionstüchtig. Man gelangt über die L870 zu dem Wallholländer, der Weg ist zwischen Sage und Wardenburg ausgeschildert. Derzeit befindet sich die Mühle allerdings in keinem guten Zustand. Eine weitere Mühle steht auf Gut Lethe, westlich von Ahlhorn nahe der Lethequelle. Es handelt sich hier um eine Wassermühle. Otto von Dorgeloh erhielt 1393 das Gut Lethe, eine im 11. Jahrhundert entstandene Siedlung, zum Lehen. Er baute hier eine kleine Burg, die „Burg to Lether Möhl“ (die Burg zur Lether Mühle), was beweist, dass es damals schon eine Mühle an dieser Stelle gegeben haben muss. Eine Nachfolgerin existiert noch, von der Burg ist heute nur noch der von Wasser umgebene Hügel sichtbar, auf dem sie einst stand. Die Lether Mühle wurde um 1900 durch den Einbau einer Turbine auf den aktuellen technischen Stand gebracht. Sie erzeugte, wie viele andere Mühlen auch, fortan Strom. Im Zweiten

Weltkrieg brannte die Mühle ab. Sie wurde nach dem Krieg wieder errichtet und war bis 1970 in Betrieb. Auch die Wassermühle von Heinefelde dreht heute wieder ihr Rad. Nach einer umfassenden Restaurierung in privater Initiative wurde das alte Gebäude, dessen Fundamente aus dem 13. Jahrhundert stammen, wieder instand gesetzt. Innen kann man auf einer begehbaren Glasplatte etwa zwei Meter tief in den Raum sehen, in dem einst das Wasser über die Schaufel rauschte, weil die Heinefelder Mühle ursprünglich ein Innenläufer war.

TIPPS

WAS MAN IN GROSSENKNETEN UNBEDINGT MACHEN SOLLTE

- die Gemeinde auf dem Heidegrashüpfer-Rad-Wander-Weg erkunden
- die Teich- und Waldlandschaft der Ahlhorner Fischteiche besuchen und im Hofladen eine Fischspezialität kosten
- mit dem Kanu auf der Hunte fahren
- einen Spaziergang durch den Hegeler Wald machen und dabei richtig durchatmen
- echte Strand- und Urlaubsgefühle am Badesee in Westrittrum bekommen
- die Geschichten der zahlreichen Hünengräber ergründen
- das Schaf „Marlene“ scheren, um sich anschließend „Großenkneter Schäfchen“ nennen zu dürfen
- die St. Marienkirche und die St. Briccius Kirche besuchen
- sich von den GästeführerInnen „entführen“ lassen
- eine Pilgerwanderung machen

Kanufahren auf der Hunte

Wer die Ruhe mag, sollte eine Kanufahrt auf der Hunte wagen. Paddeln auf der Strecke zwischen Westrittrum und Huntlosen gehört zu den besonderen Erlebnissen, denn hier fließt die Hunte durch eine sehr idyllische Flusslandschaft. Mal gleitet man durch Wald unter Bäumen dahin, dann durch offene Felder oder Auenlandschaften. Wer keinen Lärm macht, sieht vielleicht einen Eisvogel oder andere seltene Tiere. Ein Wasserlehrpfad erläutert den besonderen Lebensraum. Die Krönung ist eine Rast am Ufer mit einem zünftigen Picknick. Bitte hinterlassen Sie keinen Müll, denn Sie bewegen sich in einem empfindlichen Naturraum. Tagesausflüge mit dem Kanu sind ebenso möglich wie ein mehrtägiger Kurzurlaub. Anlegestellen sowie Ein- und Aussteigstellen oder Rastplätze werden am Ufer durch Schilder markiert.

ADRESSEN

GEMEINDE GROSSENKNETEN / TOURIST-INFORMATION
Markt 1
26197 Großenkneten
Telefon 04435/600117
www.grossenkneten.de

NIEDERSÄCHSISCHES FORSTAMT AHLHORN
Vechtaer Straße 3
26197 Großenkneten
Telefon 04435/93070
www.landesforsten.de
www.teichwirtschaft-ahlhorn.de

TRADITIONSGEMEINSCHAFT FLIEGERHORST AHLHORN E. V.
Gasthof Altes Posthaus
Cloppenburger Straße 2
26197 Ahlhorn
Telefon 04435/2686 (Wilke)

VERKEHRSVEREIN IN DER GEMEINDE GROSSENKNETEN E. V.
Arbeitskreis Gästeführungen
Casinowaldweg 24
26197 Ahlhorn
Telefon 04435/9160444

KANU4YOU
Hasenberg 5
26197 Großenkneten/Amelhausen
Telefon 04433/9687082
www.kanu4you.com

NATUR- UND VOGELKUNDLICHE WANDERUNGEN
Max Hunger
Telefon 04435/5961

LETHER MÜHLE
Herr Brinkmann
Telefon 04435/1267

HATTEN

Wald und wandernde Dünen

« Die Gemeinde Hatten ist eines der waldreichsten Gebiete im Naturpark Wildeshauser Geest. Mit den Osenbergen verfügt Hatten sogar über „Berge", die eigentlich eine hohe Dünenkette sind. Um Sandverwehungen zu verhindern, wurden die Dünen einst mit Kiefern aufgeforstet. Diese Gegend ist eines der schönsten Wandergebiete im Naturpark.

Mit rund fünf Millionen Bäumen ist die Gemeinde Hatten eines der waldreichsten Gebiete im Naturpark Wildeshauser Geest. Inmitten dieser forst- und landwirtschaftlich geprägten Region liegen 11 Orte und Bauerschaften auf gut 100 Quadratkilometern verstreut. Rund 14.000 Menschen leben hier.

Freizeit und Erholung haben in der Gemeinde Hatten einen hohen Stellenwert. Radfahren, Wandern, Kanufahren, Ballon- und Ultraleichtflüge, Kultur, Kunst, zwei Golfplätze, landschaftliche Raritäten wie Wanderdünen, prähistorische Denkmäler, ein russisches Dorf und vieles mehr erwarten die Besucher in Hatten. Nicht umsonst heißt ein Leitspruch der Gemeinde: „Hatten hat's!"

Kirchhatten, Sandhatten und Sandkrug sind die Hauptorte. Letztgenannter liegt an den berühmten Osenbergen. Hier gibt es den meisten Wald, die meisten Cafés, Gasthäuser und einen Bahnhof. Züge der NordWestBahn verkehren auf der Strecke Osnabrück-Wilhelmshaven mit Halt in Sandkrug. Busse in die umliegenden Orte fahren ebenfalls vom Bahnhof aus. Da der Ort gut zu erreichen ist, starten auch die meisten Wandertouren in Sandkrug, z. B. in die Osenberge oder zu einem der kleinen Handwerkermuseen oder Galerien.

« Auf einer Wurt am Marktplatz von Kirchhatten steht die St.-Ansgari-Kirche. Der gotische Backsteinbau stammt aus der Mitte des 13. Jahrhunderts. Im Mauerwerk sind noch Teile des romanischen Vorgängerbaus erhalten. An der Kirche befinden sich Gräber des alten Friedhofs.

Sandhatten ist dagegen ein recht ursprünglich erhaltenes Bauerndorf, in dem die Zeit stillzustehen scheint. Vielleicht haben sich deshalb Künstler wie der international bekannte Keramiker Martin McWilliam hier angesiedelt. Alte Fachwerkhäuser reihen sich aneinander, dazwischen verlaufen Straßen und Wege. Eines der ältesten Steingräber liegt etwas abseits zwischen Feldern, die Hunte fließt gemächlich vorbei und lädt zu einer Kanutour ein.

Der Hauptort Kirchhatten wirkt dagegen modern. Die Gemeindeverwaltung mit der Tourismusinformation ist hier angesiedelt. Der staatlich anerkannte Erholungsort verfügt zudem über ein modernes Freizeitzentrum mit Freibad, Campingplatz, Kletterwald und Minigolfanlage. Ein gut geschultes Gästeführerteam bietet Führungen und Unterhaltsames zu verschiedenen Themen an, vom Kirchenrundgang in der hochmittelalterlichen St.-Ansgari-Kirche bis hin zum Hatter Diplom. Die Gemeinde ist verkehrstechnisch bequem zu erreichen über die A28 und A29. Wer öffentliche Verkehrsmittel bevorzugt, reist mit der NordWestBahn bis Sandkrug oder mit dem Weser-Ems-Bus an.

Wunder und ein ermordeter Graf

Kirchhatten gehört zu den ältesten Ansiedlungen auf der Wildeshauser Geest. Der Ort wurde im Jahre 860 erstmalig in Zusammenhang mit einer Wunderheilung erwähnt. In der Vita St. Willehadi, der Biografie des ersten Bischofs von Bremen, berichtet sein Nachfolger und Biograf, Bischof Ansgar von

37 Wunderheilungen am Grab des heiligen Willehad. Möglicherweise war dies eine Antwort auf die wachsende Beliebtheit der Wildeshauser Alexanderkirche. Seit Graf Waltbert neun Jahre zuvor die Gebeine des Heiligen Alexander aus Rom in die kleine Huntesiedlung nach Wildeshausen überführt hatte, pilgerten Scharen von Christen statt nach Bremen in die Alexanderkirche und hinterließen hier ihre frommen Spenden. Eine blinde Frau aus Hatho nahm dennoch den langen Weg nach Bremen auf sich. An 21. Stelle der Wunderheilungen erwähnt Bischof Ansgar, dass sie am Grab des heiligen Willehad ihr Augenlicht zurückerlangte. „Hatho" ist die älteste Schreibweise von Hatten, was sich von dem altdeutschen Wort „Hathus" ableiten lässt und soviel wie „glücklicher Krieger" oder „Kriegsglück" bedeutet. Aus welchem Grund die Siedlung zu diesem Namen kam, ist nicht bekannt. Möglicherweise hängt es mit ihrer Lage am Stedinger Weg bzw. Friesischen Heerweg zusammen.

Die Kanzel der St.-Ansgari-Kirche stammt aus dem 18. Jahrhundert. Auf dem sechseckigen Kanzelkorb sind die vier Evangelisten mit ihren Tierzeichen abgebildet. Sehenswert sind auch die Freskomalereien aus dem 14. Jahrhundert, die während der Renovierung im Jahre 1946 im Chorraum entdeckt wurden. Es handelt sich um eine seltene Anna Selbdritt-Darstellung.

Hatten war schon damals ein Verkehrsknotenpunkt. Wegen ihrer ausgedehnten Wälder war die Gegend zudem ein beliebtes Jagdgebiet für die Grafen von Oldenburg. Diese Tradition bestand noch bis ins 19. Jahrhundert hinein. Die Geschichte der Gemeinde ist schon seit dem Mittelalter eng verbunden mit dem Oldenburger Grafenhaus. Sagenumwoben ist die Burg des Grafen Christian, genannt der Kreuzfahrer. Sie soll im 12. Jahrhundert zwischen Kirch- und Sandhatten nahe dem Wäldchen Borgloh (=Burgwald) gestanden haben. Ihre genaue Lage ist nicht bekannt. Graf Christian befand sich im Jahre 1192 nach dem missglückten Kreuzzug Kaiser Barbarossas auf dem Rückweg zu seiner Luchten- oder Leuchtenburg. Er sollte nie ankommen, denn sein Bruder Moritz ließ ihn einen Tagesritt entfernt in Bergedorf ermorden. Er hatte nicht mit der Rückkehr seines Bruders gerechnet und bangte nun um seinen Machterhalt. Zur Sühne stiftete Moritz in Bergedorf ein Kloster, das jedoch nicht lange existierte. Aus dem Kloster Bergedorf ging später das mächtige Zisterzienserkloster in Hude hervor.

Dort, wo einstmals die Leuchtenburg stand, spuke es seit dem Brudermord, so erzählte man sich noch lange. Es hieß, dass um Mitternacht ein großer schwarzer Hund mit einer rasselnden Kette um den Hals herumlaufe und Wanderer erschrecke. Auch Wiedergängern sei man begegnet. Die St.-Ansgari-Kirche in Kirchhatten verdankt ihre Existenz ebenfalls dem Mord an Graf Christian. Sie wurde als Sühnekirche von einem der Ritter, die an dem Grafenmord beteiligt waren, gestiftet.

Die folgenden Jahrhunderte waren auch in Hatten von wechselnden Machtverhältnissen und Unruhen geprägt. Die Grafen von Oldenburg, Wildeshausen, Delmenhorst, Hoya, Bremen und Münster gaben sich in Hatten die Klinke in die Hand. Während des Dreißigjährigen Krieges blieb die Gegend nicht von Plünderungen und Überfällen verschont, erst am Ende des 17. Jahrhunderts kehrte ein wenig Ruhe ein. Graf Anton Günther legte im Herbst 1656 den

Hatten war im 18. und 19. Jahrhundert als Mattenstadt berühmt. Zahlreiche Bauern und Heuerleute spezialisierten sich für einen Nebenverdienst auf die Herstellung von Sandhafer-Fußmatten. Der Sandhafer wuchs in den Osenbergen. Die Statue des Mattenhändlers auf dem Marktplatz, die der Wardenburger Künstler Daniel Hübner schuf, erinnert an diese Zeit.

Grundstein für die reitende Post zwischen Oldenburg und Bremen, die sich ab 1734 Oldenburgische fahrende Post nannte. Sie transportierte Post und Reisende gleichermaßen. Im Sommer fuhr man den kürzeren Weg durch das Wüstinger Moor, im Winter musste man auf den Dünenweg über die Osenberge ausweichen. Der Ort Sandkrug verdankt seine Existenz diesem Winterweg. Der „Sandkrug" war nämlich ursprünglich so etwas wie eine Raststätte. Hier konnten die Pferde versorgt werden und Reisende einen letzten Imbiss zu sich nehmen, bevor der mühsame Weg über die Dünen fortgesetzt werden konnte.

Ein berühmter Sohn der Gemeinde ist der Verleger Peter Suhrkamp, der Gründer des gleichnamigen Verlags. Er stammte aus einer Bauernfamilie in Kirchhatten. In seinem Buch „Munderloh" beschreibt er sein Heimatdorf folgendermaßen: „Einige Minuten, und ich stand auf einem Hügel oben. Was war das Grüne im Osten? Felder! Grüne im Süden? Felder! Felder und Felder bis heran an die Sandhügel, in gestreckten Wellen tanzten sie her. Mitten in Feldern eine Insel von Laubkronen: Eichen und Linden; im Laub rote und braune Flecken – das Dorf." Die Bäume, die Suhrkamp hier beschreibt, wurden noch in den letzten Kriegstagen des Zweiten Weltkrieges für Barrikaden gefällt, die der Volkssturm errichtete, um den Einmarsch der Alliierten Truppen zu verhindern. 120 Zivilpersonen und Soldaten fielen diesem sinnlosen Kampf zum Opfer, vierzehn Höfe brannten ab, die Kirche samt Kapelle wurde stark beschädigt. Die Sandsteinkreuze auf dem Kirchhof erinnern an das Ereignis.

Die Mattenstadt

Auf dem Marktplatz von Kirchhatten fällt eine Statue ins Auge, die einen Mattenflechter zeigt. Im 18. und 19. Jahrhundert waren viele Bauern und Heuerleute auf einen Nebenverdienst angewiesen. Im Sommer wanderten deshalb viele Männer als

Ein berühmter Sohn der Gemeinde ist der Verleger Peter Suhrkamp, der Gründer des gleichnamigen Verlags. Er stammte aus einer Bauernfamilie in Kirchhatten. In seinem Buch „Munderloh" beschreibt er sein Heimatdorf. Eine Bronzeplastik des Künstlers Johannes Cernota im Rathaus erinnert an ihn.

Saisonarbeiter nach Holland, um dort als Mäher oder Handwerker zu arbeiten. Im Winter stellten sie Holzschuhe her, flochten Reisigbesen und produzierten in Heimarbeit ähnliche Dinge des täglichen Bedarfs. Die Kleinbauern in Hatten spezialisierten sich auf Sandhafer-Fußmatten, denn der Sandhafer wuchs massenweise in den Osenbergen. Über vierzig Familien flochten den Winter über die berühmten Hatter Matten. Als der Sandhafer in den Osenbergen knapp wurde, verbot man das Sandhaferschneiden, denn das Gras schützte vor den gefürchteten Sandverwehungen. Dies war das Ende des florierenden Mattenhandels. Der Spruch „Ik kam ut Hatten un hannel mit Matten" ist heute noch ein geflügeltes Wort. Die Statue des Mattenhändlers auf dem Marktplatz erinnert an diese Zeit.

Ebenfalls am Marktplatz steht auf einer Wurt die St.-Ansgari-Kirche. Eine romanische Vorgängerkirche aus Feldsteinen wurde um 1195 als Sühne für den Mord an Graf Christian den Kreuzfahrer erbaut. Ein Ritter aus Hatten war an dem Verbrechen beteiligt und stiftete deswegen die Kirche. Teile dieser ersten Feldsteinkirche sind noch erhalten und im Mauerwerk gut zu erkennen. Der gotische Backsteinbau stammt aus der Mitte des 13. Jahrhunderts. An der Kirche befinden sich auch noch Gräber des alten Friedhofs. Der Soldatenfriedhof im Eingangsbereich erinnert an die Gefallenen der letzten Kriegstagen. Die erheblichen Kriegsschäden an der Ansgarikirche wurden 1946 beseitigt. Die Innenausstattung der Kirche ist ausgesprochen schlicht, birgt aber einige Schätze. Das eichene Kreuz mit der lebensgroßen Christusfigur im Chor fällt sofort ins Auge. Es wurde 1420 von einem Rasteder Mönch geschnitzt. Das barocke Abendmalbild an der Nordseite des Chores wurde 1696 gefertigt.

Die beiden Glocken im Turm der Kirche stammen aus dem Jahre 1504. Der bekannte Osnabrücker Glockengießer Johannes Freese stellte sie her. Die Glocken entgingen in beiden Weltkriegen dem berüchtigten Glockenfriedhof in Hamburg. Die Kanzel stammt aus dem 18. Jahrhundert. Auf dem sechseckigen Kanzelkorb sind die vier Evangelisten mit ihren Tierzeichen abgebildet. Der Tauftisch wurde 1905 angeschafft, nachdem man sich von dem barocken Taufengel getrennt hatte. Er hing im Deckengewölbe und wurde zu Taufen heruntergelassen. In seinen Händen hielt er eine Messingschale, die das Taufwasser enthielt. Heute befindet sich der Engel in der Oldenburger Garnisonkirche.

Ein Kleinod sind Freskomalereien aus dem 14. Jahrhundert, die während der Renovierung im Jahre 1946 im Chorraum entdeckt wurden. Es handelt sich um eine seltene Anna Selbdritt-Darstellung. Das Fresko zeigt Anna, die Mutter Mariens mit dem Jesuskind. „Selbdritt“ ist eine alte Bezeichnung für den Ausdruck „zu dritt“. Der Annenkult war im Mittelalter weit verbreitet, geriet dann aber in Vergessenheit. Eine Madonna im Strahlenkranz, die heilige Barbara sowie eine Darstellung von Jacobus dem Älteren, dem Schutzpatron der Pilger, konnten ebenfalls gerettet werden. Der Schutzpatron der Hatter Kirche, der heilige Ansgar, ist zugleich der Schutzpatron von Skandinavien. Er lebte von 801 bis 855. Er war es, der Hatten das erste Mal urkundlich in seiner Vita St. Willehadi erwähnte. Ansgar war Bischof von Hamburg und Bremen. Er setzte sich für die Christianisierung der nördlichen Region ein, was ihm den Beinamen „Apostel des Nordens" einbrachte. Die St.-Ansgari-Kirche kann tagsüber jederzeit besichtigt werden.

Unweit des Rathauses, mitten im Ort, steht der Suhrkamp-Hof, auf dem Johann Heinrich (genannt Peter) 1891 geboren wurde. Suhrkamp wurde einer der bedeutendsten Verleger Deutschlands.

Etwas außerhalb des Ortes an der Sandkruger Straße befindet sich das Freizeitzentrum Hatten. Nicht nur im Sommer ist hier einiges los: Camper schätzen den gepflegten Campingplatz mit Kiosk, Grillplatz und Jugendzeltplatz. Gleich nebenan kann man sich an heißen Tagen im Freibad erfrischen. Das Bad hat u. a. eine großzügige Liegewiese, einen abgeschirmten Kleinkinderbereich, eine Abenteuerrutsche, ein Beachvolleyballareal sowie einen Spielplatz mit Riesenhüpfburg. Bei kühlerem Wetter bietet ein Minigolfplatz Abwechslung.

Im Wald, zwischen Freibad und Campingplatz gelegen, befindet sich der Kletterwald Kraxelmaxel. Inmitten eines herrlichen Mischwaldes mit alten Laubbäumen gibt es ein System aus Drahtseilen, Holzbrücken und Rohren, über die man in Höhen zwischen 4 und 10 Metern von Plattform zu Plattform „kraxeln" kann. Sechs Kletterparcours mit unterschiedlichen Schwierigkeitsgraden stehen zur Auswahl und für jeden ist etwas dabei. Gut gesichert mit einem ausgeklügelten System hangeln sich die Klettermaxe von Baum zu Baum. Gut ausgebildete Trainer weisen die Kletterfreunde ein und helfen, wenn es Probleme gibt.

Ganz in der Nähe, ebenfalls an der Sandkruger Straße 25, liegt das russische Dorf. In den originalgetreu nachgebildeten Dorfhäusern ist mit dem Ensemble

Im Wald zwischen Freibad und Campingplatz befindet sich der Kletterwald Kraxelmaxel. Inmitten eines Mischwaldes mit alten Laubbäumen gibt es ein System aus Drahtseilen, Holzbrücken und Rohren, über die man in Höhen zwischen 4 und 10 Metern von Plattform zu Plattform „kraxeln“ kann. Sechs Kletterparcours mit unterschiedlichen Schwierigkeitsgraden stehen zur Auswahl.

Kalinuschka ein Zentrum für osteuropäische Volksmusik angesiedelt. Ein Volkschor sowie ein Balalaika-Orchester gehören zum Ensemble. Die Musiker spielen auf traditionellen Instrumenten und tragen Original-Trachten. Das Repertoire der farbenfrohen Truppe reicht von russischen und ukrainischen Volksliedern bis hin zu Romanzen und Kirchengesängen. Das Ensemble gibt ausschließlich Benefizkonzerte zu Gunsten bedürftiger Familien und Kindern in Weißrussland.

DIE SAGE VON DEN SCHIFFEN, DIE ÜBER DIE OSENBERGE FAHREN

Graf Anton von Oldenburg grollte, denn sein Großvater, Graf Gerd der Schreckliche, hatte die Herrschaft über Delmenhorst an Münster verloren. Als Graf Anton die Macht antrat, verlangte er daher die Grafschaft Delmenhorst zurück. Der Bischof von Münster spottete: „Erst, wenn Schiffe über die Osenberge fahren, fällt Delmenhorst wieder Oldenburg zu!“

Der Graf nahm sich das zu Herzen und rief dreitausend Mann zusammen. Am Palmsonntag zog er mit seinem Heer los. Auf Wagen gepackt führte er kleine Schiffe mit sich. Die brachte er mit seinen Männern über die Osenberge. Vor Morgengrauen kamen sie damit vor die Tore von Delmenhorst. Sie setzten die Schiffe auf den Burggraben und ruderten heimlich über das Wasser. Dann sägten sie ein Loch in den Palisadenzaun, drangen in die Burg ein und eroberten sie. Somit hatte sich die Prophezeiung des Bischofs erfüllt: Wenn Schiffe über die Osenberge fahren, fällt Delmenhorst an Oldenburg zurück.

Ein etwas anderes Vergnügen, v. a. für Gruppen, ist das berühmte Hatter Diplom. Auf dem Prüfungsplan stehen u. a. folgende Disziplinen: Melken, Wolle spinnen und Übersetzen eines plattdeutschen Textes. Teilnehmer erhalten im Anschluss an die Prüfung das begehrte Diplom ausgehändigt. Dieses spaßige Angebot kann mit einer Kutschfahrt, mit Boßeln, mit einer Kaffeetafel sowie einem Besuch des Schmiedemuseums kombiniert werden.

Hatten hat auch Berge, nämlich die Osenberge. Es handelt sich hier im eigentlichen Sinne jedoch um eine bis zu 23 Meter hohe Dünenkette. Die Osenberge ziehen sich das Huntetal entlang von Wardenburg über Sandkrug bis vor die Tore Oldenburgs. Der Kistenberg bei Sandkrug ist dabei die höchste Erhebung. Die Dünen wurden mit Kiefern aufgeforstet, um weitere Sandverwehungen zu verhindern. Ursprünglich waren sie mit Sandhafer bewachsen, der jedoch fast ausgerottet wurde. Die Kleinbauern der Umgebung brauchten den Sandhafer für die Herstellung der beliebten Hatter Matten. Die Osenberge sind so alt wie die Geest. Sie entstanden durch Sandverwehungen während der Eis-

Im Druckereimuseum gibt es Exponate von der Handsetzerei bis zur Buchbinderei. Die Ausstellungsstücke konnten aus dem Bestand zweier Oldenburger Druckereien gerettet werden. Dazu kommen Sammlerstücke aus ganz Deutschland. Unter fachkundiger Führung erfährt man hier alles über den Buchdruck von Gutenberg bis heute.

Im pittoresken Dorf Sandhatten gibt es inmitten verträumter Bauernhäuser verschiedene Galerien und Künstlerateliers. Der international renommierte Keramiker Martin McWilliam erarbeitet hier seine Objekte mit besonderen Formen, die er weltweit ausstellt und verkauft.

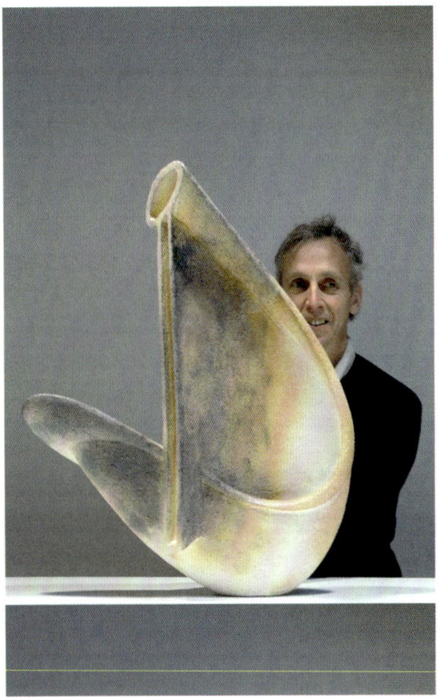

zeiten. Die Dünenkette ist eines der schönsten Wandergebiete im Naturpark. Der Legende nach sollen sogar Schiffe über die Osenberge gekommen sein.

Die Osenberge liegen in einem ausgedehnten Waldwandergebiet. Der wohl schönste und interessanteste Teil dieses Waldes ist das Barneführer Holz mit dem Feuchtgebiet Schreensmoor. Es liegt am südwestlichen Zipfel der Gemeinde Hatten direkt an der Hunte, die hier die Grenze zur Gemeinde Wardenburg bildet. Uralter Wald, geheimnisvolle Eichen und Buchen sowie nebelverhangene Feuchtwiesen prägen dieses gut 250 Hektar große Naturschutzgebiet.

Im Barneführer Holz befindet sich direkt neben der Alten Jagdhütte die älteste Douglasie Europas. Sie ist über den Barneführerholzweg zu erreichen. Ihr Stamm ist so dick, dass man schon zu dritt sein muss, um ihn zu umfassen. Die Douglasie gehört zur Familie der Kiefern. Ihre Zapfen sind bis zu 10 Zentimeter lang und hängend. Der Baum wurde von dem britischen Botaniker David Douglas (1799-1834) aus Nordamerika nach Nordeuropa eingeführt. Angeblich stammt die Douglasie im Barneführer Holz aus diesem Ursamen. Die Osenberge mit dem Barneführer Holz erschließt man sich am besten von Sandkrug kommend. Hier beginnen einige sehr schöne Wanderwege. Mietbusse für Radlergruppen können gebucht werden. Es besteht zudem eine Mitnahmemöglichkeit für Fahrräder im Linienbus sowie in der Nord-West-Bahn.

Ein beliebtes Ziel für einen Sonntagsausflug sind auch die kleinen Handwerkermuseen wie das Druckereimuseum oder das Schmiedemuseum. Das Druckereimuseum mit der Galerie Petit zeigt alte Maschinen und Handwerkszeug vom Ende des 19. und Anfang des 20. Jahrhunderts sowie gegenwärtige Kunst. Die Ausstellungstücke konnten aus dem Bestand zweier Oldenburger Druckereien gerettet werden. Dazu kommen Sammlerstücke aus ganz Deutschland. Auf zwei Ebenen gibt es Exponate von der Handsetzerei bis zur Buchbinderei zu sehen. Unter fachkundiger Führung erfährt man hier in einer Stunde alles über den Buchdruck von Gutenberg bis heute.

Ein anderes sehenswertes Museum befindet sich in Hatterwüsting, das ebenfalls eine Radtour oder Wanderung wert ist: das Schmiedemuseum. Hier erfährt man nicht nur alles über das Handwerk der Schmiedekunst samt Schmiedevorführung, man bekommt auch an jedem Wochenende selbst gebackenen Kuchen und ein Unterhaltungsprogramm serviert. Die Schmiedemeisterin schmiedet nicht nur, sie singt auch und lässt sich gerne Geschichten von ihren Gästen bei einer entspannten Runde am Kamin erzählen. Zudem finden hier kulturelle Veranstaltungen und Ausstellungen statt. Das Schmiedemuseum kann auch für private Feste, z.B. eine Kohlfahrt, gebucht werden.

Auch das Künstlerdorf Sandhatten mit seinen Galerien inmitten verträumter Bauernhäuser und dem historischen Wirtshaus Alte Post ist einen Besuch wert. Aus der Jungsteinzeit stammt ein Steingrab, das verwunschen und einsam auf dem Steenberg zwischen Bäumen etwas außerhalb des Ortes liegt. Der Weg dorthin ist ausgeschildert. Für diejenigen, die Ruhe suchen, ist dieses gut erhaltene Steingrab ein echter Geheimtipp. Es ist Teil der archäologischen Rund-

» Gästeführungen können in Hatten mit „Bademutter Justine" gebucht werden. Im Kostüm der mittelalterlichen Hebamme werden die Besucher mit in jene Zeit genommen.

wege Faszination Archäologie 1, 3 und 4. Prägend für Sandhatten sind jedoch die Künstler. Ein Kunstpfad führt durch das Dorf zu sechs Galerien, die gerne ihre Türen für Besucher öffnen. Zu den bekannten Künstlern zählen der Keramiker Martin McWilliam sowie die Schmuckgestalterin Susann Gähde und die Objektkünstlerin Anna-Maria Nordiek. Der Kunstpfad ist zwei Kilometer lang.

TIPPS

WAS MAN IN HATTEN UNBEDINGT MACHEN SOLLTE

- Kühe melken und Melkrad fahren: im Rahmen einer Gästeführung das Hatter Diplom ablegen
- die Angebote des Freizeitzentrums nutzen und das Freizeitbad im Sommer genießen
- Hurenkinder und Schusterjungen auf den Spuren alter Handwerkskunst im Druckereimuseum kennenlernen
- eine Mutprobe im Kraxelmaxel Kletterwald absolvieren und von Baum zu Baum balancieren
- die Ausstellungen und Kulturveranstaltungen im Rathaus besuchen
- Wanderungen entlang der Hunte und durch die schöne Natur von Hatten unternehmen
- am Flugplatz Hatten in die Lüfte steigen und die Welt von oben betrachten
- Schläger schwingen, Bälle patten und die Platzreife beim Golfen erwerben
- bei den Osenbergen in die Märchen- und Sagenwelt eintauchen
- eines der zahlreichen Konzerte in der St.-Ansgari-Kirche besuchen

Exklusiver Sport in Hatten

Zwei Golfplätze laden Freunde des edlen Sports zu einer gepflegten Rasenpartie ein: Der Golfclub Hatten mit einer 9-Loch-Anlage und der Golfclub Oldenburger Land mit einer 18-Loch-Anlage. Wer einfach mal zuschauen möchte, kann das in den dazugehörigen Restaurants tun. Der Club der Flieger ist auf dem kleinen Flugplatz Hatten an der Hatter Landstraße 14 ansässig. Eine Cessna 152 und eine viersitzige Cessna 17 nennt der Club sein eigen. Er betreibt auf dem Platz eine lizenzierte Flugschule für angehende Privatpiloten. Vom Restaurant aus können Gäste dem Flugbetrieb zusehen. Auch Ballonfahren ist von hier aus möglich. Wer den weiten Blick über die Wildeshauser Geest genießen möchte, kann vor hier aus mit dem Ballon über die Geest „fahren“.

ADRESSEN

TOURIST-INFORMATION HATTEN
Hauptstr. 21
26209 Hatten
Telefon 04482/922266
www.hatten.de
www.hatten-touristik.de

EV.-LUTH. KIRCHENGEMEINDE HATTEN
Wildeshauser Str. 2
26209 Hatten
Telefon 04482/927469

DRUCKEREIMUSEUM HORST KOLTER
Astruper Str. 42
26209 Hatten
Telefon 04481/6903 & 04407/5006
www.druckereimuseum-sandkrug.de

KULTURKNEIPE SCHMIEDEMUSEUM
Sandweg 23
26209 Hatten-Hatterwüsting
Telefon 04481/7606
www.kulturkneipe-schmiedemuseum.de

FREIZEITZENTRUM HATTEN
Garms Freizeit GbR
Kreyenweg 8
26209 Hatten
Telefon 04482/677
www.campingplatz-hatten.de
www.freibad-hatten.de
www.fzz-hatten.de

WEITERE ADRESSEN:
www.martin-mcwilliam.de
www.atelier5.info
www.golfclub-hatten.de
www.ggol.de
www.phoenix-ballooning.de

Zwischen Moor und Geest

Am nordwestlichen Zipfel der Wildeshauser Geest liegt die Gemeinde Wardenburg. Auf einer Gesamtfläche von gut 118 Quadratkilometern umfasst die Gemeinde 18 Ortschaften mit rund 16.000 Einwohnern. Die größte Ortschaft dieser Geestrandgemeinde ist Wardenburg selbst. Die Gemeinde grenzt im Norden an die Stadt Oldenburg, im Westen stößt sie an das weitläufige Vehnemoor, ein weitgehend kultivierter Hochmoorkomplex inmitten der Hunte-Leda-Niederung, der bis in die Niederlande hineinreicht. Der nordwestliche Teil der Gemeinde mit den Ortschaften Südmoslesfehn, Achternmoor sowie Harbern I und II gehört im strengeren Sinne nicht mehr zum Naturpark Wildeshauser Geest. Auf dem mächtigen Geestrücken, der nach Nordwesten in die Moorniederung hineinragt, liegen die alten Ortschaften Wardenburg, Tungeln, Oberlethe, Littel und Westerburg.

Die Landschaft in der Gemeinde Wardenburg ist geprägt von einem Neben- und Miteinander von Geest und Moor, wobei das Moor noch bis nach dem Zweiten Weltkrieg das bestimmende Landschaftselement war. Heute ist das riesige Vehnemoor nur noch in Resten erhalten. Große Anstrengungen wurden in den vergangenen Jahrhunderten unternommen, um die gewaltige Fläche der Hunte-Leda-Niederung zu kultivieren und urbar zu machen, denn fruchtbares Ackerland war rar.

« Ab Wardenburg ist die Hunte bis nach Oldenburg eingedeicht. Schafe sind als sogenannte „Trippelwalze“ für die Deichpflege wichtige Tiere, da sie die Grasnarbe kurz halten und durch das regelmäßige Treten die Deichoberfläche verdichten. Deswegen gehören sie in Wardenburg zu den typischen Tieren entlang des Wassers.

Mit dem Bau des Hunte-Ems-Kanals ab 1855 entstanden die ersten ausgedehnten Moorkolonate auf Wardenburger Gebiet. Menschen, die sich hierher wagten, um eine Parzelle mooriges Land zu kultivieren, hatten meist nicht viel zu verlieren. Die ersten Moorsiedler waren nicht-erbberechtigte Bauernsöhne ohne Land oder Heuerleute, die bei der Aufteilung der Mark (allen zugängliches Acker-

und Weideland) leer ausgegangen waren. Wer nicht nach Amerika auswanderte, erhoffte sich als Moorsiedler eine bescheidene, aber unabhängige Existenz. In jahrzehntelanger Schwerstarbeit machten sie aus dem unzugänglichen Moor Kulturland. Viele gingen dabei zugrunde und erst den nachfolgenden Generationen wurde das Land zur Lebensgrundlage. Benthullen und Charlottendorf zählen zu diesen jungen Moorkolonaten, wobei Charlottendorf-Ost und -West auch aus großen Heideflächen bestanden, die der Schafbeweidung dienten. Man findet heute noch an einigen Stellen die alten Schafkoben. Die ehemaligen Moorkolonate erkennt man an der schachbrettartigen Struktur entlang einer endlosen schnurgerade verlaufenden Hauptstraße. Hier und da stehen noch die kleinen Siedlungshäuser aus rotem Ziegelstein. Die allerersten Häuser der Kolonisten bestanden meist nur aus Balken und Torfsoden.

In Wardenburg treffen Geest und Moor aufeinander. Die Natur ist hier vom Neben- und Miteinander der beiden Landschaftselemente geprägt. In den beiden letzten Jahrhunderten wurden zahlreiche Anstrengungen unternommen, um Moorflächen zu kultivieren und urbar zu machen.

Vom Moor in seiner ursprünglichen Form ist heute sehr wenig übrig geblieben. Was damals als Pionierleistung galt und vielen Familien auf dem Land ein Auskommen sicherte, wird heute als Verlust beklagt. Man kann sich kaum mehr vorstellen, dass Niedersachsen noch vor hundert Jahren das moorreichste Land der Erde war; ein unwirtlicher Landstrich, tückisch und lebensfeindlich für den, der sich nicht auskannte. Was man damals fürchtete, vermissen wir heute. Eine urtümliche Landschaft ist unwiederbringlich verloren gegangen – bis auf einige Reste. Dazu gehört u. a. das seit 1984 unter Naturschutz stehende Benthullener Moor.

Der Geestrücken in der Gemeinde Wardenburg hebt sich deutlich vom Moor ab. Felder, Weiden und Wald bestimmen hier das Landschaftsbild. Erste Siedlungsspuren befinden sich auf dem Geestrücken. Die Landschaft ist an einigen Stellen stark gewellt, allerdings handelt es sich hier nicht um Moränen, sondern um Sanddünen bzw. Hügel aus Flugsand. Mitten hindurch fließen die beiden Geestflüsse Hunte und Lethe, wobei die Lethe ein kleiner Nebenfluss der Hunte ist. Beide Flusstäler sind ma-

Am ältesten Ortsteil von Wardenburg, am Patenberg, steht die Marienkirche. Der Turm, der auf den Fundamenten der alten Wallfahrtskirche ruht, ragt schmal über dem schlichten einschiffigen Bau in den Himmel. Einst stand an dieser Stelle die prächtige Marienkirche mit kreuzförmigem Schiff und kupfernem Dach. 1538 brannte diese Basilika jedoch nieder.

lerisch schön. Die Flusslandschaften stehen unter besonderem Schutz. Zwischen 1400 und 1803 war die Lethe zudem der Grenzfluss zwischen Münster und Oldenburg. Die Hunte eignet sich hervorragend zum Wasserwandern mit dem Kanu. Waldgebiete machen sich hier rar. Der Litteler Fuhrenkamp und der Tüdick bei Littel zählen zu den beliebten Naherholungsgebieten in der Region.

Soldaten, Heerführer und fromme Pilger

Der Geestzipfel zwischen Hunte und Lethe war schon in vorchristlicher Zeit ein guter Siedlungsgrund. Die Geest konnte bebaut werden, bevorzugt mit Roggen, und bei Überschwemmungen saß man auf dem Trockenen. Waren allerdings Feinde im Anmarsch, bot das Moor ein überaus gutes Versteck, denn kaum ein Fremder wagte sich hier hinein. Die Wardenburger mussten öfter ins Moor fliehen, denn spätestens seit den Sachsenkriegen im 8. Jahrhundert lag die Gegend im Schussfeld sich befehdender Grafen, Fürsten und Könige. Der berühmteste Heerführer, der jemals durch Wardenburg kam und es verwüstet zurückließ, war Feldherr Graf Tilly.

Erste Spuren menschlicher Besiedlung datieren in die ältere Bronzezeit um 1.500 v. Chr. Aus dieser Zeit stammen vier hölzerne Wagenräder, die zwischen 1880 und 1883 nacheinander im Moor gefunden wurden. Sein Besitzer hatte sie wahrscheinlich hier gelagert, um sie vor dem Austrocknen zu schützen. Ebenfalls im Moor vergessen wurde das wohl berühmteste Kleidungsstück der Region: der Prachtmantel vom Vehnemoor. Er stammt aus der römischen Eisenzeit um das Jahr 200 v. Chr. Der germanische Stamm der Chauken bewohnte damals das Gebiet. Ein chaukischer Edelmann muss es gewesen sein, der vor gut 2.200 Jahren eine römische Bronzeschale in seinen kostbaren Mantel hüllte und sie im Moor niederlegte. Warum er das tat, ist unbekannt. Möglicherweise war es eine Opfergabe an die Götter. Mehr als 2.000 Jahre lang blieb der Mantel im Moor liegen, bis ihn ein Torfstecher im Jahre 1880 bei Littel fand. Er händigte seinen Fund den Behörden aus. Die unansehnlichen Stoffreste, die die Schale immer noch umhüllten, blieben zunächst unbeachtet. Erst Jahrzehnte später kümmerte man sich um sie und entdeckte Erstaunliches: Die Fetzen gehörten zu einem prächtigen Mantel aus feingesponnener Schafwolle, in komplizierter Webtechnik hergestellt. Der Mantel, eigentlich ein Tuch, das um den Körper geschlungen und mit einer Gewandspange festgehalten wurde, war 3 x 1,80 Meter groß und war am Saum braun und leuchtend rot gefärbt. Das eisenzeitliche Kleidungsstück wurde innerhalb eines Jahres nachgewebt und ist zusammen mit den anderen Fundstücken im Museum für Natur und Mensch in Oldenburg ausgestellt.

In der Nachbarschaft zur Marienkirche steht das Wahrzeichen von Wardenburg, der alte Glockenturm. Er war Teil der 1342 zerstörten Wardenburg und ist, wie der Mauerrest der alten Marienkirche, aus Ziegelsteinen im Klosterformat gebaut. Die Bauzeit datiert ins 13. Jahrhundert.

Während der Sachsenkriege wurde die Gegend zwischen Lethe und Hunte zum Aufmarschgebiet für die Sachsenheere, denn hier bot das Moor ein gutes Versteck vor den Truppen Karls des Großen, der große Anstrengungen unternahm, um die heidnischen Stämme im Norden zu christianisieren. Allerdings gelang das erst, als der Anführer der Sachsen, Widukind, sich 785 selbst taufen ließ. Er hatte sich der Übermacht des fränkischen Königs unterworfen - nach dreißig Jahren Krieg. Abt Gerbert Castus von Visbek gründete daraufhin in diesem äußersten Winkel seines Missionsgebietes eine Kirche. Visbeker Mönche zogen nun umher, predigten das Evangelium und errichteten in Westonstedi (heute Westernburg) eine kleine Holzkirche. Es war die erste Pfarrkirche weit und breit und somit das älteste Kirchspiel im Oldenburger Raum. Die Kirche existierte nicht lange, denn schon 890 wird Westonstedi in einem Heberegister als „wüst" (verlassen) bezeichnet. Der Ort wurde von einfallenden Wikingern zerstört.

Die Burg an der Lethe

Wardenburg ist abgesehen von den Moorkolonaten der jüngste Ort der Gemeinde. Seinen Namen hat das heutige Zentrum der Gemeinde Wardenburg von einer längst untergegangenen Burg an der Lethe. Die Burg, höchstwahrscheinlich eine Gräfteburg (wie sie beim oldenburgischen Ministerialadel üblich war), gehörte einem Ritter Rotbert von Westerholte. Ihre genaue Lage ist unbekannt.

Ritter Rotbert rebellierte um 1270 gegen die Obrigkeit. Die Wardenburg des Junkers von Westerholt sollte als Stützpunkt gegen die mächtigen Grafen von Oldenburg dienen, was ein recht vermessener Plan war. Rotbert von Westerholt schloss zu diesem Zweck einen Bund mit anderen Rittern, den sogenannten Westerholtschen Ritterbund, und zog mit seinen Eidgenossen 1271 gegen den Grafen von Oldenburg. Sie eroberten Oldenburg, jedoch nicht die

Burg. Rotbert musste mit seinen Rittern fliehen, verfolgt vom Grafen. In der Tungeler Marsch standen sie sich gegenüber. Rotbert unterlag und landete mit seinen Kampfgefährten im Burgverlies. Nachdem er Besserung geschworen hatte, kam er jedoch wieder frei. Die von Westerholts waren von nun an treue Vasallen des Oldenburger Grafenhauses bis ins Jahr 1707. Anton Günter von Westerholt, der letzte seines Geschlechts, starb bei einem Duell. Die Burg an der Lethe gab es zu diesem Zeitpunkt schon lange nicht mehr: 1342 steckten münstersche Söldnertruppen sie in Brand. Unterhalb der Lethebrücke bei Wardenburg fand man Mauerreste der alten Burg, u. a. den verzierten Schlussstein eines Gewölbes. Der Stein dient nun in der Kirche als Taufbecken. Kurz nach der Zerstörung der Wardenburg bauten die Oldenburger Grafen 1359 in Westonstedi die Westerburg direkt an der Straße, die ins Münsterland führte. Hier wohnte fortan der oldenburgische Amtmann, der die hiesige Zollstelle betreute.

Die Konflikte der Wardenburger mit den Herrscherhäusern der Umgebung gingen jedoch weiter. Die Münsterschen machten ihnen im 15. Jahrhundert das Leben schwer. 1423 brannten sie die Westerburg nieder, 1454 gingen Astrup und Hundsmühlen in Flammen auf, 1471 wurde Littel zerstört und so sollte es weiter gehen. Die Dörfer zwischen Hunte und Lethe wurden zum Spielball der Kriegsparteien. Im Dreißigjährigen Krieg lagerte der Heerführer der kaiserlichen Liga, Graf Tilly, mit einem

GRÄFTEBURGEN

Der oldenburgische Ministerialadel (Kleinadel) lebte meist in sogenannten Gräfteburgen. Die Burgen hatten überschaubare Maße von etwa 30 x 30 Metern Innenfläche. Das Hauptgebäude bestand aus einem einfachen Bauernhaus, zudem gab es mehrere Wirtschaftsgebäude. Der Speicher war mit einem inneren Graben zusätzlich gesichert. Hier zog man sich im Falle einer Belagerung zurück. Die gesamte Anlage wurde durch einen Graben mit Zugbrücke sowie Wällen und/oder Palisadenzäunen geschützt. Gräfteburgen lagen in sumpfigen Gebieten, meist in den Niederungswiesen eines Flusses.

riesigen Heer in Wardenburg. Zwischen 25.000 und 30.000 Soldaten sollen es gewesen sein, die drei Wochen lang die Gegend unsicher machten und sich ungeniert bei der Bevölkerung bedienten.

Unsere liebe Frau zu Wardenburg

Nicht nur Soldaten und Heerführer trafen sich in Wardenburg, auch fromme Pilger kamen in Scharen hierher, um in der Marienkirche zu beten. Schon 1268 gab es in Wardenburg eine Kapelle „Unsere liebe Frau zu Wardenburg". Sie war von der Mutterkirche in Westerburg unter dem Namen Sancta Maria gegründet worden und kam 1320 unter das Patronat der geschäftstüchtigen Zisterzienserinnen vom Kloster Bersenbrück. Herzstück der Kapelle war ein lebensgroßes holzgeschnitztes Bild der Mutter Gottes mit Christuskind. Dieses Marienbildnis stand im Ruf, wundertätig zu sein, so jedenfalls

Das Moor- und Bauernmuseum Benthullen präsentiert ländliche Alltagsgeschichte auf anschauliche Weise: In einem alten Stallgebäude gibt es landwirtschaftliches Gerät, Handwerk, Wohnstuben und Waschküchen, Möbel, Schallplatten und Rundfunkgeräte zu sehen.

glaubte es das Volk und so verbreiteten es die Nonnen von Bersenbrück. Pilger kamen in Scharen und brachten fromme Spenden mit. Um 1485 erreichte die Wallfahrt nach Wardenburg ihren Höhepunkt. Graf Otto von Oldenburg spendete sogar eine Orgel, was zu der Zeit eine kostbare Seltenheit war. Bis zu zehn Priester versahen den Dienst an den verschiedenen Altären, um den Andrang zu bewältigen. Die Grafen hatten allen Grund, sich gut zu stellen mit den Zisterzienserinnen, liehen diese ihnen doch immer wieder Geld für ihre kostspieligen Feldzüge, allen voran dem Raubgrafen Gerd mit dem Beinamen „Der Schreckliche".

Die Alte Ziegelei Westerholt hat den höchsten Schornstein von Wardenburg. Von 1824 bis 1966 war die Anlage in Betrieb – heute ist der beeindruckende Bau mit imposantem Ringofen ein sehenswertes Spezialmuseum, das über die technischen und sozialhistorischen Aspekte der Ziegelherstellung informiert.

Die frommen Nonnen verwalteten das Geld und bald stand an Stelle der kleinen Kapelle eine repräsentative Basilika aus Backsteinen mit einem weithin sichtbaren Kupferdach. Kupfer war damals wie heute kostbar. Die Pracht und Schönheit der Marienkirche zu Wardenburg soll überwältigend gewesen sein, so berichten es Zeitzeugen. Mit der Reformation begann das Ende der prächtigen Marienkirche. Graf Anton von Oldenburg zog kurzerhand die Kirchengüter ein, die berühmte Wardenburger Wallfahrtskirche verarmte quasi über Nacht. Aber damit nicht genug: In der Münsterschen Fehde von 1538 bekriegten sich der katholische Fürstbischof von Münster und der reformierte Graf Christian von Oldenburg. Das Heer des Erzbischofs lagerte rund um Wardenburg. Am 19. Juli 1538, kurz vor dem Abzug des Heeres, ging Wardenburg zusammen mit der berühmten Marienkirche in Flammen auf. Wie durch ein Wunder überstanden sowohl das Marienbild als auch der Glockenturm das Feuer. Von der Kirche blieb nur ein kleiner Mauerrest am Fuße des Kirchturms übrig, der heute noch existiert. In alten Quellen heißt es, der Wildeshauser Drost Heinrich Schade habe die Brandfackel in die Kirche geworfen. Danach sei er wahnsinnig geworden.

1578 wurde die Kirche notdürftig wieder aufgebaut. Die Wardenburger Kirche galt seitdem als

„Wardenburger Begegnungen“: Seit 2009 steht die gleichnamige Skulptur der Oldenburger Künstlerin Renate Ruck am Ortseingang Oldenburger Straße. Sie soll Aufgeschlossenheit und Freundlichkeit symbolisieren sowie die Verbindung der Menschen zueinander darstellen.

eine der ärmsten in der Umgebung. Das Marienbildnis stand noch lange in der Kirche, bis es 1793 „von Würmern ganz verzehret“ entfernt wurde. Im 18. Jahrhundert galt Wardenburg als eine der ärmsten Gemeinden im Oldenburger Land und das sollte lange so bleiben. Viele wanderten aus, andere gingen nach Holland, um sich als Saisonarbeiter ein Zubrot zu verdienen. Die Wardenburger waren bei den westlichen Nachbarn als geschickte Stuckateure willkommen. Im 19. Jahrhundert begann das große Werk der Moorkolonisation. Es entstanden neue Siedlungen und damit neuer Wohn- und Lebensraum.

Heute ist Wardenburg ein moderner und attraktiver Ort. Eine gute Infrastruktur, die landschaftlich schöne Umgebung und v. a die Nähe zur Stadt Oldenburg machen Wardenburg zu einem beliebten Wohnort, aber auch zum Ziel von Gästen, die die Wildeshauser Geest erkunden wollen. Gerade das Neben- und Miteinander von Geest und Moor machen die Gegend reizvoll.

Spaziergang durch Wardenburg

Der Rundgang beginnt am Patenberg, dem ältesten Teil des Ortes Wardenburg. Hier steht die einst berühmte Marienkirche. Die Kirche ist einschiffig und schlicht in ihrer Bauweise. Ein Friedhof umgibt sie, wie es in früheren Zeiten üblich war. Der Turm, der auf den Fundamenten der alten Wallfahrtskirche ruht, ragt schmal in den Himmel und will nicht recht zu den übrigen Proportionen des Gebäudes passen. Der Reiz dieser Kirche liegt in ihrer Geschichte. An dieser Stelle stand einst die prächtige Marienkirche mit kreuzförmigem Schiff und kupfernem Dach, das weithin sichtbare Zeichen ihres Reichtums. Im Mittelalter war sie Anziehungspunkt für zahllose Pilger von nah und fern, die v. a. das berühmte wundertätige Marienbildnis aufsuchten. Die Zisterzienserinnen wussten den Zustrom der Pilger wirtschaftlich zu nutzen. Von den reich fließenden Spenden kauften sie Ländereien oder waren als Geldverleiher tätig. Im Zuge der Reformation wurde die Kirche enteignet und war fortan bettelarm. 1538 brannte die Basilika nieder. Das Marienbildnis, das den Brand überstanden hatte, vegetierte noch einige Jahrhunderte in einer Nische vor sich hin, bis es 1793, wurmzerfressen, entfernt wurde. Das Schmuckstück der heutigen Kirche ist eine Barockorgel mit originalem Prospekt aus dem 18. Jahrhundert. Die Orgel wurde von dem Arp-Schnitger-Schüler Buch-Itzehoe gebaut. Eine Kuriosität stellt zudem der Taufstein dar. Er wurde bei Bauarbeiten an der Lethe gefunden und gehörte zur alten Wardenburg. Wahrscheinlich war er der Schlussstein eines Deckengewölbes.

In der Nachbarschaft zur Marienkirche steht der alte Glockenturm, das Wahrzeichen von Wardenburg. Er war Teil der 1342 zerstörten Wardenburg. Der Turm ist, wie der Mauerrest der alten Marienkirche, aus Ziegelsteinen im Klosterformat gebaut. Die Bauzeit datiert daher ebenfalls ins 13. Jahrhundert. Der Glockenturm wurde auch als Wehrturm genutzt. Sieben Glocken sollen in ihm gehangen haben. Bei der Zerstörung der Marienkirche durch münstersche Truppen gingen die Glocken verloren. 1703 wurde der Turm bei einem Sturm beschädigt und 1737 etwas niedriger wieder aufgebaut.

In der Nähe des Turmes, bei der Holzbrücke über die Lethe, soll die Wardenburg von Ritter Rotbert von Westerholt gestanden haben. In der Lethe findet man einzelne Mauerreste. Ein Stück weiter an

der Lethe entlang in Richtung Süden befindet sich die alte Wassermühle. Sie stand ursprünglich in Hundsmühlen. 1754 wurde sie nach Wardenburg überführt. Seit 1920 erzeugte sie Strom. Heute ist die ehemalige Korn-, Walk- und Ölmühle ein ansprechendes Gasthaus.

Tilly

Ortskundigen fällt zu Wardenburg zuallererst Tilly ein. Der kaiserliche Heerführer aus dem Dreißigjährigen Krieg hat sich bis heute ins kollektive Gedächtnis der Wardenburger eingebrannt. Am 2. September 1623 ließ er die Zelte vor den Toren Oldenburgs aufschlagen. Auf einer kargen Hügelkette zwischen Wardenburg und Tungeln lagerte er mit einem riesigen Heer. Kilometerlang soll sich der Tross des Heerführers hingezogen haben. Wie in Grimmelshausens Simplizissimus beschrieben, folgten ihm Marketenderinnen, Gaukler, Ehefrauen mit Kindern, Dirnen und buntes Volk. Die Zahlen schwanken zwischen 25.000-30.000 Menschen. Drei Wochen lang terrorisierten Tillys Landsknechte die Gegend. Sie stahlen den Bauern das Vieh, setzten Gebäude in Brand und nahmen sich, was sie brauchten. Auf dem Danzmeesterweg, der heute noch existiert, vergnügten sie sich mit den Wardenburger Frauen, sicherlich nicht immer mit deren Einverständnis.

Der Tilly-See entstand bei der Sandentnahme für den Bau der Autobahn. Ein Teil des Sees ist nicht zugänglich, da sich hier ein Biotop befindet, in dem seltene Tiere wie der Eisvogel sowie bedrohte Pflanzen ein Refugium gefunden haben. Gebadet werden kann dagegen im Natursee in Westerholt.

Graf Anton Günther, der geschickte Diplomat, konnte Tilly Ende September zum Rückzug bewegen. Tillys Heer war zudem geschwächt durch Seuchen und er beklagte sich über das „continuirliche Regenwetter“ und den „gruntlosen Morast“. Anton Günther schenkte Tilly drei prächtige Pferde. Am 23. September 1623 zog Tilly ab und hinterließ einen verwüsteten Ort: 45 zerstörte Gebäude, Verlust von 212 Kühen und 75 Pferden, Zerstörung der Ernte und Plünderungen in den Haushalten. Noch 30 Jahre später waren die Schäden nicht behoben. Kein Wunder also, dass die Wardenburger die Belagerung bis heute nicht vergessen haben. Der Teepen-Berg im Norden Wardenburgs wurde 1925 in Tilly-Hügel umbenannt. Ein kleines Schlatt in der Nähe des Hügels heißt Tilly-Tränke und eine Mulde wird der Danzmeester genannt, ähnlich wie der Danzmeesterweg am Tillyhügel selbst. Hier feierten die Soldaten angeblich ihre Feste.

Der Tilly-See entstand bei der Sandentnahme für den Bau der Autobahn und gehört seit 1982 der Gemeinde. Ein Teil um den See ist für Wanderer unzugänglich, da sich hier ein Biotop der Biologischen Schutzgemeinschaft befindet, in dem seltene Tiere wie der Eisvogel und bedrohte Pflanzen ein Refugium gefunden haben. Angler lieben die Ruhe am Tilly-See. Wer baden möchte, muss allerdings zum Natursee in Westerholt ausweichen, da das Baden im Tilly-See aus Naturschutzgründen verboten ist.

Moor, Ziegel und Rauch

Das Benthullener Moor, ein 70 Hektar großes Gelände, steht seit 1984 unter Naturschutz. Der Moorrest gehörte einst zum ausgedehnten Vehnemoorkomplex, der bis in die Niederlande hineinreichte. Das Benthullener Moor ist heute ein naturnaher Hochmoorrest. Noch bis vor wenigen Jahrzehnten wurde hier bäuerlicher Handtorfstich betrieben. Das Moor war bereits stark entwässert, als es unter Naturschutz gestellt wurde. Umfangreiche Renaturierungsmaßnahmen zeigen erste Erfolge. Seltene

Moorpflanzen wie die Moorbeere und der Sonnentau haben sich wieder angesiedelt. Zahlreiche Libellen und die bedrohte Kreuzotter erobern sich das Benthullener Moor als Lebensraum zurück.

Der Ort Benthullen an der Böseler Straße ist eines der jüngsten Moorkolonate. Seinen Namen hat der Ort vom Pfeifengras, dem Bent- oder Beenthullen, wie es niederdeutsch heißt. 1934 begannen hier die Arbeiten zur Kultivierung des Moores durch den Reichsarbeitsdienst. Zunächst wurden 29 Siedlungsstellen freigegeben, für die es 40 Bewerber gab. Familien wurden bevorzugt. Kriterien wie Fleiß und Anstand spielten bei der Vergabe eine Rolle. Um dies zu überprüfen, wurden die alten Bauernstellen und Haushalte, aus denen die Bewerber stammten, kontrolliert.

Die Arbeit auf den Siedlerstellen war schwierig. Während des Zweiten Weltkriegs bewerkstelligten die Frauen die Arbeit fast allein. Das Leben in dem kleinen Ort blieb noch lange Zeit sehr bescheiden. Bis 1954 unterrichtete man zum Beispiel die Benthullener Schulkinder in einer einräumigen Baracke. Noch im gleichen Jahr wurde der Grundstein für eine Schule und eine Kirche gelegt. Das Moor- und Bauernmuseum Benthullen zeugt vom beschwerlichen Leben der Moorkolonisten. Es wird getragen vom Bürger- und Heimatverein. Hier kann man das Moor- und Bauerndiplom ablegen, ein Spaß v. a. für Besuchergruppen. Das Museum kann nach Vereinbarung besichtigt werden.

Das Museum Alte Ziegelei in Westerholt zeugt ebenfalls vom Leben und Arbeiten in der Region in vergangenen Zeiten. 1845 wurde die Ziegelei erbaut. Bis 1966 dauerte der Betrieb. 1990 sollte das Gebäude abgerissen werden, es gründete sich jedoch ein Verein, der sich um den Erhalt des traditionsreichen Betriebes bemühte. Inzwischen konnten interessante Betriebseinrichtungen restauriert werden, z. B. das Ofenhaus, der Ringofenschornstein und die Trockenschuppen. Die Ziegelei kann ebenfalls nach Absprache besichtigt werden.

Die Ortschaft Westerholt zählt zu den ältesten in der Geest. Sie gehörte im Mittelalter dem Ritter von Westerholt, der eine wichtige Rolle in der Region spielte. Beliebtes Ausflugsziel ist im Sommer der Westerholter Natursee mit DLRG-Station und Kiosk.

Eine Sehenswürdigkeit der besonderen Art ist das Rauchhaus Wille in Achternmeer. Das 1834-1836 erbaute Fachwerkhaus ist das letzte intakte Rauchhaus in der Region. In früheren Zeiten waren alle Bauernhäuser auf der Geest sogenannte Rauchhäuser. Im Flett, dem Zentrum des Wohn-Stall-Hauses, brannte ein offenes Feuer und am Kesselhaken hing der Topf, in dem gekocht wurde. Der Rauch zog einfach nach oben ins Dach ab und räucherte die aufgehängten Würste und Schinken - und nicht selten auch die Bewohner. Seit 2001 kann das Rauchhaus besichtigt werden.

Wer die Gemeinde Wardenburg erkunden möchte, sollte sich an das kompetente Gästeführerteam wenden. Von Januar bis Oktober werden interessante Touren mit dem Rad oder zu Fuß angeboten, die auch in geheime Ecken der Gemeinde führen, z. B. in besondere Gärten oder zum berühmten Meteoriten von Benthullen. Tatsächlich stammt der größte Meteorit aus Stein, der jemals in Deutschland gefunden wurde, aus Benthullen. Er ist gut 17 Kilogramm schwer

ADRESSEN

TOURIST-INFORMATION UMTREF
Friedrichstr. 16
26203 Wardenburg
04407/20907
www.wardenburg.de

MUSEUM ALTE ZIEGELEI WESTERHOLT
Ziegeleiweg 11
26203 Wardenburg
Telefon 04407/716156
Telefon 04407/922283 (Hinrichs)
www.ziegeleimuseum-westerholt.de

RAUCHHAUS WILLE
Heike Herks
Achtern Busch 69
26203 Achternmeer
Telefon 04407/1455

MOOR- UND BAUERNMUSEUM
Hof Berg
Zu den Birken 15
26203 Benthullen
Telefon 04407/8302 (Geißler)
Telefon 04407/921978 (Bureck)
www.wardenburg.de

und misst 26 x 19 x 13 Zentimeter. Gerüchten zufolge wurde der Meteorit als Deckelbeschwerer für ein Gurkenfass benutzt. Der Geologe und damalige Direktor des Museums am Damm in Oldenburg, Dr. Wolfgang Hartung, (heutiges Landesmuseum für Natur und Mensch) spürte 1949 den Meteoriten bei einem Bauern in Benthullen auf. Der hatte den harten und sehr schweren Stein beim Torfstechen gefunden. Hartung erkannte die außerirdische Herkunft des seltsamen Steines und brachte ihn ins Museum nach Oldenburg. Untersuchungen ergaben, dass es sich um einen sogenannten Chondriten handelt mit einem stolzen Alter von 4,5 Milliarden Jahren. Er stammt höchstwahrscheinlich vom Asteroiden Eros.

WAS MAN IN WARDENBURG UNBEDINGT MACHEN SOLLTE

- durch den alten Ortskern spazieren und die Marienkirche besichtigen
- an Hunte und Lethe wandern und die Natur genießen
- früheren Alltag im Moor- und Bauernmuseum, in der Alten Ziegelei und im Rauchhaus erleben
- bei der Wardenburger Schlemmerradtour die Gemeinde erkunden und alle ortstypischen Köstlichkeiten probieren
- eine Gästeführung zu ganz besonderen Orten in Wardenburg unternehmen
- das Cityfest in Wardenburg besuchen und rund um den Glockenturm feiern
- beim Wardenburger Sommerlauf sportlich werden
- in die gemütlichen Gaststätten und Cafés einkehren und zahlreiche Leckereien genießen

Fotonachweis

Below, Manfred: Titelbild (U1), 17, 19, 24/25, 32, 34, 44, 46, 50/51, 53, 58, 68, 71, 76/77, 78, 88, 90, 91, 92, 95, 108, 110, 112, 116/117, 122, 139, 142, 147, 152/153, 155, 156, 159, 160, 162, 166, 168/169, 172, 173, 174, 180, 181, 186/187, 189, 190, 193, 194, 196/197, 205, 209, 210, 215, 222/223, 224, 229, 230, 232, 238/239, 243, 244, 247, 251, 256, 260/261, 292; Block, Bernhard: 283; Blume, Olaf: 26/27, 30, 37, 39, 40, 41, 42, 54, 62, 85, 96/97, 98, 100, 103, 104, 170/171, 226, 234/235, 241, 264, 268, 270, 278/279, 281, 282, 288, 290; Druckereimuseum Sandkrug: 273; Gemeinde Ganderkesee: 118, 120, 123, 124, 127, 128 (Gustav Förster), 130, 134 (Gustav Förster); Gemeinde Stuhr: 136/137, 140, 144, 148, 150; Gemeinde Bassum: 176, 178, 182/183; Gemeinde Goldenstedt: 211, 212, 218/219; Gemeinde Großenkneten: 246, 249, 251, 254, 253; Gemeinde Hatten: 262, 266, 277; Gemeinde Wardenburg: 284, 292; Jensen-Gentsch, Kirsten: 106, 115; Kratzmann, Peter: 60/61, 63, 66, 80, 82; Kraxelmaxel: 272; Kreismuseum Syke: 165; McWilliam, Martin: 274; Privat: 56, 107, 216; Rolfes, Willi: Rückseite (U4), 7, 9, 11, 12, 202/203, 208, 217, 221; Rothmann, Bernd: 72/73; Stadt Syke: 164; Siemer; Martin: 84; Zweckverband Naturpark Wildeshauer Geest: 126.

NOTIZEN

NOTIZEN

NOTIZEN

NOTIZEN

NOTITZEN